© 2007 Verlagsgruppe Weltbild GmbH,
Steinerne Furt, 86167 Augsburg
und Axel Springer AG, Axel-Springer-Platz 1,
20350 Hamburg
Alle Rechte vorbehalten

Herausgeber: Dr. Ralf Georg Reuth
Redaktionsleitung BILD: Florian von Heintze
Projektleitung Weltbild: Almut Seikel
Artdirection: Veronika Illmer
Layout & Produktion: Hans-Peter Lobmeyer,
Nicola Schaefer, Beate Schmidt
Redaktion: Michael Gärtner,
Sören Kittel, Danielle Rönspiess
Fotoredaktion: Jutta Prawitz,
Monika Gehrmann, Sven Naujoks
Grafiken: Daniel Posselt
Verlagskoordination: Dr. Markus Dömer
Repro: t.b. repro, Hamburg
Druck und Bindung: Neografia,
a. s. printing house, Martin

Gedruckt auf chlorfrei gebleichtem Papier
Printed in the EU

ISBN 978-3-89897-741-8

Deutsche auf der Flucht

Zeitzeugen-Berichte über die Vertreibung aus dem Osten

Herausgegeben von Ralf Georg Reuth

Inhalt

Vorwort
SEITE 5

Hintergrund
SEITEN 6 – 23

Sie waren Spielball der Mächtigen
SEITEN 8 – 23

Ostpreußen
SEITEN 24 – 87

Letzte Hoffnung – Ostseehafen Pillau
SEITEN 26 – 27
Zeitzeugen-Berichte
SEITEN 28 – 87

Danzig • Westpreußen • Pommern • Brandenburg
SEITEN 88 – 133

Fluchtziel – Kolberg und Danziger Bucht
SEITEN 90 – 91
Zeitzeugen-Berichte
SEITEN 92 – 133

Schlesien
SEITEN 134 – 175

Rettung – nur noch zu Fuß aus Breslau
SEITEN 136 – 137
Zeitzeugen-Berichte
SEITEN 138 – 175

Sudetenland • Prag • Brünn
SEITEN 176 – 211

Im Blick – Böhmen und die US-Army
SEITEN 178 – 179
Zeitzeugen-Berichte
SEITEN 180 – 211

Epilog
SEITEN 212 – 217

„Nur die Wahrheit kann heilen"
SEITEN 214 – 215
Bildnachweis/Anmerkung
SEITEN 216 – 217

Vorwort

Ralf Georg Reuth

Lieber Leser,

die achtteilige BILD-Serie zur Flucht und Vertreibung aus dem Osten sowie der TV-Zweiteiler „Die Flucht" haben die Deutschen in den Bann gezogen. Zwölf Millionen Zuschauer sahen den Fernsehfilm mit Maria Furtwängler. Ebenso viele lasen die Serie von BILD. Gleich waschkörbeweise erreichten uns die Zuschriften von Lesern aller Altersstufen. Sie bedankten sich bei uns, drückten aber auch ihre Genugtuung darüber aus, dass wir das Thema aufgegriffen hatten.

Ein großer Teil der Briefe kam von Zeitzeugen, die die Flucht und Vertreibung am eigenen Leib erleiden mussten. Sie erzählten uns darin, wie sie unter unvorstellbaren Bedingungen ihre Heimat östlich von Oder/Neiße und Bayerischem Wald verlassen mussten. Beigelegt waren manchmal sogar die vergilbten Fotografien von damals, die man über die Zeiten hinweg hatte retten können.

Wir wollen Ihnen, liebe Leser, dieses erschütternde und grausame Stück Zeitgeschichte nicht vorenthalten und haben deshalb eine Auswahl der uns zugesandten Berichte in unveränderter Form zu diesem Buch zusammengestellt. Denn die Flucht und Vertreibung der Deutschen sind Teil unserer Geschichte. Außerdem stellen die Berichte eine Art Vermächtnis dar – ein Vermächtnis einer bald abtretenden Generation, Vertreibungsunrecht zu ächten, wo immer es auf der Welt geschehen mag.

Ihr

Sie verschoben Millionen Menschen

Der britische Premierminister Attlee, der amerikanische Präsident Truman und der sowjetische Diktator Stalin auf der Potsdamer Konferenz im August 1945. Dahinter (v. l. n. r.) US-Admiral Leahy, der britische Außenminister Bevin, US-Außenminister Byrnes und der sowjetische Außenminister Molotow, der schon bei der Unterzeichnung des Hitler-Stalin-Paktes vom August 1939 dabei war

Sie waren Spielball der Mächtigen

Vierzehn Millionen Deutsche wurden gegen Ende des Zweiten Weltkrieges aus Ostmitteleuropa vertrieben. Mehr als zwei Millionen fanden dabei den Tod. Auch sie waren Opfer von Hitlers Krieg

VON RALF GEORG REUTH

Am 19. Oktober 1944 überschritt die Rote Armee die Reichsgrenze. Sie stieß im ostpreußischen Regierungsbezirk Gumbinnen zügig bis an die Angerapp vor. Verspätet, wegen nicht rechtzeitig ergangener Genehmigungen der Königsberger Gauleitung, veranlassten die nachgeordneten Stellen in Zusammenarbeit mit dem Militärbefehlshaber die Evakuierung der Bevölkerung. Im Mittelpunkt des Geschehens standen dabei Stadt und Landkreis Insterburg. Doch nicht nur von dort, sondern auch aus den Kreisen Lyck, Treuburg, Angerburg, Tilsit-Ragnit und Elchniederung flohen große Teile der einheimischen Bevölkerung mit ihrer schnell zusammengerafften Habe vor der Roten Armee nach Westen.

Mit den Trecks aus dem ostpreußischen Grenzgebiet nahm die größte erzwungene Bevölkerungsbewegung der modernen Geschichte ihren Anfang. Vierzehn Millionen Menschen deutscher Volkszugehörigkeit flüchteten unter unvorstellbaren Bedingungen oder wurden im Zuge der Grenzverschiebungen bis zum Ende der 40er-Jahre aus den Ostgebieten des Reiches, aber auch aus Ostmittel- und Südosteuropa vertrieben. Mehr als zwei Millionen Menschen sind dabei ums Leben gekommen. Sie wurden erschossen, erschlagen, starben vor Erschöpfung oder ertranken in der Ostsee. Auch sie zählen zu den unschuldigen Opfern des Zweiten Weltkrieges, den Hitler entfacht hatte und der am Ende auf die deutsche Bevölkerung des Ostens mit unerbittlicher Härte zurückschlug.

Im Juni 1941, drei Jahre bevor die Rote Armee deutschen Boden erreichte, hatte Hitlers Wehrmacht die Sowjetunion überfallen, nachdem sie bereits Polen und weite Teile Europas erobert hatte. Bis vor die Tore Moskaus waren die deutschen Armeen vorgerückt und hatten das Land mit Tod und Verwüstung überzogen. In diesem grausamsten aller Kriege hatte sich niemand um das Kriegsrecht oder um die Haager und Genfer Konventionen gekümmert. Die Wehrmacht, die verbrannte Erde hinterließ, liquidierte gefangene kommunistische Politoffiziere. Hinter den Fronten wüteten die Einsatzgruppen von Himmlers Sicherheitsdienst und ermordeten die jüdische Bevölkerung. Und in den Kriegsgefangenenlagern ließ man die Rotarmisten ohne ausreichende Nahrung einfach krepieren.

Das Unternehmen „Barbarossa", wie der militärische Deckname für den Russlandfeldzug hieß, war ein rassenideologisch motivierter Vernichtungskrieg. Sein Ziel war es, die „jüdisch-bolschewistische Führungsschicht" der Sowjetunion auszurotten. Außerdem sollten die „slawischen Untermenschen" dezimiert und in ihrer Masse hinter den Ural abgedrängt werden. Dreißig Millionen Menschen, glaubten die Verfasser des „Generalplans Ost", dorthin deportieren zu müssen. Die Gebiete westlich des Urals sollten in die Reichskommissariate Ostland, Ukraine, Moskowien und Kaukasien unterteilt, deutsch besiedelt und mithilfe einer ver-

Der größte Feldzug der Weltgeschichte. Verbände der Deutschen Wehrmacht auf dem Vormarsch in der westlichen Sowjetunion im Sommer 1941

sklavten Restbevölkerung wirtschaftlich ausgebeutet werden. Damit sollte die Voraussetzung für den Griff des nationalsozialistischen Deutschlands nach der Weltherrschaft geschaffen werden. Doch Hitlers Vernichtungskrieg führte zu einem immer härter werdenden Widerstand der Roten Armee gegen die Wehrmacht, die zunächst von den unterjochten Völkern Russlands als Befreier begrüßt worden war. Doch nicht nur das: Der deutsche Vernichtungsfeldzug festigte die kommunistische Diktatur und schuf die Voraussetzung für den von Stalin ausgerufenen „Großen Vaterländischen Krieg". Die Sowjetunion, von der man geglaubt hatte, sie bräche unter dem Ansturm von Hitlers Armeen rasch zusammen, trotzte den deutschen Okkupanten und erzwang in einer gewaltigen kollektiven Kraftanstrengung die Wende des Zweiten Weltkrieges. Sie zahlte dafür den Preis von fünfzehn Millionen Toten, darunter sieben Millionen Zivilisten.

Grausam war dann die Rache, die die Rote Armee an der deutschen Bevölkerung nahm, als der Krieg den deutschen Osten erreichte. Flüchtlingstrecks, wie der bei Großwaltersdorf an der Rominte, wurden einfach von den sowjetischen Panzern niedergewalzt. Ortschaften wurden geplündert oder abgebrannt, ganze Einwohnerschaften regelrecht abgeschlachtet, wie zum Beispiel die von Nemmersdorf an der Angerapp. Ein Augenzeuge berichtete, dass dort Frauen an Scheunentore „nackt, in gekreuzter Stellung, durch die Hände angenagelt" vorgefunden worden seien, nachdem die Ortschaft von der Wehrmacht vorübergehend zurückerobert worden war. „Weiter fanden wir" – so der Augenzeuge – „dann in den Wohnungen insgesamt 72 Frauen einschließlich Kindern und einen alten Mann von 74 Jahren, die sämtlich tot waren, fast ausschließlich bestialisch ermordet bis auf nur wenige, die Genickschüsse aufwiesen."

Gezielte Vernichtung durch Unterernährung.
Kriegsgefangene Rotarmisten an der Ostfront.
Millionen überlebten die deutschen Lager nicht

Die Sowjetsoldaten, von denen fast jeder Opfer in der eigenen Familie zu beklagen hatte, waren bei den von ihnen begangenen Grausamkeiten nicht nur von persönlichen Revanchegelüsten getrieben. Sie wurden zusätzlich aufgepeitscht durch die sowjetische Propaganda, die mithilfe von Armeezeitungen, von Millionen Flugblättern und von Rundfunksendungen in die Truppe getragen wurde. Maßgeblich an der Agitation beteiligt war der Schriftsteller Ilja Ehrenburg, aber auch andere wie zum Beispiel Alexej Tolstoj. Als Insterburg Ende Januar 1945 in Flammen stand, hieß es, dass es „kaum ein erziehenderes Schauspiel als eine brennende feindliche Stadt" gäbe. „Man sucht in der Seele nach einem Gefühl, das dem Mitleid ähnlich wäre, doch man findet es nicht... Brenne, Deutschland, du hast es nicht besser verdient. Ich will und werde dir nichts von dem verzeihen, was uns angetan wurde durch dich... Brenne, verfluchtes Deutschland." Die Rotarmisten wurden aber auch von der sowjetischen Propaganda aufgefordert, „den Deutschen" als solchen zu töten. „Wenn du einen Deutschen getötet hast, dann töte einen zweiten – für uns gibt es nichts Lustigeres als deutsche Leichen", hieß es auf einem anderen der millionenfach verteilten Pamphlete.

Selbst vor der unverblümten Aufforderung zur Vergewaltigung schreckten die sowjetischen Rache-Ideologen nicht zurück, wenn es hieß: „Brecht mit Gewalt den Rassehochmut der germanischen Frauen, nehmt sie als rechtmäßige Beute!" Auch solche Aufforderungen verfehlten ihre Wirkung nicht, wie die Vergewaltigung von über einer Million deutscher Frauen belegt. Regelrechte Razzien nach ihnen wurden durchgeführt. Die Opfer, zu denen auch Mädchen und Greisinnen gehörten, wurden oft mehrmals hintereinander in aller Öffentlichkeit missbraucht und am Ende nicht selten erschossen.

Die Brutalität, mit der die Sowjetsoldaten vorgingen, verbreitete panische Angst unter der deutschen Bevölkerung. Geschürt wurde alles noch durch die nationalsozialistische Propaganda, die mit Wochenschau-Berichten über die Gräuel der „bolschewistischen Soldateska" den Widerstandswillen der Bevölkerung stärken wollte. Indem die Goebbels'sche Propaganda das ohnehin schon vorherrschende Klischee von den „asiatischen Horden" mit Leben erfüllte, erreichte sie jedoch das genaue Gegenteil. Für die Menschen in den deutschen Ostgebieten wurde die Rote Armee so zum Inbegriff des Schreckens. Anders als bei der Bevölkerung im Westen, die die Ankunft der amerikanischen beziehungsweise britischen Truppen meist mit Erleichterung aufnahm, bedeutete diese doch das Ende des Krieges, galt im Osten die Devise: Rette sich, wer kann. Dies wurde jedoch durch die nationalsozialistische Durchhaltepolitik erschwert, da die zuständigen Stellen Evakuierungs- und Treckgenehmigungen oft sehr spät, manchmal zu spät erteilten.

Die Flucht der Deutschen war die wohlkalkulierte Konsequenz der vom Kreml sanktionierten Brutalität der Roten Armee gegenüber der deutschen Bevölkerung. Proteste aus den Reihen des Offizierskorps, wie sie von Männern wie Lew Kopelew oder Alexander Solschenizyn vorgetragen wurden, blieben daher ohne jegliche Resonanz. Sie galten vielmehr als Sabotage und wurden oft mit langjährigen Lageraufenthalten geahndet. Nach dem Willen Stalins sollten nämlich bereits beim Vormarsch die alten deutschen Ostgebiete sowie die unter Hitler dem Reich zugeschlagenen Territorien „ethnisch besenrein" gemacht werden. Der Diktator hatte relativ klare Vorstellungen von der Neuordnung Europas nach dem Sieg über Deutschland. Dreh- und Angelpunkt war dabei Polen, das seit Herbst 1939 als Staat nicht mehr existierte. Gemäß der Vereinbarungen des Hitler-Stalin-Paktes vom August 1939 hatte die Rote Armee im Windschatten des deutschen Polenfeldzuges die östliche Hälfte des Landes bis zur sogenannten Curzon-Linie annektiert und der sowjetischen Union einverleibt. Nachdem diese von Deutschland angegriffen und zum Verbündeten der westlichen Demokratien geworden war, konnte sich Stalin einer Wiederherstellung Polens, die von der in London an-

sässigen Exilregierung unter Sikorsky leidenschaftlich betrieben wurde, nicht mehr widersetzen. Damit einhergehen musste natürlich die Forderung nach der Rückgabe des östlichen Polen. Um Letztere von vornherein abzublocken, plante der Sowjetführer einen möglichst weit nach Westen verschobenen, also mit deutschen Gebieten kompensierten, polnischen Satellitenstaat.

Stalins territoriale Vorstellungen, die dem Ziel unterstellt waren, den sowjetischen Machtbereich bis tief nach Mitteleuropa hinein auszudehnen, hatten jedoch im Widerspruch zu den Prinzipien der Atlantik-Charta gestanden. Dieses Programm für die Nachkriegszeit war von seinen Verbündeten in der Anti-Hitler-Koalition, dem britischen Premierminister Churchill und dem amerikanischen Präsidenten Roosevelt, im August 1941 verkündet worden. Die Charta, die an den 14-Punkte-Friedensplan des amerikanischen Präsidenten Wilson aus dem Jahr 1918 erinnerte, sah vor, nach dem Sieg über das nationalsozialistische Deutschland auf jegliche Gebietsgewinne zu verzichten und „territoriale Veränderungen, die nicht mit dem frei geäußerten Willen der betroffenen

**Sie überrannten weite Teile des deutschen Ostens.
Soldaten der Roten Armee beim Angriff**

Stalin gab den Mordbefehl. Exhumierte Leichen polnischer Soldaten im Wald von Katyn bei Smolensk. Die Massengräber mit 4443 Toten wurden im April 1943 von den Deutschen entdeckt und propagandistisch ausgeschlachtet

Völker übereinstimmen, abzulehnen". Doch der Weltkrieg, zu dem der europäische Krieg mit dem japanischen Überfall auf Pearl Harbour und Hitlers Kriegserklärung an die Vereinigten Staaten im Dezember 1941 geworden war, machte die hehren Bekundungen der Atlantik-Charta zunehmend zu bloßen Lippenbekenntnissen. Bereits Anfang 1943 stimmten die Angloamerikaner überein, dem von der polnischen Exilregierung schon seit langem erhobenen Anspruch auf Ostpreußen, später auch dem auf Danzig und Teile Oberschlesiens, zu entsprechen.

Der Kreml erklärte sich sogleich damit einverstanden, um seinerseits die Curzon-Linie als endgültige Grenze der Sowjetunion einzufordern. Von der polnischen Exilregierung wurde dies empört zurückgewiesen. Denn die Sowjetregierung, zu der man nach dem Bekanntwerden des von Stalin verantworteten Massenmords an der polnischen Elite im Wald von Katyn die diplomatischen Beziehungen abgebrochen hatte, beanspruchte damit mehr Land als das zaristische Russland in der dritten polnischen Teilung. Doch noch glaubte man, die Westmächte würden dies nicht zulassen, hatte doch Großbritannien dem Deutschen Reich im September 1939 den Krieg erklärt, um seine Garantie für die territoriale Unversehrtheit des polnischen Staates nach dem deutschen Angriff einzulösen.

Doch schon auf der Konferenz von Teheran, wo die Großen Drei – Stalin, Roosevelt und Churchill – Ende November/Anfang Dezember 1943 zusammenkamen, um erstmals über die europäische Nachkriegsordnung zu sprechen, bröckelte der Widerstand der angelsächsischen Staatsführer gegenüber den territorialen Ansprüchen des sowjetischen Diktators, dessen Armeen in Stalingrad soeben die endgültige Wende des Zweiten Weltkrieges erzwangen. Roosevelt und Churchill freundeten sich mit dem Gedanken an, die Polen, die in Teheran nicht am Verhandlungstisch saßen, auf Kosten des gemeinsamen Feindes Deutschland zu entschädigen. Der britische Premierminister schrieb darüber: „Eden (der britische Außenminister) meinte, was Polen im Osten verliere, könnte es im Westen gewinnen… Ich demonstrierte dann mithilfe dreier Streichhölzer meine Gedanken über eine Westverlagerung Polens. Das gefiel Stalin und damit löste sich unsere Gruppe für den Moment auf."

Als die Großen Drei in Teheran auseinandergingen, hatte man sich dann vage darauf geeinigt, „dass sich das Territorium des polnischen Staates und des polnischen Volks im Prinzip ungefähr zwischen der sogenannten Curzon-Linie und der Oder erstrecken soll, und zwar unter Einschluss Ostpreußens und Oppelns; die eigentliche Grenzziehung erfordert jedoch weiteres eingehendes Studium und möglicherweise an einigen Punkten Bevölkerungsumsiedlungen". Mit diesen lapidaren Worten wurde der Weg für die größte erzwungene Menschenverschiebung der modernen Geschichte geebnet, denn nicht nur 14 Millionen Menschen deutscher Volkszugehörigkeit, sondern auch fast zwei Millionen Polen, die noch östlich der Curzon-Linie lebten, sollten bald vertrieben werden.

Doch noch war es nicht so weit. Noch waren die künftigen Grenzen auf der europäischen Nachkriegskarte nicht eingezeichnet: Während die polnische Exilregierung sich weigerte, dem Drängen Churchills nachzugeben und der Verschiebung Polens nach Westen zuzustimmen, ging Stalin bereits in seinen Überlegungen hinsichtlich der künftigen deutsch-polnischen Grenze ein Stück weiter. Im April 1944 erklärte er in einem Gespräch mit einem polnischen Besucher aus den Vereinigten Staaten, dass „die westliche Grenze Polens an der Oder und sogar nicht wenig westlich von der Oder verlaufen (sollte). Gut wäre es, Stettin – ein guter Hafen – Polen einzugliedern und vielleicht auch Breslau… Wir werden darum kämpfen, dass Polen diese Gebiete bekommt", merkte Stalin noch an.

Was die Westverschiebung Polens und die Ausgestaltung des künftigen polnischen Staates anlangte, bediente sich der Diktator inzwischen der vom Kreml eingesetzten kommunistisch-polnischen Marionettenregierung (Lublin-Komitee), die auch erwartungsgemäß die Curzon-Linie akzeptierte. Sein Ziel war es, die Strukturen des national-polnischen Untergrundes und somit auch die Londoner Exilregierung auszuschalten, um das künftige Polen vollständig unter sowjetische Kontrolle bringen zu können. Aus diesem Grund ließ

Weitgehendes Einvernehmen in den Fragen der europäischen Nachkriegsordnung. Die Großen Drei – Stalin, Roosevelt und Churchill – in Teheran, November/Dezember 1943

er im Sommer 1944 auch die Rote Armee tatenlos vor den Toren der polnischen Hauptstadt ausharren, bis die Deutschen den Warschauer Aufstand der national-polnischen Heimatarmee niedergeschlagen hatten. Selbst alliierten Flugzeugen mit Nachschub für die erbittert kämpfenden Aufständischen hatte er die Landung am inzwischen sowjetisch besetzten Ostufer der Weichsel untersagt.

Dies alles spielte keine Rolle mehr, als Churchill und Stalin am 9. Oktober 1944 in Moskau zusammen-trafen und über die künftigen Grenzen Polens spra-chen. Der vor Selbstsicherheit strotzende Diktator, dessen Armeen die Wehrmacht inzwischen auf die Reichsgrenzen zurückgeworfen hatten, vermied dabei nähere Festlegungen zur polnisch-deutschen Grenze. Im Protokoll wurde festgehalten: „Genosse Stalin er-klärt, ... Polen muss man Ostpreußen, Schlesien zurück-geben (!) und das Gebiet um Königsberg mit der Stadt nimmt die Sowjetunion. Churchill erklärt, dass er dies

für richtig hält, er meint aber, dass die deutsche Be-völkerung aus diesen Gebieten nach Deutschland um-gesiedelt werden muss. Jetzt wird es für die Deutschen in Deutschland genug Lebensraum geben, nachdem die Verbündeten etwa acht Millionen Deutsche ver-nichtet haben."

Gleich nach seiner Rückkehr versuchte Churchill abermals, die polnische Exilregierung auf Kurs zu bringen, was er Stalin bereits in Teheran verspro-chen hatte. Der Premierminister und sein Außen-minister Eden übten hierzu massiven Druck aus. In dem Gespräch mit dem Sikorsky-Nachfolger Mikolajczyk im Oktober 1944 erklärte Churchill: „Wenn wir in diesem Augenblick bekannt geben, was wir den Deutschen im Osten nehmen wollen, würde die deutsche Wut entfesselt, und das würde viele Men-schenleben kosten. Wenn andererseits die Überein-stimmung zwischen Polen und Russland jetzt nicht zu-stande kommt, würde es ebenfalls Opfer an Menschen-leben fordern." Als Mikolajczyk trotz des Drängens der Briten seine Zustimmung zur Curzon-Linie mit dem Hinweis verweigerte, er könne nicht über den Verlust fast der Hälfte des polnischen Territoriums ohne die Meinung des polnischen Volkes befinden, drohte Churchill: „Sie kümmern sich nicht um die Zukunft Europas, Sie haben nur Ihre eigenen kümmerlichen, selbstsüchtigen Interessen im Sinn. Ich werde mich an die anderen Polen wenden müssen, und diese Lub-liner Regierung wird vielleicht sehr gut arbeiten. Sie wird die Regierung sein. Sie machen den kriminellen Versuch ... das Einverständnis zwischen den Verbün-deten zu stören."

Da der polnischen Exilregierung in London spätes-tens jetzt klar wurde, dass sie auf verlorenem Posten stand, was die Rettung der 1939 von der Sowjetunion annektierten Gebiete anlangte, versuchte sie fortan, so viel territoriale Entschädigung wie möglich im Westen, also auf Kosten Deutschlands, herauszu-schlagen. Sie machte sich daher die Vorstellungen des Kreml zu eigen und beanspruchte für das künftige Polen jetzt nicht nur das Territorium bis zur Oder, sondern auch die dicht besiedelten deutschen Gebiete

Unaufhaltsamer Vormarsch. Sowjetischer Panzer mit aufgesessenen Rotarmisten im ostpreußischen Mühlhausen

Vom Tode gezeichnet. Der amerikanische Präsident Roosevelt, der im April 1945 starb, im Gespräch mit Stalin in Jalta. Auf der Krim waren die Großen Drei im Februar 1945 zusammengekommen

um Stettin und Breslau bis zur Görlitzer Neiße. Mehr oder weniger bewusst stellte sich die exil-polnische Regierung damit in den Dienst Stalins.

In Washington und auch in London war man sich in der Ablehnung solcher Ansprüche zunächst noch einig, „denn schon die Grenze am Oderverlauf würde Polens Aufnahmefähigkeit schwer belasten und die ungeheuren Schwierigkeiten vergrößern, die bei der Umsiedlung von Millionen Deutschen entstehen". An Nachkriegs-Polen sollten nach Auffassung der Amerikaner und Briten das südliche Ostpreußen, Danzig, Oberschlesien und der östliche Zipfel von Pommern fallen, was etwa der Hälfte der Gebiete entsprach, die später tatsächlich dem Land zugeschlagen wurden.

Als die Großen Drei Anfang Februar 1945 in Jalta auf der Krim abermals zusammenkamen, hatte sich Stalins Verhandlungsposition weiter verbessert: Im Monat zuvor hatte die große sowjetische Winteroffensive von der Memel bis zu den Karpaten begonnen. Schon nach

wenigen Tagen hatte die Rote Armee die deutschen Verteidigungslinien durchbrochen. Ende Januar 1945 war sie bis auf wenige Kilometer vor Königsberg gerückt. Südlich davon war sie nach Westen vorgestoßen, um Ostpreußen einzuschließen. Sie nahm Gnesen und Thorn, marschierte auf Posen und Frankfurt an der Oder vor und schnitt Niederschlesien mit seiner Hauptstadt Breslau vom übrigen Reichsgebiet ab.

Was die Frage der künftigen deutsch-polnischen Grenze anlangte, hatte Stalin seine angelsächsischen Verbündeten abermals vor vollendete Tatsachen gestellt. Just, als man auf der Krim tagte, veranlasste er Boreslaw Bierut, den Ministerpräsidenten der provisorischen Regierung der Polnischen Republik, wie Stalins Lubliner Marionetten sich jetzt nannten, in einer Presseerklärung zu verlauten, dass Polen die Zivilverwaltung in den Reichsgebieten östlich der Oder-Neiße-Linie übernommen habe.

Mit anderen Worten, die sowjetische Militäradministration hatte bereits die Verwaltungshoheit in den deutschen Ostprovinzen den Polen übergeben, noch ehe darüber eine abschließende Einigung mit den westlichen Verbündeten herbeigeführt worden war.

Dennoch gelang es Stalin auf der Krim nicht, Amerikaner und Briten in der Frage der künftigen deutsch-polnischen Grenze umzustimmen. In der gemeinsamen Erklärung der Großen Drei hieß es lediglich: „Es wird anerkannt, dass Polen beträchtlichen Landgewinn im Norden und Westen erhalten muss." Die Vertreter der Vereinigten Staaten, der Sowjetunion und Großbritanniens hielten es für angebracht, „zu gegebener Zeit die Meinung der neuen provisorischen polnischen Regierung über den Umfang des Landgewinns einzuholen, die endgültigen Westgrenzen Polens aber der Friedenskonferenz zu überlassen."

Roosevelt und Churchill wollten sich vor allem auch deshalb nicht festlegen, weil sie noch eine Verhandlungsmasse in der Hinterhand behalten wollten, wenn es um die künftige Gestaltung des polnischen Staates gehen würde. Die westlichen Staatsführer hingen zu diesem Zeitpunkt nämlich noch der Vorstellung von einer weit in die Zukunft reichenden, gedeihlichen Zusammenarbeit mit der Sowjetunion an. Sie glaubten daher, Stalin für die Herstellung demokratischer Verhältnisse in Polen gewinnen zu können. Außerdem vertraten sie nach wie vor die Auffassung, dass im Falle einer weiteren Grenzverschiebung nach Westen die dann erforderlichen Umsiedlungen weder für Polen noch für das besiegte Deutschland verkraftbar wären. Churchill meinte: „Es wäre höchst bedauerlich, wenn man die polnische Gans so mit deutschem Futter mästete, dass sie an Verdauungsstörungen einginge."

Der sowjetische Diktator hob hingegen hervor, dass die meisten Deutschen ohnehin schon aus den fraglichen Gebieten vor der Roten Armee geflohen seien. Auch wenn Stalin hier mit vorgeschobenen Argumenten die Position seiner Verhandlungspartner schwächen wollte, war doch die große Flucht der Deutschen aus den Ostprovinzen, aber auch aus den östlichen sudetendeutschen Gebieten, zu diesem Zeitpunkt bereits in vollem Gange. Im Pferdewagen, zu Fuß mit dem Handkarren oder mit den Habseligkeiten im Rucksack zogen sie über das zugefrorene Frische Haff, über die vereisten Straßen Westpreußens, Pommerns und Schlesiens und über die Höhenzüge

**Oft mehrere Hundert Kilometer zu Fuß.
Treck aus Ostpreußen im Herbst 1944**

Mährens und Böhmens. Eine geregelte Evakuierung war trotz aller Anstrengungen der dafür zuständigen deutschen Stellen zu diesem Zeitpunkt längst nicht mehr möglich. So fehlte es an fast allem, besonders aber an Nahrungsmitteln wie Milch für Kleinkinder, die wie die Alten und Schwachen zu Tausenden in diesem äußerst strengen Winter starben. Unter schrecklichen Opfern quälten sich die Flüchtlingstrecks nach Westen, stets der Gefahr ausgesetzt, von Tieffliegern beschossen oder von vorrückenden Sowjetverbänden überrollt zu werden.

Zu der panischen Angst der Flüchtlinge vor Mord und Totschlag, vor Plünderung und Vergewaltigung war inzwischen auch die Furcht vor der Deportation in den Osten getreten. Anders als die Gewaltakte und Exzesse, die zu einem wesentlichen Teil Willkürhandlungen einzelner sowjetischer Soldaten oder Offiziere waren, handelte es sich bei den Deportationen um eine systematisch geplante Aktion, mit der Zwangsarbeiter für die Sowjetunion rekrutiert werden sollten. Wo die vorrückende Rote Armee auf Deutsche traf, wurden arbeitsfähige Frauen und Männer zusammengetrieben, in Sammellager gebracht, um in Güterzügen als Arbeitssklaven in die Industriegebiete an Donez und Don, aber auch in den Ural und den Kaukasus verbracht zu werden. Zunächst waren es Volksdeutsche aus Südosteuropa, von Januar 1945 an dann auch die Reichsdeutschen aus den Ostgebieten. Mehr als Hunderttausend hatte bereits dieses bittere Los ereilt, als Stalin in Jalta von den Westmächten im Nachhinein die Zustimmung für die „Reparationen in Sachleistungen" erhielt. Und eine halbe Million sollte es am Ende treffen – eine halbe Million Menschen, von denen etwa ein Drittel nicht mehr zurückkehrte.

Doch auch diejenigen Flüchtlinge, die glaubten, irgendwo einen sicheren Ort erreicht zu haben, blieben Tod und Verderben ausgesetzt. Dies erfuhr die halbe Million schlesischer Flüchtlinge, die in der mit Menschen hoffnungslos überfüllten sächsischen Metropole Dresden Zwischenstation machten. Die Stadt galt als sicher, war sie doch im gesamten Krieg kein einziges Mal von den alliierten Bomberflotten angegriffen worden.

Tödliches Inferno. Die Ruinen von Dresden nach den Luftangriffen. Die Stadt war überfüllt mit Flüchtlingen aus Schlesien

Doch am 13. und 14. Februar 1945 brach das Inferno über die sächsische Metropole herein, hatte doch Churchill „den Deutschen beim Rückzug aus Breslau das Fell gerben" wollen, wie er sich ausdrückte. Nach mehreren Angriffswellen britischer und amerikanischer Bomber existierte Dresden nicht mehr. Ein gewaltiger Feuersturm hatte die Stadt regelrecht hinweggefegt und mit ihr mehrere Zehntausend Flüchtlinge.

Ihretwegen konnte die Zahl der Toten niemals bestimmt werden. Sie schwankt zwischen 40 000 und 100 000. Ein Offizieller, der im einstigen Elb-Florenz mit der hoffnungslosen Aufgabe betraut war, die Opfer zu identifizieren, schrieb darüber: „Nie habe ich geglaubt, dass der Tod in so verschiedener Form an den Menschen herantreten kann ... Verbrannte, Verkohlte, Zerstückelte, Teile von ihnen als unkenntliche Masse, scheinbar friedlich schlafend, schmerzverzerrt, völlig verkrampft, bekleidet, nackt, in Lumpen gehüllt und als kümmerlicher Haufen Asche, darunter Reste verkohlter Knochen – und über allem ein beißender Rauch und der unerträgliche Verwesungsgeruch."

Unvorstellbare Flüchtlingstragödien spielten sich auch auf der Ostsee ab, seit der Landweg nach Ostpreußen versperrt war. Ende Januar 1945 wurde die „Wilhelm Gustloff", die von Gotenhafen ausgelaufen war, vor der pommerschen Küste von einem sowjetischen U-Boot torpediert. Einer, der an Bord des Schiffes Dienst tat, erinnerte sich, was dann geschah: „Eine nicht zählbare, wie fast irrsinnig schreiende Menschenmasse kämpft um den Weg nach oben, ins Freie. Verzweifelte entwickeln Riesenkräfte. Stärkere schlagen brutal Schwächere nieder. Hunderte stampfen rücksichtslos über Zusammengebrochene hinweg. Das ist das totale Chaos. Das ist Panik auf einem untergehenden Schiff, die mit Worten nicht beschreibbar und von keinem menschlichen Hirn im Bewusstsein erfassbar ist." Mehr als 8000 Menschen versanken in den eisigen Fluten der Ostsee. Das ebenfalls versenkte Lazarettschiff „Steuben" riss im Februar 3500 in die Tiefe. Und von den 7000 bis 8000 Passagieren der „Goya" überlebten im April ganze 183 die Katastrophe. Insgesamt waren es zwischen 25 000 und 30 000 Flüchtlinge und Angehörige der Kriegsmarine,

die in diesen Monaten auf der Ostsee den Tod fanden. Gleichwohl konnten in dieser größten bisher dagewesenen Evakuierung über See mehr als zwei Millionen Zivilpersonen und Soldaten vor der Roten Armee gerettet werden.

Dabei war die Operation der Kriegsmarine nicht von Anfang an als Evakuierung der Bevölkerung gedacht. Da Hitler, dem das Schicksal der Flüchtlinge gleichgültig war, immer noch monomanisch an seiner Durchhaltestrategie festhielt, nach der jeder Meter deutschen Bodens „bis zum letzten Atemzug" verteidigt werden müsse, verfolgte die Marineführung eine Doppelstrategie. Diese trug einerseits der Möglichkeit Rechnung, aussichtslos erscheinende militärische Operationen der Wehrmacht zu stützen, andererseits aber, einer nüchternen Lageeinschätzung folgend, sich der Evakuierung zu widmen. So transportierte die Kriegsmarine bis Ende März/Mitte April 1945 den „Seebrückenköpfen" Kurland, Ostpreußen und Danzig Nachschub zu, griff mit Schiffsartillerie in den Erdkampf ein und evakuierte gleichzeitig die Flüchtlinge über die Ostsee.

Das Schicksal der Flüchtlinge interessierte ihn nicht. Hitler zeichnet im Garten der Reichskanzlei im März 1945 Kinder-Soldaten mit dem Eisernen Kreuz aus

Erst als Hitler im Bunker unter der Reichskanzlei Selbstmord begangen hatte, gab sein getreuer Paladin, der Oberbefehlshaber der Kriegsmarine Dönitz, der „Rettung deutscher Menschen vor der Vernichtung durch den Bolschewismus" oberste Priorität. In einer allerletzten Kraftanstrengung wurden noch einmal Tausende evakuiert. In der Nacht vom 8. auf den 9. Mai und am Morgen des 9. Mai 1945 war die Ostsee zwischen der Halbinsel Hela und Bornholm übersät mit Schiffen. Der letzte Transporter traf erst am 14. Mai 1945 mit 75 Verwundeten, 25 Frauen und Kindern und 35 Soldaten in Flensburg ein. Der Zweite Weltkrieg war zu diesem Zeitpunkt bereits sechs Tage vorüber.

Deutschland glich in jenen Wochen einem riesigen Verschiebebahnhof. Aus Ostpreußen, Ostpommern, Ostbrandenburg, Schlesien und aus Polen über die spätere Oder-Neiße-Linie, aber auch aus dem Sudetenland und aus Böhmen und Mähren waren etwa fünf Millionen Menschen nach Westen unterwegs. Zu den Flüchtlingsströmen kamen noch all diejenigen, die wegen des alliierten Bombenkrieges aus den Großstädten auf das Land evakuiert worden waren und sich nun ebenso wie das Heer der Kriegsgefangenen und zur Zwangsarbeit Verschleppten auf den Weg in ihre Heimat machten. Richtung Heimat brachen im Frühsommer 1945 auch Hunderttausende Flüchtlinge aus den Ostprovinzen auf. Viele von ihnen kamen tatsächlich auch dort an, um sich später ein zweites Mal auf den Weg nach Westen machen zu müssen.

All diese Flüchtlinge gingen davon aus, dass sie ihre angestammte Heimat, in der die Hälfte der deutschen Bevölkerung zurückgeblieben war, lediglich für die Zeit des Krieges verlassen hatten und – wie bei jeder Evakuierung – wieder in diese zurückkehren konnten. Niemand von ihnen ahnte, dass die Siegermächte längst übereingekommen waren, Polen nach Westen zu verschieben und die dort lebenden Deutschen auszusiedeln. Niemand ahnte, dass die große Flucht nur die erste Stufe der Austreibung sein sollte, der eine zweite folgen sollte. Erst mit den Beschlüssen der Konferenz von Potsdam wurden aus diesen

Menschen, die sich vor der Roten Armee in Sicherheit gebracht hatten, im eigentlichen Sinne des Wortes „Vertriebene".

Wer davon betroffen sein würde, war noch immer nicht geklärt, als der neue amerikanische Präsident Truman, Churchill und Stalin Mitte Juli 1945 in der zerbombten ehemaligen preußischen Garnisonsstadt zusammentrafen, denn noch war offen, wo die künftige deutsch-polnische Grenze verlaufen sollte. Die westliche Seite vertrat zunächst weiterhin die Auffassung, dass sich Polen mit den Gebietserweiterungen östlich der Oder begnügen müsse. Als Argument wurde immer wieder die Dimension der Bevölkerungsverschiebungen angeführt. Truman wies außerdem auf den deutschen Charakter der umstrittenen Gebiete hin. In einer dem Präsidenten mitgegebenen Empfehlung des amerikanischen Außenministeriums vom Juni 1945 hatte es geheißen: „Es gibt keine historische oder ethnologische Rechtfertigung für die Abtretung dieses Gebietes an Polen ... Eine derartige Maßnahme würde zweifellos wirtschafts- und bevölkerungspolitische Schwierigkeiten größten Ausmaßes für Deutschland verursachen ..." Churchill erklärte sich lediglich bereit, nur so viele Deutsche umzusiedeln, wie Polen aus den zur Sowjetunion geschlagenen Territorien östlich der Curzon-Linie nach Westen verschoben werden sollten. Der Premierminister rechnete in diesem Zusammenhang mit etwa zwei bis drei Millionen Menschen. Stalin spielte hingegen – wie schon in Jalta – das Umsiedlungsproblem beharrlich herunter, indem er behauptete, dass es in den Gebieten an Oder und Neiße keine Deutschen mehr gäbe. Sie seien im Krieg getötet worden oder geflohen. Tatsächlich dürften es im Sommer 1945 noch mehr als fünf Millionen gewesen sein, die dort lebten.

Doch das Beharrungsvermögen Trumans und Attlees, der Churchill als britischer Premierminister inzwischen abgelöst hatte, schwand mit jeder Verhandlungsrunde am Potsdamer Konferenztisch. Der amerikanische Außenminister Byrnes beklagte: „Ich bedaure, keine Zeichen der Entschlossenheit unsererseits zu sehen. Jeder scheint davon auszugehen, dass wir in der Frage der Oder-Neiße-Linie nachgeben werden." Und dies, obwohl die Vereinigten Staaten mit dem Besitz der einsatzfähigen Atombombe zur unanfechtbaren Führungsmacht in der Anti-Hitler-Koalition geworden waren. Stalin wusste um den Stand der amerikanischen Nuklear-Rüstung und befürchtete, dass Washington seine neu gewonnene rüstungstechnische Überlegenheit dazu nutzen würde, der Sowjetunion die eroberten Gebiete streitig zu machen. Doch Truman – kriegsmüde und ganz auf die siegreiche Beendigung des pazifischen Krieges fixiert – überließ dem Sowjetdiktator, dessen Land ja die Hauptlast des Kampfes gegen Hitler-Deutschland getragen hatte, schließlich die ganze territoriale Kriegsbeute. Und so kam das nördliche Ostpreußen mit seiner Hauptstadt Königsberg zur Sowjetunion. Unter polnische Verwaltung gestellt wurden „die Gebiete östlich der Linie, die von der Ostsee unmittelbar westlich von Swinemünde und von dort die Oder entlang bis zur Einmündung der westlichen Neiße und die westliche Neiße entlang bis zur tschechoslowakischen Grenze verläuft".

Tatsächlich wurde damit nur bekräftigt, was längst Wirklichkeit war, denn von Danzig ausgehend, war die Verwaltungshoheit der polnischen Marionetten Stalins über das ganze Gebiet östlich von Oder und Neiße ausgedehnt worden. Dass die getroffenen Vereinbarungen bis zur endgültigen Regelung durch eine spätere Friedenskonferenz nur einen vorläufigen Charakter haben sollten, war angesichts der während der Konferenz erstmals zwischen den Großen Drei offen zutage tretenden ideologischen Gegensätze nur eine Leerformel, mit der die Staatsmänner des Westens ihre Ohnmacht gegenüber der Machterweiterung des Sowjetimperiums bis zu Oder und Neiße kaschierten. Was die polnisch-sowjetische Grenze anlangte, findet sich im Potsdamer Protokoll sogar der Hinweis, dass die Regierungen der Vereinigten Staaten und Großbritanniens bei einer kommenden Friedenskonferenz den sowjetischen Anspruch auf das Gebiet um Königsberg, also auf das nördliche Ostpreußen, unterstützen wollten.

Abgesehen von den Millionen, die ihre Heimat verlieren sollten, war Potsdam, wo unter anderem auch die Aufteilung Deutschlands und seiner Hauptstadt Berlin in Besatzungszonen beziehungsweise Sektoren geregelt wurde, besonders für die Vereinigten Staaten eine Niederlage. Der Triumph über Hitler-Deutschland und die Atombomben auf Hiroshima und Nagasaki, mit denen der Zweite Weltkrieg auch im pazifischen Raum sein Ende fand, hatten den Blick dafür verstellt, dass zum zweiten Mal innerhalb dreier Jahrzehnte ein amerikanischer Präsident mit seinen Friedensvorstellungen für ein Nachkriegseuropa gescheitert war. Im Jahr 1918 war es Wilson, der mit seinem 14-Punkte-Plan, der auf dem Selbstbestimmungsrecht der Völker basierte, dem nach vier Jahren Weltkrieg daniederliegenden Europa den dauerhaften Frieden bringen wollte. Herausgekommen war in Versailles stattdessen eine Nachkriegsordnung, die vom Ungeist der Abrechnung mit Deutschland getragen war und damit den Nährboden für einen weiteren Weltkrieg bereitet hatte. Und nun, nachdem dieser vorüber war, hatte man abermals die hehren Prinzipien, wie sie in der Atlantik-Charta von 1941 verankert worden waren, verraten und die Hälfte des so geschundenen alten Kontinents der kommunistischen Diktatur überlassen, deren wahren Charakter man so lange nicht hatte wahrhaben wollen.

Diese Diktatur und ihre polnischen Marionetten, Bierut und Gomulka, die noch 1944 Mitglieder der Kommunistischen Partei der Sowjetunion waren, wüteten nun weiter gegen die deutsche Bevölkerung. Schon während der drei Monate, die seit dem Ende der Kampfhandlungen bis zur Potsdamer Konferenz vergangen waren, hatte man nicht darin nachgelassen, die Deutschen mit schonungsloser Brutalität aus ihrer Heimat zu vertreiben. Der einzige Unterschied nach Potsdam war, dass die Austreibung nun von Washington und London sanktioniert war, wenn es hieß: „Die drei Regierungen haben die Frage unter allen Gesichtspunkten beraten und erkennen an, dass die Überführung der Bevölkerung oder Bestandteile derselben, die in Polen, der Tschechoslowakei und Ungarn zurückgeblieben sind, nach Deutschland durchgeführt

Map labels:
SCHWEDEN · DÄNEMARK · OSTSEE · LITAUEN · Memelgebiet · Memel · NORD-SEE · Freie Stadt Danzig · Königsberg 1945 an Sowjetunion · 1945 an Polen · Ostpreußen · Kolberg · Rostock · Pommern · Danzig-Westpreußen · 1939 an die Sowjetunion · Hamburg · 1945 bis 1949 sowjetisch besetzte Zone · Stettin · 1945 an Polen · Thorn · NIEDER-LANDE · Weser · Oder · Hannover · Berlin · Posen · Warschau · Wartheland · DEUTSCHES REICH · Elbe · Kalisch · POLEN · Niederschlesien · Breslau · 1940: General-gouvernement · Köln · 1945 bis 1949 britisch, amerikanisch, französisch besetzte Zone · Dresden · Glatzer Neiße · Weichsel · Rhein · Frankfurt · Sudetenland · Mähren · Krakau · Böhmen · Prag · 1939: Reichsprotektorat · Nürnberg · Brünn · TSCHECHO-SLOWAKEI · UKRAINE · Elsass-Lothringen · Donau · FRANK-REICH · München · Wien · Pressburg · ÖSTERREICH · SCHWEIZ

Legend:
Deutsches Reich bis 1919
1939/40 Deutsches Reich
1945 abgetretene Gebiete

werden muss." Natürlich war in dem Artikel VIII des Potsdamer Protokolls hervorgehoben worden, dass die „Überführung" der sechs Millionen Menschen deutscher Volkszugehörigkeit „in ordnungsgemäßer und humaner Weise erfolgen" müsse. Doch was zählte schon ein Stück Papier, dessen Inhalt sich zumindest vorerst jeglicher Kontrolle entzog.

Was die schon im März 1945 per Dekret enteigneten und zur Arbeit zwangsverpflichteten Deutschen östlich von Oder und Neiße unter polnischer Verwaltung zu ertragen hatten, stand dem sowjetischen Terror nicht nach: Polnische Sondergerichte sprachen reihenweise Todesurteile aus. Marodierende Milizionäre zettelten Lynch-Aktionen an. Abertausende recht- und schutzlos gewordene Deutsche wurden verschleppt oder eingesperrt. In manchen Gegenden wurden die Einwohner ganzer Dörfer interniert, gleichgültig, ob es sich dabei um Frauen, Kinder oder Greise handelte, galt es doch, Platz zu schaffen für jene Polen, die ihre Heimat östlich der Curzon-Linie für immer verlassen mussten oder aus Zentralpolen angesiedelt wurden. In Lagern wie Lamsdorf oder Grottkau starben die deutschen Insassen zu Tausenden an Misshandlungen und Seuchen. Die Abrechnung mit

den Deutschen, die von Teilen der polnischen Bevölkerung mitgetragen wurde, war der Abschluss einer Gewaltspirale, die mit dem Versailler Vertrag im Jahr 1919 ihren Anfang genommen hatte. Damals hatte der Kriegsverlierer Deutschland seine Provinzen Posen und Westpreußen, aber auch einen Teil Ostoberschlesiens an Polen abtreten müssen. Das Land wurde daraufhin polnisiert und eineinhalb Millionen Deutsche wurden „kalt vertrieben". Nach dem deutschen Polenfeldzug kamen nicht nur die ehemaligen deutschen Ostprovinzen, sondern auch die westlichen Woiwodschaften Polens als „Wartheland" zum Reich. Dort wurden nun Volksdeutsche aus dem Baltikum, aus Bessarabien, der Bukowina und anderen Gegenden Ost- und Südosteuropas angesiedelt; aber nicht nur dort, sondern auch in Teilen des sich nach Osten bis zur Curzon-Linie anschließenden deutschen „Generalgouvernements". Von Bessarabien in den Raum Zamosz kamen zum Beispiel die Eltern des Bundespräsidenten Köhler, der in der Nähe von Zamosz, dem damaligen Himmlerstadt, geboren wurde.

Mehr als 750 000 Polen wurden im Zuge dieser von den Nationalsozialisten groß angelegten Neuordnung beziehungsweise Arrondierung „der ethnographischen Verhältnisse" (Hitler) ins „Generalgouvernement" ausgetrieben oder innerhalb dessen zwangsumgesiedelt. Doch nicht nur das. Die deutsche Schreckensherrschaft auf dem Gebiet des ehemaligen Polen kostete 5,6 Millionen polnischen Staatsbürgern, darunter allein drei Millionen Juden, das Leben. Sie waren bei den Kampfhandlungen getötet worden, von den berüchtigten Einsatzgruppen des Sicherheitsdienstes erschossen oder in den Lagern des Holocaust, die zumeist auf dem ehemaligen polnischen Gebiet standen, fabrikmäßig ermordet worden. Für all dies wurde nun mit der deutschen Bevölkerung abgerechnet.

Nicht anders erging es den Sudetendeutschen und den übrigen der mehr als drei Millionen Deutschen im von Hitler etappenweise liquidierten tschechoslowakischen Staat. Sie hatten einmal mit Tschechen, Slowaken, Polen und anderen in den Landen des österreichisch-ungarischen Vielvölkerstaates gelebt. Natürlich hatte es Probleme unter den Nationalitäten gegeben. Doch nachdem in Versailles, entgegen der von Wilson aufgestellten Forderung, die künftigen Grenzen in Europa nach klar definierten Volkszugehörigkeiten zu ziehen, ein neuer Vielvölkerstaat – die Tschechoslowakei – aus der Konkursmasse der untergegangenen Donaumonarchie gebildet worden war, verschärften sich die Nationalitätenprobleme. Denn die deutsche Minderheit, die seit Jahrhunderten vor allem in den Randgebieten Böhmens und Mährens, aber auch in Prag und Brünn lebte, wurde nun zur von den Tschechen diskriminierten Volksgruppe. Der Aufstieg der Nationalsozialisten in Deutschland gab ihnen neue Hoffnung und später auch der Hitler-treuen Sudetendeutschen Partei Henleins den Rückhalt für den bewaffneten Widerstand. Auf der Münchner Konferenz im September 1938 erzwang Hitler nach dem Anschluss Österreichs schließlich die Abtretung der sudetendeutschen Gebiete mit ihren drei Millionen Menschen an das Großdeutsche Reich. Schon im Jahr darauf ließ er auch die sogenannte „Resttschechei" besetzten, aus der dann das „Reichsprotektorat Böhmen und Mähren" gebildet wurde.

Während die Nationalsozialisten auch dort ein Terrorregime errichteten und ihre Rassenpolitik mit der Ermordung der Juden Böhmens und Mährens konsequent verfolgten, betrieb der tschechische Nationalistenführer Benesch an der Spitze seiner Exilregierung in London die Wiederherstellung der Tschechoslowakei und erklärte die von Hitler erzwungenen Ergebnisse des Münchner Abkommens für null und nichtig. Von Anfang an sprach Benesch von der „harten Notwendigkeit der Bevölkerungsumsiedlung". Er meinte damit die Austreibung der Sudetendeutschen nach dem Sieg über Hitler-Deutschland. Und er hatte Erfolg mit seiner Forderung. Denn bereits im Juli 1942 teilte der britische Außenminister Eden dem Tschechen mit, dass seine Kabinettskollegen „mit dem Prinzip der Umsiedlung" einverstanden seien. Im Jahr darauf folgte die Zustimmung der Vereinigten Staaten und der Sowjetunion.

Auch die Vertreibung der Sudetendeutschen und der übrigen Deutschen aus Böhmen und Mähren begann unmittelbar nachdem die von den tschechoslowakischen Einheiten des Generals Swoboda unterstützte Rote Armee die Grenzen des „Reichsprotektorats" erreicht hatte. Begleitet war sie von massenhaften Misshandlungen und Morden, Internierungen und Vergewaltigungen, die auf das Konto der kommunistisch geführten tschechischen Nationalausschüsse und Milizen gingen. Bis zum Ende der Potsdamer Konferenz waren bereits 759 000 Sudetendeutsche, deren Vermögen und Grundbesitz im Zuge der Benesch-Dekrete enteignet wurde, vertrieben worden. Während in den darauffolgenden Monaten die Vertreibung abebbte, setzte sie mit Beginn des Jahres 1946 in voller Wucht und systematisch organisiert wieder ein. Bis Dezember 1946 hatten 2,8 Millionen der 3,2 Millionen Deutschen die wiedererstandene Tschechoslowakei verlassen.

Auch aus den Gebieten östlich von Oder und Neiße erfolgte die Vertreibung im Jahr 1946 in ganz großem Stil. Zwei Millionen Menschen wurden ausgewiesen, nachdem schon 1945 fast 700 000 außer Landes verbracht worden waren. Obwohl die Zwangsaussiedlungen inzwischen unter internationaler Aufsicht abliefen, waren die Kontrollen an den Sammelstellen und die wochenlangen Transporte noch immer von Plünderungen und Übergriffen aller Art begleitet. Die Vertriebenen kamen deshalb oft verzweifelt und in erbarmungswürdiger körperlicher Verfassung in Zonen-Deutschland an. Bis zum Jahr 1951 sollten es etwa dreieinhalb Millionen aus den Ostprovinzen und dem sowjetisch annektierten nördlichen Ostpreußen sein, fast drei Millionen aus dem Sudetenland, aus Prag und den deutschen Sprachinseln in Zentralböhmen und Mähren, aber auch Hunderttausende sogenannter Volksdeutscher aus Südosteuropa. Zusammen mit den bereits vor Stalins Armeen Geflohenen waren es etwa zwölf Millionen Menschen, die in der Bundesrepublik, der DDR und Österreich eine neue Heimat finden mussten. Nur der kleinere

Teil von ihnen durfte es noch erleben, dass 1989/90 mit der Überwindung der Teilung Deutschlands und Europas die in Potsdam von den Großen Drei festgeschriebene Nachkriegsordnung fiel und die Armeen Moskaus, die im Oktober 1944 die Grenzen zu Ostpreußen überschritten hatten, nach einem halben Jahrhundert aus dem wiedervereinigten Deutschland abzogen. Ihre alte Heimat haben diese Menschen für immer verloren. Es war der Preis für Hitlers Krieg. Geblieben ist ihnen nur die Erinnerung an die Zeiten in Ostpreußen, Westpreußen, Hinterpommern, Schlesien und im Sudetenland. Doch diese wird auch heute noch überschattet vom Grauen der Flucht und Vertreibung. Es bleibt Mahnung und Verpflichtung zugleich. ◼

Heimkehr in die Fremde. Aus Polen vertriebene Deutsche bei ihrer Ankunft in der Vier-Sektoren-Stadt Berlin im Oktober 1945

Flüchtlinge auf dem Eis des Frischen Haffs

Auf dem zugefrorenen Haff, wo die Trecks von russischen Tieffliegern angegriffen wurden, spielten sich unvorstellbare Tragödien ab. Und dennoch entkam fast eine halbe Million Menschen auf die Frische Nehrung und weiter zu den rettenden Häfen der Danziger Bucht

Letzte Hoffnung – Ostseehafen Pillau

Aus Ostpreußen gelang zwischen Oktober 1944 und Mai 1945 etwa 1,85 Millionen Deutschen die Flucht über Weichsel, Haff und Ostsee. Eine halbe Million fiel der Roten Armee in die Hände

Die Flucht der ostpreußischen Bevölkerung begann Mitte Oktober 1944, als die Rote Armee die Reichsgrenze im Bezirk Gumbinnen überschritt. Da die russischen Panzerspitzen zügig bis an die Angerapp vorrückten und die Treckgenehmigungen zu spät erteilt worden waren, gelang es etwa 100 000 Menschen nicht mehr, sich in Sicherheit zu bringen. Die große Mehrheit der Bevölkerung hatte sich jedoch in den Raum Königsberg und Allenstein absetzen können, zumal die Front zum Stehen gekommen war, teilweise sogar wieder nach Osten verschoben werden konnte. Aus dem gesamten ostpreußischen Gebiet wanderte bis Ende 1945 eine halbe Million Menschen in die weiter westlich gelegenen Provinzen des Deutschen Reiches ab.

Als die Sowjets Mitte Januar 1945 ihre Großoffensive begannen, waren wiederum keinerlei vorsorgliche Evakuierungen durchgeführt worden. Die Durchhalte-Ideologie der Nationalsozialisten vom „Endsieg oder Untergang" verbot dies, weswegen es sich die Königsberger Gauleitung vorbehielt, die Räumungsbefehle in den Städten und Landgemeinden zu erteilen. Da diese fast immer zu spät kamen, war eine geordnete Evakuierung nicht möglich.

Die Absetzbewegung der Bevölkerung vor der von Osten und Süden anstürmenden Roten Armee erfolgte zunächst in zwei Strömen. Aus den nordöstlichen Kreisen Ostpreußens marschierten die Trecks ins Samland und Richtung Königsberg. Aus den übrigen, südlich davon gelegenen Teilen der Provinz versuchten die Flüchtlinge, die Weichsel zu erreichen, um diese bei Marienwerder, Dirschau oder weiter nördlich zu überqueren. Dies gelang 175 000 Menschen, obwohl die russischen Verbände zügig in Richtung Ostsee vorstießen, bereits am 23. Januar Elbing und drei Tage darauf das Frische Haff erreichten, wodurch der Landweg zwischen Ostpreußen und dem übrigen Reichsgebiet versperrt wurde. Gekappt wurden damit auch die Zugverbindungen, über die seit Mitte Januar etwa 75 000 Menschen vor allem aus Königsberg durch das hart umkämpfte Nadelöhr bei Elbing nach Pommern transportiert wurden.

Um aus Ostpreußen herauszukommen, blieb seit Ende Januar nur noch der Weg über die Ostsee von Pillau aus oder über das Eis des Frischen Haffs auf die Frische Nehrung und von dort aus über die Weichselmündung nach Danzig. Da die Rote Armee die Provinz weiter aufrollte – in den letzten Januartagen waren bereits Rastenburg, Sensburg und Rössel in russischer Hand –, strömten Tausende Trecks in die am Haff gelegenen Kreise Heiligenbeil und Braunsberg. Dort herrschte bald ein chaotisches Durcheinander. Hinzu kamen Kälte, Hunger und die Luftangriffe der Sowjets, die schwere Verluste unter der flüchtenden Bevölkerung verursachten.

Während die Wehrmacht den Rückraum des Haffs erbittert gegen die anstürmende feindliche Übermacht verteidigte, entkam fast eine halbe Million Menschen auf abgesteckten Treckwegen über das Eis. Als Ende Februar Tauwetter einsetzte, endete allmählich die von Tieffliegerangriffen und Einbrüchen im Eis begleitete Flucht über das Frische Haff.

Deutsches Reich (Ostpreußen) in den Grenzen von 1937

OSTSEE

LITAUEN

Memel

MEMEL-GEBIET

Kurisches Haff

Heinrichswalde

Tilsit

Memel

Ragnit

Schloßberg

Labiau

Fischhausen

Samland

Gumbinnen

Pillau

Königsberg

Trakehnen

Gdingen (Gotenhafen)

Frisches Haff

Wehlau

Insterburg

Ebenrode

Heiligenbeil

Pr. Eylau

Gerdauen

Pregel

Danzig

Braunsberg

Bartenstein

Angerapp

Freie Stadt DANZIG

Elbing

Ermland

Goldap

Pr. Holland

Marienburg

Heilsberg

Danzig-Westpreußen

Mohrungen

Rastenburg

Treuburg

Stuhm

OSTPREUSSEN

Weichsel

Nikolaiken

Lyck

Marienwerder

Allenstein

Rosenberg

Osterode

Oberland

Masuren

Deutsch-Eylau

Ortelsburg

Johannisburg

Graudenz

Tannenberg

Soldau

POLEN

- - - - Deutsches Reich bis 1919
- - - - 1939/40 an das Deutsche Reich

Über Pillau führte nun der einzige noch verbliebene Fluchtweg aus dem ostpreußischen Kessel, den die Rote Armee immer enger um Königsberg und das Samland zog. Bereits im Januar war die Stadt vom Samland und damit von Pillau abgeschnitten worden. Mitte Februar kämpfte die Wehrmacht die Verbindung dann noch einmal für einige Wochen frei. Tausende Königsberger konnten sich so nach Pillau aufmachen. Aus der von russischen Luftangriffen und Artilleriebeschuss schwer heimgesuchten, völlig überfüllten Hafenstadt war der Abtransport der Flüchtlinge am 25. Januar angelaufen. Am 8. März musste dieser für drei Wochen unterbrochen werden, denn der Schiffsraum wurde für die Evakuierung der Flüchtlinge aus Danzig und Gotenhafen

(Gdingen) gebraucht. Bis zum 25. April hielt Pillau dem Ansturm der Roten Armee stand. Zu diesem Zeitpunkt waren dort 451 000 Menschen für die Passage über die Ostsee eingeschifft und noch einmal fast 200 000 auf die Frische Nehrung übergesetzt worden.

Königsberg kapitulierte bereits am 9. April 1945. In den Ruinen lebten noch etwa 100 000 Zivilisten. Sie zählten zu der halben Million Deutscher, die den sowjetischen Besatzern Ostpreußens in die Hände fiel. Nur der kleinere Teil von ihnen überlebte als Arbeitssklaven. Sie wurden bis 1949 aus dem sowjetischen Oblast Kaliningrad und der polnischen Woiwodschaft Ermland-Masuren, wie das nördliche und südliche Ostpreußen bald hießen, nach Deutschland abgeschoben. ■

In der Nacht mussten wir vor den Fliegern Deckung suchen

VON DIETER LAMSHÖFT, CUXHAVEN

Es war am 14. Oktober 1944, als ich meine Heimat bei Mehlsack/Kreis Braunsberg verlassen musste. Ich entsinne mich noch ganz gut des Tages, als es in aller Frühe um 5 Uhr losging. Das Morgenrot zog am Horizont entlang und deutete auf einen schönen Tag. Die Pferde waren an zwei langen Leiterwagen angespannt, wo das letzte Hab und Gut von uns allen aufgeladen war.

Der Abschied fiel mir damals als kleiner Junge schwer. Das Heimweh nach Tieren wurde aber immer größer, als ich das Bauernhaus mit den Wirtschaftsgebäuden nicht mehr sah. Die Bauern des ganzen Dorfes waren schon auf der Hauptstraße versammelt. Wir reihten uns mit den zwei Pferdewagen ein. Als sämtliche Leute des Dorfes vertreten waren, setzte sich der kleine Treck in Bewegung. Unser erstes Ziel war der nächstgelegene Kreis. Es waren ca. 30 km zu fahren. Als wir nach mehrstündigem Rasten, Füttern der Pferde abends in das für uns vorgesehene Dorf Königskirchen anlangten, wurden wir auf einen Bauernhof gewiesen.

Das Donnern der Kanonen rückte immer näher. Es war unheimlich in der fremden Gegend. In der Nacht mussten wir vor den Flugzeugen Deckung suchen. Der Himmel war ein einziger Feuerball. „Die Front rückt näher", hörte ich oft die Soldaten reden. Damals konnte ich mir noch kein richtiges Bild von Krieg und Feinden machen. Später lernte ich alles kennen. Wir hofften nun, nach dreitägigem Aufenthalt würde die Fahrt ein Ende haben, denn aus der Hauptkampflinie waren wir ja heraus. Dann hieß es eines Tages: „Alles zusammenpacken, Pferde vor die Wagen", und dann ging es

> *Der Abschied von der Heimat fiel mir als kleiner Junge schwer*

weiter von Ort zu Ort. Bald dachten wir an keine Rückkehr mehr. Nach siebentägiger Fahrt kamen wir in den Kreis Braunsberg. Hier wurden wir ebenfalls bei einem Bauern untergebracht. Voraussichtlich sollte die Weiterfahrt ein Ende haben. Die Sachen packten wir zum Teil aus und ließen uns häuslich nieder.

Mein Vater musste in unser Dorf zurück und das Getreide dreschen. Vom 14. Oktober '44 bis zum 24. Januar waren wir im Kreise Braunsberg. Als am 18. Januar '45 Tilsit von unseren Soldaten aufgegeben wurde, sah die Lage immer bedenklicher aus. Mein Vater kam am 24. Januar zurück, und am 25. Januar packten wir alles zusammen und fuhren wieder weiter. Mit den Pferdewagen war die Fahrt furchtbar. Das Schneetreiben und die entsetzliche Kälte machten uns viel zu schaffen. Ich schlief in den Federbetten eingehüllt. Die Kälte wollte kein Ende nehmen. Als wir dann bis Braunsberg getreckt waren, war die Front ruhiger geworden. Die Unterkunftsmöglichkeit in Braunsberg war für uns und die Pferde fast unmöglich. Weil keine Organisation mehr vorhanden war, beschlossen wir, zurückzufahren. Das war unser Verhängnis. Am 28. Januar waren wir wieder auf unsere alte Stelle zurückgekehrt. Das Fahren war uns allmählich so sauer geworden, dass wir es aufgeben wollten.

Mein Vater wurde am 3. Februar zur Wehrmacht eingezogen. Da das ganze Land schon mit Wehrmacht belegt war, fühlte man sich nicht so bedrängt. Am 4. Februar '45 hieß es ganz plötzlich „Rette sich, wer kann". Der Russe war mit Panzern vorgedrungen und nur 2 km von uns entfernt. Wir warfen unser Gepäck auf die Wagen und dann ging es los auf die Landstraße, ohne meinen Vater. Alles, was wegkonnte, lief fort. Das Massenmeer von Menschen und Tieren konnte

Kinder auf der Flucht. Warm eingepackt, denn der Winter steht bevor. Noch mangelt es nicht an Nahrung. Doch bald waren die mitgenommenen Vorräte aufgebraucht

Bevor der Krieg kam. Die Kreisstadt
Braunsberg wurde wie viele Kommunen
Ostpreußens fast völlig zerstört

Noch Idyll. Bald wurde Braunsberg zum
Fluchtpunkt für Abertausende, die über das Eis
des Haffs auf die Frische Nehrung flohen

man nicht überblicken. Es war ein endloser Zug. Wir mussten auch in der Nacht fahren. Die Straßen waren vereist und glatt. Anstelle meines Vaters führte mein Bruder den Wagen. In der Dunkelheit glitt der breite Wagen von der Fahrbahn ab, geriet ins Schleudern und überschlug sich im Straßengraben. Meine Mutter und Verwandte von mir wurden mit den Sachen beschüttet. Die Pferde waren mit der Vorderachse davongelaufen. Verletzt war niemand. Der Wagen war unbrauchbar. Meine Mutter machte sich auf den Weg, einen neuen Wagen zu beschaffen. Nach mühseligem Laufen hatte sie am anderen Tag einen Wagen aufgetrieben. Die Pferde hatten wir auch gefunden. Die Sachen wurden nun wieder umgeladen. Die ganze Nacht durch war der Treck gefahren. Wir reihten uns dem endlosen Treck an. Als es dann immer mehr dem Frischen Haff zuging, verstopfte der Treck die Landstraße. Das Militär aber erhielt die Vorfahrt. So standen wir manchmal tagsüber und konnten nicht weiter. Der Regen und die Kälte brachten uns zur Verzweiflung. Die größte Sorge war, wie über das Haff kommen? Tausende und Aber-

tausende von Wagen waren über das Eis gefahren. Aber durch den Regen wurde es mürbe. Viele Wagen gingen mit Menschen und Tieren unter. Unsere Wagen standen 10 km vom Haff. Weil die Kälte immer unerträglicher wurde, schickte Mutter meine Schwester, meinen Vetter und mich am 9. Februar '45 zu Fuß los. Etwas Verpflegung und Kleidung nahmen wir uns mit. Dann gingen wir fort.

Das Haff überquerten wir nun zu Fuß. Drei Stunden gingen wir über das Eis. Als der Abend kam, kehrten wir in ein großes Massenquartier ein. An Schlafgelegenheiten war nicht zu denken, weil es alles überfüllt war. Als der Morgen graute, wurde zum Aufbruch gemahnt, weil der Russe immer näher kam. Es gab nun kein Warten mehr auf unsere Wagen. Wir begaben uns nun weiter auf die Landstraße. Das erste Ziel war Kahlberg. Es waren 40 km, die wir am Tag zurücklegen mussten. Als Kahlberg am Abend erreicht war, hofften wir, einmal richtig zu schlafen. Die Einschläge der Artillerie ließen uns nicht zur Ruhe kommen. Die Soldaten meldeten des Nachts durch Lautsprecher, wer auf das Festland

Rettung in Sicht. Mit den Pferdegespannen versuchten die Flüchtigen, über das brüchige Eis die wartenden Boote zu erreichen

Es wäre schön, wenn ich auf diesem Wege von Hildtraut ein Lebenszeichen erhalten würde

Meine Einheit musste 1944 zurück, um neue Waffen zu erhalten. So kamen wir nach Wildwiese bei Tilsit auf einen Bauernhof. Wie das so im Leben ist, lernte ich da die große Liebe kennen und wir waren uns von der ersten Stunde an zugetan. Leider kam nach 8 Tagen der Einsatzbefehl und wir mussten uns schnell trennen. Es langte noch, dass wir uns die Hand reichen konnten. Aber wir hielten uns mit dem Briefschreiben zusammen, bis die Flucht kam.

In Polen mussten Hildtraut und die Verwandten den Wagen und die lieben Eltern dort lassen und vor den Russen flüchten. Davon hatte man mir noch geschrieben. Dann kam der Angriff. Kann nur hoffen, dass sie am Leben blieben.

Ich war Soldat in Ostpreußen, wurde vor Pillau verwundet und gelangte in russische Gefangenschaft. Möchte nun nicht über das, was ich leider gesehen und erlebt habe, schreiben, sondern was mir immer Hoffnung und Mut zum Überleben gegeben hatte.

Ein Bild, das mir die große Liebe geschickt hatte, hatte ich immer bei mir und konnte es bei allen Kontrollen retten. So behielt ich das Bild die ganze Gefangenschaft und das bis 85 Jahre. Ob Hildtraut (Foto) auch noch an die Jahre in Ostpreußen denkt? Es wäre natürlich schön, wenn ich auf diesem Wege noch ein Lebenszeichen erhalten würde.

Alfred Kramgol, Egelsbach

wollte, sollte sofort kommen. Ein Schiff fährt nach Gotenhafen. Wir rafften uns schnell auf und zogen zur Abfahrtsstelle. Am 11. Februar kamen wir mit einem Kreuzer in Gotenhafen an. In einem Massenlager wurden wir untergebracht. Es gab wieder einmal nach langen Tagen etwas Warmes zu essen.

Meine Cousine wurde plötzlich schwer krank und musste ins Lazarett gebracht werden. So standen wir nun allein da. Meine Schwester war erst 14 Jahre alt und musste für meinen Vetter und mich sorgen. Weil wir alle drei nicht volljährig waren, brachte man uns in ein Kinderheim in Gotenhafen. Meine Schwester wollte am anderen Tage meine Cousine aufsuchen. Nach langem vergeblichem Suchen konnte sie nicht gefunden werden. Am Nachmittag wurde das Kinderheim geräumt und wir mussten ebenfalls mit. Von meiner Cousine hatten wir nichts mehr gehört. Sieben Tage lang schifften wir von Gotenhafen bis Sassnitz mit einem Kohlendampfer. Am 16. Februar wurden wir abgesetzt.

Dann ging es mit dem Zug weiter über Rostock nach Güstrow. Dort wurde der Kindergarten in einem Heim aufgenommen. Nun konnten wir einmal menschlich schlafen, essen und saubere Wäsche anziehen. Das war eine Wohltat. Das Heimweh nach den Eltern war nicht zu unterdrücken. Die Ruhe dauerte nicht lange an. Am 20. Februar wurden wir in Autobusse geladen und in das Jagdschloss nach Friedrichsmoor in Mecklenburg gebracht. Hier merkte man nichts vom Kriege mehr. In der Nacht flogen schon Flugzeuge über unsere Köpfe hinweg. Weil das Schloss mitten im Walde lag, war nichts zu befürchten. In dem Heim herrschte nun ein geregeltes Leben. Es war ganz schön dort. Die schrecklichen Momente waren bald vergessen, weil alle Kinder dasselbe Los mit uns teilen mussten, ohne Eltern zu sein. Die Schwestern waren sehr nett zu uns.

Nach einer Zeit wurde ich schwer krank. Ich hatte Magen- und Darmkatarrh. Beinahe wäre ich gestorben, wenn meine Schwester mir nicht immer etwas Kräftiges zu essen gebracht hätte. Die Diätkost bekam mir gar nicht. Nach acht Wochen war ich wieder

einigermaßen hergestellt. Ende April wurde die Lage immer bedenklicher. Der Rückzug unserer Soldaten war kein gutes Zeichen. Das Kinderheim selbst räumte nicht. Wer freiwillig gehen wollte, durfte es. Meine Schwester, mein Vetter und ich machten uns am 1. Mai auf den Weg. Unser Ziel war ja Halver. Bis dahin war es aber noch so weit. Von der Heimleiterin erhielten wir für drei Tage Marschverpflegung.

Wir schlossen uns einem Soldaten an, der ebenfalls aus dem Westen war. So gingen wir wieder einmal nach langem Ausruhen auf die Landstraße. Übernachtet wurde nur unter freiem Himmel. Die Dörfer waren von Amerikanern besetzt. Dem Russen waren wir auf ein Haar entkommen. Noch am selben Tage besetzte er auch das Kinderheim. Die Kinder und die Schwestern wären alle verschwunden gewesen, hörten wir von den Soldaten, die dem Russen entkommen waren.

Die Namen der Orte in Mecklenburg weiß ich nicht mehr. 14 Tage lang lagen wir auf großen Feldern in Zelten zwischen einem Soldatenlager. Das Lager wurde aufgelöst. Die Soldaten sollten entlassen werden, hieß es. Meine Schwester gab die Adresse meiner Tante an und bat einen Soldaten, wenn er früher zu Hause wäre, möchte er dann von uns berichten, wo er uns getroffen hätte.

Als das Militär weg war, kamen wir zu Bauern in die Scheune. Es hieß immer, wir müssten zum Russen zurück. Da begann die große Hungersnot. Tagelang haben wir uns von rohen Steckrüben ernährt. Die mecklenburgischen Bauern gaben uns nichts, weil so viele Leute da waren.

Wir haben dann dem Bauern Holz gespalten und verdienten uns so unser Mittagessen. Als nach dem Kampfeswirrwarr alles einigermaßen geregelt war, ging es mit der Verpflegung besser, gekocht wurde nur draußen. Ein Stahlhelm stand uns zur Verfügung. Jeden Tag gab es Pellkartoffeln mit Salz und etwas trockenem Brot. Als die Engländer das Gebiet besetzt hielten, ging es uns nicht mehr so schlecht. Meine Schwester wusch die Wäsche für die Engländer und so bekamen wir alle drei etwas zu essen. ■

Erbarmungslose Temperaturen raubten uns die Hoffnung

VON MANFRED BACHLER, BAD SALZUFLEN

Da unser Vater 1941 nach Russland eingezogen und später nach Rumänien verlegt wurde, waren wir ganz alleine auf uns angewiesen! Nur mit einem kleinen Handwagen ausgerüstet zogen wir mit einem Treck aus der Nachbarschaft in Richtung Heiligenbeil. Von hier aus hofften wir, nach Pillau zu kommen, um mit dem Schiff über die Ostsee zu flüchten.

Leider ging unser Vorhaben schief, da die von der Marine gestellten Frachtschiffe endlos überfüllt waren und die Ostsee Anfang Dezember 1944 noch keine tragbare Eisschicht zum Überqueren hatte und zu gefährlich war. Nun blieb uns nichts anderes übrig, sodass wir bei einem Bauern Schöppers in Heiligenbeil/ Ostpreußen in einem mit Heu und Stroh ausgelegten großen Schweinestall dahinvegetierten. Dieser Bauer versorgte uns und noch etwa weitere 100 Flüchtlinge

mit Decken, warmem Tee und Brot. Im Hintegrund hörten wir den Kanonendonner und Einschläge von Panzergranaten. Da unser Bauer angeblich gute Beziehungen zu einem Frontoffizier hatte, erhielten wir von ihm Nachricht, ob wir eventuell mit einem Schiff über die Ostsee ausgeschifft werden könnten. Die Lageberichte fielen leider immer negativ aus, sodass wir Flüchtlinge noch vor Weihnachten 1944 in Richtung Oder, in Richtung Brandenburg flüchteten.

Das Elend nahm ständig zu, denn der Hunger und die erbarmungslosen Temperaturen von minus 20 Grad Celsius raubten unsere Hoffnung, unbeschadet in Brandenburg anzukommen. Das Wetter wurde immer schlechter und es schneite unaufhörlich. Wir schleppten uns durch Schneeberge, die durch den Wind zusammengetragen waren. Unser Flüchtlingstreck wurde immer wieder unterbrochen, da Pferde vor Hunger, Durst und Kälte zusammenbrachen. Einige verzweifelte Menschen, die wie wir ausgehungert waren, stürzten sich auf die armen Pferde, um sie von den Qualen zu erlösen, und zerlegten diese Tiere, um unseren Hunger vorübergehend zu stillen. In einer Scheune machten alle halt und die Fleischstücke der Pferde wurden dann mit einigen Problemen durch die Erwachsenen verteilt. Viele Menschen, vor allen Dingen kleine Kinder von zwei bis vier Jahren, erkrankten und weinten unaufhörlich. Die Fluchtwege wurden öfter durch zerstörte Leiterwagen, tote Pferde und

Glückliche Zeit. Die Familie von Fritz Bachler ließ sich im Sommer 1943 in Gumbinnen fotografieren

aufgegebene Traktoren verstopft. Mitte Januar 1944 kamen die Einschläge der Artillerie und Panzer immer näher, sogar russische Tiefflieger griffen uns mehrere Male an, sodass wir verzweifelten Menschen versuchten, nur in der Dunkelheit zu laufen. Einige Menschen in unserem Treck erlitten durch Granatsplitter schwere Verletzungen. Gott sei Dank, befand sich in unserer Gruppe eine Krankenschwester, die einige Verletzte notdürftig verband.

In Küstrin an der Oder (Brandenburg) wurden die Schwerverletzten in ein Rotkreuz-Lazarett gebracht. Hier wurde ich auch verarztet, denn bei einem Tieffliegerangriff der Russen zog mich meine Mutter in einen tiefen Graben, wobei ich verletzt wurde. Dadurch überlebten wir aber! Zwischendurch nahm uns ein Traktor mit Anhänger Richtung Strausberg bei Berlin

mit. Von hier aus schafften wir es mit Hilfe eines Rotkreuz-Lkws nach Velten bei Berlin. Leider war dieser Weg im Nachhinein der falsche, da die Russen immer näher nach Berlin nachrückten! Hier in Velten konnten wir nur zwei Tage bleiben, weil inzwischen britische und amerikanische Bomber, vor allen Dingen in den Nächten, die Randgebiete von Oranienburg, Henningsdorf und Velten zerstörten! Wir rüsteten folglich zur 2. Flucht vor den Russen in Richtung Dänemark. Trotz aller Strapazen schafften wir, zusammen mit unserer Tante aus Velten, Kolding/Dänemark zu erreichen. Hier wurden wir wie Kriegsverbrecher aufgenommen und kamen in ein mit Stacheldrahtzäunen eingegrenztes Lager mit vielen Blechbaracken. Hier mussten wir ein ganzes Jahr bis Mai 1946 ausharren! ∎

Meine Mutter starb an Typhus, meine Oma und meine zwei Schwestern sind verhungert

Mein Vater war Ende 1944 noch mal auf Kurzurlaub. Er drängte meine Mutter, Ostpreußen zu verlassen. Er brachte uns nach Pillau. Wir sollten mit dem Schiff raus. Es durften nur noch Familien mit Kindern aufs Schiff und wir waren fünf. Es war ein sehr kalter Winter und die Ostsee zugefroren. Es lief kein Schiff mehr aus. Wir sind wieder nach Hause zurück. Damals hielten wir es noch für Glück, denn die letzten Schiffe sind ja alle untergegangen. Aber was wir dann noch alles erleiden mussten, war grauenhaft. Dann kam der Befehl: Alle raus aus Ostpreußen. Wir konnten nur das Nötigste mitnehmen. Wir waren ein langer Zug von Menschen. Wir sind gelaufen bis zum Umfallen, dann marschierte der Russe ein. Die trieben uns in leerstehende Häuser, plünderten, raubten, mordeten und vergewaltigten alle

Frauen ab 10 Jahren. Meine Mutter schaffte es, meine zwei großen Schwestern immer zu beschützen. Das begriff ich später erst. Sie trieben uns tagelang weiter durch viele Orte und hinterher wurden die meisten Häuser niedergebrannt. Dann wiesen sie uns Land zu, das muss an der russischen Grenze gewesen sein. Dann holten sie alle arbeitsfähigen Frauen ab, die wurden nach Sibirien verschleppt. Meine Mutter hatte es wieder geschafft, von dort zu fliehen. Sie hat ehrlich viel auf sich genommen. Wir sind von dort bei Nacht und Nebel geflohen. Wir schafften es bis Königsberg. Dort wurde noch geschossen, es lagen viele Leichen überall in den Trümmern, auch von Panzern überrollte. Es war wirklich schlimm. Diese Bilder sind auch meine ewige Erinnerung. Dort haben wir das ganze Ausmaß des Krieges zu spüren bekommen.

Nach all den Strapazen starb meine Mutter dann an Typhus. Meine Oma war alt und krank, so kamen wir drei kleinen Kinder ins Heim. Mein kleiner Bruder starb auch noch.

Meine Oma und meine zwei Schwestern sind verhungert. Von unserer Familie sind zwei noch übrig. Dies sind meine Erlebnisse in Kurzform von der Flucht. Hab lange überlegt, ob ich dies aufschreiben soll!!!

Ich hab mir geschworen, nie wieder zu hungern, das hatten wir bis zur Ohnmacht hinter uns. Meine Schwester und ich halten immer noch fest zusammen. Wir haben an Papieren nichts, nicht einmal eine Geburtsurkunde. In meinen Papieren steht immer: Geburt nicht nachgewiesen. Das ist ganz schön belastend.

Gisela Köbler, Leipzig

Nach drei Wochen erreichten wir ein Lager in Madjelinka

VON HILDE SPINGER, GREISHEIM

Eigentlich müssten jetzt auch die angstvollen, traurigen Tage des Jahres 1945 verblassen. Aber leider werden uns diese schrecklichen Erinnerungen bis ans Lebensende begleiten.

Wir wohnten in Sommerfeld, Kreis Elchniederung, auf dem Abbau, drei Kilometer vom Dorf entfernt. „Im Vogelsang" nannte man diese Gemarkung. Wir grenzten an Kuhne und Gandes Wald. Hinter uns wohnten nur noch Jordans. Erna war ein Jahr älter als ich, und wir wuchsen fast wie Schwestern auf. Leider verstarb sie im Oktober 1944 an Diphtherie. Sie starb an einem Mittwoch, auch ihre Mutter hatte sich angesteckt und verstarb an einem Freitag – so wurden beide an einem Sonntag beerdigt. Wir waren alle sehr traurig, und ich meine, damals fing das Drama schon an.

Man hörte Meldungen, dass die deutsche Armee auf dem Rückzug wäre und dass der Russe nicht mehr weit von der ostpreußischen Grenze sei. Aber wir wollten es einfach nicht glauben. Radios gab es wenige und die Zeitung schrieb ja auch nur das, was der Partei und der Regierung recht war.

Mein Patenonkel, Paul Werner, ein Vetter meines Vaters, hatte schon immer Bedenken. Schon als der Krieg mit Russland begann und die vielen Soldaten als Einquartierung auf unsere Höfe kamen, da sagte er einmal zu mir: „Schade um diese jungen Menschen, sie werden die Heimat nicht mehr sehen." So etwas durfte man ja nicht laut sagen, Sommerfeld war sowieso sehr von der Partei geprägt. Aber am Ende half aller Glaube an den Sieg keinem. Mein guter Onkel, der nach dem tragischen Tode meines Vaters immer für uns und unsere Mutter da war, er musste die letzten Tage noch

> **Von Weitem hörte man einen steten Kanonendonner**

sein Leben lassen. Nun erstmals die Erinnerungen an das Jahr 1945. Ich war 18 Jahre alt. Der Januar fing mit Frost und Schnee an. Wir bekamen noch Besuch von einem Soldaten, der bei uns im Quartier gewesen war, er kam aus Elbing, wo er im Lazarett gelegen hatte. Da er Metzgermeister war, schlachtete er noch ein Kalb und ein Schwein. Er half uns auch beim Weizendreschen, die Körner haben wir noch alle auf die Lucht (Speicher) gebracht.

Am 15. oder 16. Januar fuhr er von Mohrungen fort in Richtung Thüringen, dort war er zu Hause. Ich brachte ihn noch mit dem Pferdeschlitten zur Bahn. Von Weitem hörte man einen steten Kanonendonner. Er war besorgt und wollte, dass wenigstens ich mit ihm fahren sollte. Er hatte ja den Krieg schon erlebt, aber ich konnte die Familie doch nicht im Stich lassen. Sonntag kam der Packbefehl. Was sollte ich alleine machen? Der Großvater wurde 80 Jahre, da bin ich zu unserem Nachbarn, Onkel Kirsch, gegangen. Der hat dann mit mir noch einen Fluchtwagen gebaut. Wir mussten ihn leer ins Dorf bringen, denn in dem hohen Schnee kamen wir beladen nicht durch. Wir haben ihn bei Papas Vetter, Onkel Klautke, auf den Hof gestellt, die hatten am Stall so ein Überdach, da stand er gut.

Am Montag habe ich dann mit dem Schlitten das Nötigste hingefahren, aber im Dorf waren schon alle fort. Dienstag sollte es dann losgehen. Ich bin mit dem Fuchs noch ins Dorf geritten, zuerst zu Onkel Emil Flades Hof. Ich habe dem Vieh noch einmal Heu gegeben und Wasser für die Selbsttränke gepumpt. Da kam ein Mann und sagte: „Kind, was machst du noch da, an Nickels stehen schon die russischen Panzer." Ich bestieg eilig mein Pferd und ritt nach Hause. Dort ange-

Rette sich, wer kann!
Bewohner von Gumbinnen
verlassen ihre Stadt.
Im gleichnamigen
Regierungsbezirk begann
die Flucht aus Ostpreußen

Sie waren daheimgeblieben. Die gesamte Einwohnerschaft von Nemmersdorf wurde von der Roten Armee regelrecht abgeschlachtet. Wehrmachtsangehörige machen sich nach der Rückeroberung des Ortes ein Bild von den Gräueln

kommen sahen wir schon am Klautke-Bruch zwei Reiter, Russen, sie waren von Reichertswalde gekommen. Der eine kam angesprengt, hielt etwas Rundes in der Hand, deutete immer unters Dach. Später wusste ich dann, dass es eine Handgranate war. Aber er ritt dann doch ganz schnell wieder weg.

Dann des Nachts ein Gebrumm auf der Straße von Reichertswalde nach Schmauch. An Flucht war nicht mehr zu denken. Jetzt mussten wir der Dinge harren, die noch kommen sollten.

Zuerst kamen noch viele deutsche Soldaten. Sie hatten Hunger, wir haben im Dämpfer immer Pellkartoffeln gekocht. Dann kamen wieder mal Russen. Es wurde aus allen Fenstern geschossen. Dass das Haus stehen blieb, ist mir heut noch wie ein Wunder. Die Deutschen zogen dann ab und die meisten in den Tod. Meine Schwester Else hat im Frühjahr noch viele

beerdigen müssen, hauptsächlich in der Gegend um Neufeld, Neuber (Gemarkung Schmauch). Dann war die Hölle richtig los. Russen, immer wieder Russen.

Ich konnte von unserem Speicher auf den Heuboden, dort hatte ich mir eine Höhle gemacht. Aber immer klappte das auch nicht. Eines Nachts, ich weiß den Tag nicht mehr, da kamen ganze Horden. Sie trieben alle Tiere nach draußen, Hühner und Schweine wurden erschossen. Im Hof wurde Feuer gemacht und die Schweine gebraten, es stank furchtbar.

Großvater Gottfried war am Nachmittag noch zu Werners gegangen, als er nach Hause kam, wollten die russischen Soldaten ihn nicht mehr auf den Hof lassen. Ich lag oben auf dem Heuboden und hörte ihn immer schreien: „Lasst mich nach Hause!" Ich dachte, sie werden ihn gleich erschießen. Sie ballerten ja in einer Tour, aber erst war Lump, unser Hund, dran. Großvater ist dann irgendwie ins Haus gekommen. Mama und Else wurden in den Keller gesperrt. Ich habe so Ängste ausgestanden, dass sie alles anzünden und wir bei lebendigem Leibe verbrennen könnten.

Die nächste Nacht fing eine Stalinorgel an zu schießen, sie stand wohl am Ziegelberg bei Reichertswalde. Die Geschosse flogen über uns nach Sommerfeld rein. Der Feuerschein machte die Nacht zum Tag. Genauso war es, als Schmauch brannte. Und immer wieder Russen. Sie holten auch das Heu für ihre Pferde und mein Versteck wurde immer unsicherer. Immer war man in Angst, wo man noch hinkönnte. Mal lag ich im Häckselkasten, der einen Deckel hatte, mal in der Rübenmiete, aber es war doch überall so kalt.

„Dann kam der Tag, da nahmen die Russen unsere Mama mit"

Mitte Februar wurde es dann etwas ruhiger. Es kamen aber immer noch russische Soldaten, die uns Angst und Schrecken brachten. Dann kam der Tag – ich weiß das Datum nicht mehr –, da nahmen sie unsere Mama mit. Sie sagte mir immer Bescheid, wenn die Russen weg waren, weil ich in meinem Versteck nicht wusste, ob doch noch welche da waren. Ich hörte den Schlitten vom Hof fahren und bin runter. Da saß mein Großvater Gottfried in der Küche und weinte, er sagte nur immer: „Jetzt haben sie die Berta doch mitgenommen." Ich packte schnell ein paar Sachen zusammen. Else, meine Schwester, war unterwegs, nach Essbarem suchen. Ich schrieb ihr einen Zettel

und bin dem Schlitten nachgelaufen. Sie kamen immer von Reichertswalde, das wusste ich. So konnte ich sehen, dass der Schlitten auf Thiels Hof fuhr. Mama war entsetzt, als sie mich sah. Aber ich konnte die Russen überreden, dass sie Mama nach Hause schickten. Ob sie wieder dort angekommen war, das sollte ich erst drei Jahre später erfahren.

Es waren noch mehrere Frauen dort, wir mussten waschen und nähen. Nach drei Tagen kamen Soldaten, die haben uns alle in ein Insthaus eingesperrt. Am nächsten Tag ging es erst mit dem Wagen und dann zu Fuß in Richtung Braunsberg, über Quittainen, Nauten, Schmauch, Göttchendorf, Peiskam, Heinrikau, hier war der erste Halt. Überall brannte es noch und es wurde auch immer wieder geschossen, dann die vielen Leichen, Menschen sowie Tiere.

Am nächsten Tag ging es dann nach Mehlsack und Guttstadt, immer zu Fuß. In Guttstadt wurden wir auf einen Lastwagen verladen, die Fahrt ging nach Insterburg. Dort kamen wir in ein großes Gefängnis, getrennt nach Zivilisten und gefangenen Soldaten. Jetzt wurden die Personalien aufgenommen und immer wieder abgezählt. Endlich durften wir aus den engen Zellen, die sie mit uns so vollgestopft haben, dass man gerade noch stehen konnte – aber das sollte noch lange so bleiben.

Auf dem Weg in die Heimat. Befreite Internierte und Kriegsgefangene verlassen Königsberg. Aus ganz Europa waren sie von den Nationalsozialisten zur Arbeit verschleppt worden

Warme Mahlzeiten gab
es selten. Eine Helferin
des Deutschen Roten
Kreuzes hilft Flüchtlingen
mit heißen Getränken

In Zehnerreihen wurden wir aufgestellt, und dann ging der lange Zug zum Bahnhof, dort standen Güterwagen. Immer neunzig Personen in einen Waggon, so wurden wir verladen. Ich war eine von den Ersten, die hineinkletterte; ich habe mich gleich in eine Ecke gestellt, so hatte ich wenigstens eine Wand im Rücken. Neunzig Personen, keiner konnte mal in die Hocke gehen. Endlich fuhr der Zug los, in Richtung Sibirien.

Die ersten Leute starben und es gab ein bisschen mehr Platz – aber bis sie die Toten erst mal rausholten! Dann der Durst! Ich leckte immer die großen Schrauben ab, wo die Bretter verschraubt waren. Ab und zu warfen die Wachmänner mal ein paar Säcke trockenes Brot in den Waggon, es war immer steinhart und salzig. Ein paar Mal stellten sie eine Wanne mit lauwarmem Wasser von der Lokomotive hin, da war noch der Ölfilm drauf.

Jeden Morgen haben sie die Toten eingesammelt

Drei Wochen waren wir unterwegs und dreimal bekamen wir in der Wanne Fischsuppe mit Köpfen und Gräten. Wer noch eine Tasse oder Blechbüchse besaß, der war reich. Nach drei Wochen waren wir dann alle wacklig auf den Beinen.

Von der Sonne und dem vielen Schnee geblendet, erreichten wir in Madjelinka ein Lager. Die Baracken waren in der Erde. Aber es waren Pritschen drin und auch ein kleiner Ofen. Bei Kohlsuppe und Hirsebrei konnten wir uns etwa drei Wochen erholen.

Später wurden wir von einer Ärztin untersucht. Sie kniff uns in die Rippen und wenn da noch ein bisschen Fleisch drauf war, war man arbeitsfähig. Ich war sofort dabei. Wr wurden morgens mit Bewachung in den nahen Schacht gebracht. Dort mussten wir an einem Förderband Steine aus den Kohlen auslesen.

Inzwischen fing es an zu tauen. Wir hatten ja kein richtiges Schuhwerk. Meine Stiefel hatten sie mir schon lange weggenommen. Dafür bekam ich ein paar Männerschuhe. Die Sohlen hatte ich mit einem Band festgebunden, dadurch hatte man immer nasse Füße.

Als wir mal abends von der Arbeit kamen, waren einige Baracken eingefallen. Der nasse Schnee hatte die Dachbretter eingedrückt. Sie brachten uns dann in zweistöckige Häuser. Da waren schon Typhuskranke drin. Die sanitären Einrichtungen bestanden nur aus Eimern. Gleich hatte ich mich auch angesteckt.

Ich hatte noch in Ostpreußen eine Bekannte getroffen, auf dem Weg nach Guttstadt. Sie ging mal mit mir zu Schule. Später zogen sie nach Reichertswalde. Sie hieß Lilly Schirrmacher. Wir haben immer versucht, zusammenzubleiben. Als ich krank war, musste sie mit zur Kolchose, Kartoffeln setzen. Sie brachte im Hosenbein immer zwei bis drei Kartoffeln mit. Die röstete sie in der Küche immer in der Herdglut und brachte sie mir. Mit der verkohlten Schale musste ich die essen. Ein bisschen Salz hat sie vom Koch erbettelt und so hat sie mich eigentlich am Leben erhalten. Sie brachte mir auch immer meine Suppe, denn ich war zu schwach, sie selbst zu holen. Es hat lange gedauert, bis ich wieder zu Kräften kam. In dieser Zeit sind viele gestorben. Neben mir lag ein Mädchen aus Stolp in Pommern. Sie lag eines Morgens tot neben mir. Ich hatte es gar nicht gemerkt. Jeden Morgen haben sie die Toten eingesammelt. Von 20 waren schließlich nur noch sechs übrig.

Dann kamen wir nach Roja in ein großes Lager mit Wachtürmen, wo Soldaten mit Gewehren uns bewachten. Als ob wir armen Geister noch loslaufen würden oder etwas anstellen könnten. Wir mussten dann Häuser bauen, Tag- und Nachtschicht. Die Häuser waren aus Holz, doppelwandig. Wir mussten Holz tragen, die Zwischenräume ausfüllen oder Leisten an die Innenwände nageln. Da wurde später Lehm drangeworfen. Als wir mal morgens ins Lager gingen, kam uns eine Truppe kriegsgefangener Soldaten entgegen. Als sie an uns vorbeigingen – es war ja noch dunkel –, steckte mir einer von den Männern ein ganzes Brot zu. Das war wie ein Geschenk des Himmels. Wir kamen dort an einer Großküche vorbei, die Wachmänner ließen uns manchmal im Abfall wühlen. Wir fanden Kartoffelschalen und Kohlblätter, die rösteten wir uns auf der Herdplatte. Gott sei Dank wurde es langsam wärmer.

Am 8. Mai mussten wir alle auf dem Lagerhof antreten. Erst einmal wurden wir alle gezählt. Das war wohl die Lieblingsbeschäftigung der Lagerkommandanten.

Dann kamen hohe Offiziere und sagten: „Heute ist der Krieg mit Deutschland zu Ende, und ihr werdet bald nach Haus fahren können." Diese Worte kann ich heute noch in Russisch. Aber leider, es sollten noch viereinhalb Jahre vergehen.

Erst einmal mussten wir noch Eisenbahnschienen schleppen, Holzbalken wurden von uns in eine tiefe Grube gebracht, wo die Kohle im Übertagebau abgebaut wurde. Dann, es war wohl Ende Juni oder Juli, wurden wir auf Lastwagen verladen. Wir sollten in ein Heulager – die Fahrt dauerte Stunden. Kein Dorf, keine Stadt in Sicht, nur Wiesen und Birkenwäldchen. Schließlich hielt die Kolonne an einem Wäldchen. Hier mussten wir Birken zusammentragen, die bereits gefällt waren. Sie wurden in den Ästen wie ein Dach zusammengestellt, darauf mussten wir das Heu legen. Für Wochen sollte das unsere Herberge sein. Ein Zelt war als Küche gedacht. Die Suppe wurde in Kesseln über offenem Feuer gekocht. Brot war die Hauptnahrung. Es wurde ab und zu mit einem Lastwagen gebracht, dazu etwas Zucker, Kartoffeln, Kohl, Speck und Wasser zum Kochen. Waschen war Luxus.

Am Morgen bekamen je vier Personen eine Birke mit Ästen. Zwei mussten sie am Stamm ziehen und zwei mussten die Äste mit Heu beladen. So wurde das Heu auf große Haufen geschleppt. So ging das Tag für Tag. Wir mussten oft Kilometer gehen, immer neues Heu. Schließlich lernten wir auch mal die

Auch wir zogen über das Haff. Hinter uns sind viele

Flüchtlinge durchsuchen das eingebrochene Pferdegespann nach verwertbaren Gegenständen

Männer kennen, die das Gras mähten. Zu unserer Freude sprachen sie mit uns deutsch. Es waren Wolgadeutsche, die man auch, als die deutsche Armee näher an die Wolga kam, nach Sibirien verschleppt hatte. Dann kamen mal Regentage und das Proviantauto kam irgendwie nicht. Da sind wir in die kleinen Wäldchen gegangen und haben Erdbeeren und Pilze gesucht. Zuletzt war uns schon allen übel. Am nächsten Tag kam der Brotwagen – endlich –, mit ihm auch eine Ärztin, denn mittlerweile hatten wir alle die Krätze bekommen. Es war ja kein Wunder, denn wir konnten uns wochenlang nicht waschen und an Kleiderwechsel war nicht zu denken – wir hatten keine. Wenn man heute so zurückdenkt, ist es einem, als hätte man geträumt. Wir wurden mit einigen anderen ins Lazarett gebracht. Aber ich hatte große Angst, dass ich Lilly nicht wiedersehen würde.

Aber sie kam dann doch recht schnell ins selbe Lazarett. Ich wurde dann mit einer schwarz-braunen Salbe behandelt, die hat mir auch geholfen. Inzwischen wurde es Sommer und wir hatten keine passende Kleidung. Läuse und Wanzen machten uns das Leben schwer. Man brachte uns Wäsche von den Verstorbenen. Ich nahm allen Mut zusammen und holte mir eine Kittelschürze und ein paar andere Sachen. Als die Salbe weg war, konnte ich wenigstens etwas Saubereres anziehen. Die Schürze hat mich lange begleitet. ∎

Menschen eingebrochen. Es war schrecklich

Mein Name ist Margot Böckler, geb. Gutzeit, geb. 1937 in Leißinen/Kr. Wehlau. Auch ich habe die Flucht mit meinen Geschwistern – fünf Stück – mitgemacht. Mir fällt es sehr schwer, darüber zu schreiben, aber das tut der Seele gut. 1944/45 wurden wir einfach aufgefordert zu packen, die Russen kommen. Unser Vater war schon gestorben. Also unsere Mutter und wir zogen mit den Dorfbewohnern auf den langen Weg, und keiner wusste, wohin. Unterwegs sahen wir schon die Pferde und Menschen tot auf den Wegen. Unsere ältere Schwester wurde verschleppt von den Russen, dann der Tod von unserer Mutter. Sie wurde in eine Decke eingewickelt und vergraben. Wir Kinder, alleine auf der Welt, wir zogen mit anderen Menschen weiter, wurden auf einen Pferdewagen verladen. Überall tote Menschen, und die Kugeln flogen über unsere Köpfe. Auch wir mussten übers Haff. Hinter uns sind viele Menschen eingebrochen, und es war schrecklich für uns Kinder, ohne die Eltern. Mein kleiner Bruder Fritz war noch so klein. Wie lange wir unterwegs waren, weiß ich nicht genau, aber die Flucht war schrecklich genug – unter Fuhrwerken zu schlafen, wo die Frauen vergewaltigt wurden. Wir wurden dann in Viehwaggons verladen, aber getrennt. Nach langem Hin und Her kamen wir Kinder ins Heim und wurden alle geschoren, warum, keine Ahnung. Es ist schon schrecklich, wenn man keine Eltern hat, überall rumgeschoben wird, von einem Heim zum anderen.

Heute bin ich fast 70 Jahre alt, aber so eine Flucht wünsche ich keinem Menschen. Es ist nur schade, dass die meisten Deutschen gar nicht mehr wissen, dass Ostpreußen auch Deutschland war, „Das Land der dunklen Wälder". Uns wurden damals alle Papiere und Unterlagen weggenommen. Wir Kinder prägten uns den Geburtstag ein.

Margot Böckler, Heubach

Im Feldlazarett mussten wir Tag und Nacht operieren, gipsen, amputieren...

Wegen Frontuntauglichkeit (GvH) durfte ich mein Berufsziel Medizin studieren. Nach vier Semestern Medizinstudium wurde ich 1944 als Feldunterarzt wieder an die Front, nach Soldau/Ostpreußen, in ein Feldlazarett versetzt.

Durch den andauernden Kettenlärm russischer Panzer verängstigt, wurde das Weihnachtsfest der Liebe 1944 in Alkohol ertränkt. Der Verwundeten-Anfall wurde stärker, sodass wir Tag und Nacht operieren, gipsen, amputieren etc. mussten. Sekt und Kaffee war zur Auffrischung da und dringend nötig.

Prompt am 17.01.1945 standen russische Panzer vor unserem Lazarett, einer Schule, und die Versorgungs-Landstraße vor uns war tot – wir waren eingeschlossen. Nur mit Mühe konnte ich mit meinen Sanitätsdienstgraden eine Panik unter den ca. 200 Verwundeten, frisch Operierten, mit Beckengipsen und Amputationen, verhindern.

Wir jüngeren, kriegserfahrenen Soldaten konnten mit diesem Zustand leben, aber die älteren Ärzte, frisch aus dem Krankenhaus oder der Arztpraxis als Soldat einberufen, litten sehr. Sie waren alle abgetaucht. Es war blanke Todesangst.

Nach Stunden wurde der Umschließungsring ausreichend geöffnet, sodass die Trossfahrzeuge pausenlos Richtung Westen fahren konnten. Ein Schild zur Mitnahme von Verwundeten wurde ignoriert und so hielt ich mit meiner Pistole drohend die Lkws an. Tatsächlich, nach Stunden hatten wir alle 200 Verwundeten aufladen können, Richtung Westen.

Das Eindruckvollste an all diesen Geschehnissen war die unbedingte treue Kameradschaft unter uns Soldaten. Der Krieg wäre wiederholt schon vorher für mich beendet gewesen, wenn mir die Kameraden nicht beigestanden hätten – unter Riskierung ihres eigenen Lebens.

Dr. med G. E. Rudzki, Füssen-Hopfen a. See

Für diese Männer war der Krieg vorbei. Verwundete deutsche Soldaten werden in Pillau auf ein Transportschiff verladen

Rechts: Der militärische Lebenslauf von Erich-Ernst Heilmann, ausgestellt von der Deutschen Dienststelle in Berlin

Erich-Ernst Heilmann im Alter von 19 Jahren. Der Marinesoldat konnte mit einem Truppentransporter aus Pillau flüchten

Als wir ablegten, war die Pier in Pillau noch voller Menschen

VON ERICH-ERNST HEILMANN, BRADERUP

Ich war mit 18 Jahren in der Marinefunkstelle in Pillau/Ostpreußen stationiert. Bei Räumung der Funkstelle am 18.03.1945 wegen starkem Artilleriebeschuss bekamen wir den Marschbefehl nach Gotenhafen auf den Truppentransporter „Albert Jennsen", einem früheren Handelsschiff.

Der Hafen lag unter heftigstem Artilleriefeuer der Roten Armee mit sporadischen Luftangriffen auf die Menschenmassen, die sich alle Richtung Schiffe drängten.

Es war ein fürchterlich chaotisches Durcheinander mit vielen Toten, dazwischen ohrenbetäubendes Flakfeuer unserer Luftabwehr.

Als unser mit den Flüchtlingen völlig überladener Transporter bei Dunkelheit Richtung Gotenhafen ablegte, war die Pier in Pillau immer noch voller Menschen, alten und gebrechlichen Leuten, Frauen mit ihren Kleinkindern, die alles zurückgelassen hatten und jetzt furchtbar verängstigt einer ungewissen Zukunft entgegenweinten. ■

Tragödie einer Flucht. Weil das Pferd verendete, mussten auch die meisten Habseligkeiten zurückbleiben

Auf der Straße lag ein Kissenbündel. Wir hoben es auf

Am 21.01.1945 flohen wir, meine Mutter (46), meine Schwester (19) und ich (14 Jahre alt), mit abziehenden Soldaten aus Allenstein/Ostpreußen. Über Wormditt und Pr. Holland zu Fuß bis Elbing, wo die Großeltern lebten. In der Nacht vom 24./25.01.45 kamen die ersten russischen Panzer nach Elbing, wurden aber abgeschossen. Die Großeltern wollten in Elbing bleiben und eventuell mit dem Schiff heraus. Wir drei machten uns deshalb zu Fuß auf

den Weg, Gepäck hatten wir ja nicht. Unsere Mutter wollte immer über die Flüsse, Alle, Naugat, Elbing, Weichsel, Oder usw. Wir begaben uns auf den Weg in Richtung Danzig. Unterwegs hatten wir ein Erlebnis, das mich noch heute bewegt. Als Fußgänger ohne Gepäck kamen wir gut voran und überholten die vielen Trecks. Tote Angehörige wurden in Teppiche gehüllt und teilweise mitgeführt. Vor dem Ort Käsemark lag vor uns auf der Straße ein Kissen-

bündel. Wir hoben es auf und stellten fest, dass sich in dem Bündel ein Baby befand. Ob Junge oder Mädchen, wissen wir nicht. In diesem Moment kamen Soldaten, ich glaube, sie nannten sich Feldgendarmerie, sie hatten so Plaketengehänge um und fragten uns, was mit dem Baby wäre. Wir sagten, dass wir das Bündel auf der Chaussee gefunden hätten. Sie nahmen uns das Bündel ab und beteuerten, das Baby in einem Krankenhaus abzugeben. Wir nahmen

Eine alte Frau wurde mit ihrem Bett am Waldrand abgestellt

VON IRMGARD WALKER, EMMENDINGEN

Ich habe die Flucht aus Ostpreußen Januar '45 als 7-jähriges Mädchen erlebt. Es war schrecklich, was ich dabei erlebt und gesehen habe.

Meine Mutter, mein Bruder und ich haben Bartenstein morgens verlassen. Wir Kinder hatten einen Schulranzen mit einem Paar Ersatzschuhen und einem Handtuch auf dem Rücken, meine Mutter einen Rucksack und eine Tasche. Das war alles, was wir mitgenommen haben. Wir haben uns an den Straßenrand gestellt und wurden dann von einem Lastwagen mitgenommen. Wir kamen bis nach Heiligenbeil. Dort haben wir in einem Kuhstall übernachtet, uns dann 2 Kinderschlitten besorgt und sind dann über das Frische Haff bis nach Danzig gelaufen. Unterwegs habe ich die scheußlichsten Dinge, die man sich vorstellen kann,

gesehen und erlebt. Eine alte Frau wurde mitsamt ihrem Bett an den Waldrand gestellt, weil die Pferde die Last auf dem Wagen nicht mehr ziehen konnten. So musste die Frau alleine zurückbleiben. Ich sah noch, als ich mich später umdrehte, wie bei ihr noch nach Gegenständen, z. B. einer Uhr, gesucht wurde.

Meine Mutter fiel in ein Loch, das sich im Eis befand, und musste dann mit dieser nassen Kleidung weitergehen. Mein Bruder und ich haben zehn Tage von einer Tasse Zucker, die uns eine Frau geschenkt hatte, gelebt. Als wir wieder an Land waren, waren meine Füße und Hände erfroren. In Danzig angekommen, wurde ich in ein Krankenhaus gebracht und notdürftig behandelt, bis wir zum Glück noch einen Platz auf einem Schiff, ich glaube, es hieß „Wandy" oder so ähnlich, bekamen. Mit diesem Schiff waren wir dann ca. acht Tage unterwegs bis Sassnitz auf Rügen. Es war eine sehr schlimme Zeit, die ich nicht vergessen kann. ■

und stellten fest, dass sich ein Baby darin befand

Nur weg von den Sowjets!
Oft blieb den Flüchtlingen nur der Fußmarsch
über die vereisten Straßen und Wege

an, dieses Bündel ist von einem der Trecks heruntergefallen und man hat es nicht bemerkt.

Bis heute verfolgt mich diese Angelegenheit. Hat dieses Kind seine Eltern gefunden, was ist aus ihm geworden? Nach fast 80 km Fußmarsch erreichten wir Danzig und kamen dann über Stargard, Pasewalk, Stettin bis Anklam. Von dort mit einem Transport in den Kreis Minden, wo wir das Kriegsende erlebten.   ***Irene Garbner, Essen***

An einer Bohle festgeklammert, trieb ich im eiskalten Wasser

VON AGNES PLESS, DUISBURG

Auch ich bin eine von vielen, die das Trauma der Monate Januar bis April 1945 nicht loslässt. Manchmal wache ich noch heute nachts schweißgebadet auf und sehe sie vor mir, die Bilder.

Das zugefrorene Haff mit den eingebrochenen Pferden, umgekippten Wagen und Hunderten von verletzten und toten Menschen. Aber auch das zerbombte, auseinandergebrochene Schiff in Swinemünde, auf dem Wasser die vielen ertrunkenen Menschen, die Schreie der anderen und überall Trümmer. Ich mitten darin, im eiskalten Wasser, an einer Bohle festgeklammert. Wie konnte ich eigentlich überleben?

Ich war damals 13 Jahre alt, als es im Januar hieß, auch wir, meine Pflegemutter, deren Tochter und ich, müssten unsere Heimat, Luckau, Kreis Ortelsburg/Ostpreußen, vor den herannahenden Russen verlassen. Der Flucht-

Ein leichtes Ziel für sowjetische U-Boote. Dicht gedrängt stehen die Menschen auf dem Oberdeck eines Schiffes

weg führte uns zunächst über das Frische Haff. Dort erwartete uns ein Bild des Grauens. Tausende von Pferdewagen und Abertausende von Menschen suchten in eisiger Kälte den Weg nach Westen. Immer wieder schossen Flugzeuge auf uns Flüchtende. Da und dort hielt das Eis nicht mehr. Pferde stürzten, Wagen kippten, einige versanken, überall lagen Tote und Verletzte. Wir liefen mit unseren wenigen Habseligkeiten hinter einem Pferdewagen her und erreichten so endlich Pillau.

Dort sollten und mussten wir auf ein Schiff warten, das uns über die Ostsee bringen sollte. Zusammengepfercht haben wir tagelang auf engstem Raum gelebt, bis die „Hamburg-Andros" kam, um uns Flüchtlinge über die Ostsee zu bringen. Wie viele Menschen auf solch einem Schiff Platz finden, ist einfach unvorstellbar. Ich meine heute noch, es waren Tausende. Die Menschen standen, saßen und lagen überall.

Nur das Kind überlebte. Agnes Pless mit ihrer Pflegemutter und deren Tochter in ihrer Heimat Luckau

Ziel war Swinemünde, das wir in den ersten Märztagen erreichten. Und dann kam der 12. März 1945.

Das Hafengebiet von Swinemünde war auch an jenem Mittag voll von Flüchtlingen und Flüchtlingsschiffen. Mitten darin unser Schiff, vollgepfropft bis oben hin mit Menschen und deren Habe. Und dann kamen sie auf einmal, die Flugzeuge, schossen und warfen Bomben.

Alles, was auf dem Oberdeck der „Hamburg-Andros" war, auch ich, stürzte nach unten ins bereits völlig überfüllte Schiffsinnere. Viele Menschen beteten. Auf einmal ein riesiger Krach, eine Bombe hatte das Schiff zerrissen.

Als ich nach einiger Zeit das Bewusstsein wiedererlangte, stand ich bis zum Hals im Wasser. Ich weiß nicht, wie lange ich so im kalten Wasser zugebracht habe, bis mich Marinesoldaten aus dem Wasser fischten. An Land sah ich dann nur noch die vielen aufgestapelten Toten und merkte noch, wie mich ein Marinesoldat mit einem Mantel zudeckte.

Irgendwie bin ich dann nach Greifswald gekommen, wo im Krankenhaus meine Bein- und Kopfverletzungen behandelt wurden. Meine Pflegemutter und deren Tochter sind, wie Hunderte anderer Flüchtlinge, wohl mit der „Hamburg-Andros" untergegangen. Sie wurden für tot erklärt. ■

Herrenlos im Hafengelände.
Konnte ein Platz auf dem Schiff
ergattert werden, mussten
Karren und Vieh zurückbleiben

Wir hatten Karten für die „Wilhelm Gustloff" – als das Schiff dann da war, kamen wir nicht mit

Ich bin Jahrgang 1938. Habe es als Kind miterlebt. Die Flucht begann am 21. Januar 1945. Wir waren am Bahnhof in Allenstein, Ostpreußen. Da sahen wir, wie die Russen kamen. Spähtrupp. Da sagte unser Vater: Da sind ja Russen. Die haben die Brücke eingenommen. Es war abends. Wir haben in Allenstein neben der Kaserne gewohnt. Wadangerstraße 67. Meine Mutter hatte in der Kaserne als Köchin gearbeitet. Ein Offizier, den wir kannten, sagte: „Was machen Sie noch mit acht Kindern?"

Da sagte unsere Mutter, wir wissen nicht, wohin wir sollen. Da sagte der Offizier von der Kaserne: „Wir haben noch einen Lkw." Mit dem kamen wir bis Gutstadt/ Ostpreußen. Von da aus sind wir mit einem Lazarettzug nach Gotenhafen gekommen.
Wir hatten Karten für die „Gustloff". Als das Schiff dann da war, kamen wir nicht mit. Da viel Stroh im Hafen war, haben wir uns ins Stroh gelegt. Es war sehr kalt. Dann sind wir eingeschlafen. Dabei sind uns die Füße erfroren. Die Haut ist

wieder nachgewachsen. Von Gotenhafen kamen wir mit einem Handelsschiff nach Danzig.
Von da aus sind die Truppen nach Rostock gekommen. Das Militär ist nach Lübeck weitergefahren. Wir kamen nach Berlin, von da weiter nach Probstzella/ Thüringen. Der Ami hat uns an der Grenze in Probstzella nicht weitergelassen. 1958 sind wir abgehauen, das war die zweite Flucht über die grüne Grenze in die Bundesrepublik.

Eckard Romahn, Bochum

Abends rollten russische Panzer durch unsere Straße in Elbing

VON GRETA NICKEL, NEU WULMSTORF

Ich gehöre zu den Flüchtlingen (geb. 12.5.1924), die diese Flucht zwar unter Zurücklassen jeglichen persönlichen Eigentums und Besitzes, aber grundsätzlich unbeschadet überstanden haben.

Am Abend des 23.1.1945 rollten russische Panzer über unsere Straße in Elbing. Dieses wurde von ständigem Schießen in die Luft begleitet. Zunächst noch im Glauben, dass es sich um deutsche Soldaten handeln würde, wurden wir schnell eines Besseren belehrt. Wie ein Lauffeuer sprach sich herum: „Lauft, so schnell und so weit ihr könnt. Die Russen brechen jeden Widerstand, vergewaltigen jedes Mädchen, jede Frau – sie bringen Unwillige nach Sibirien."

Damals war ich 20, meine Mutter 50 Jahre alt, mein Bruder war im Krieg und mein Vater 1940 tödlich verunglückt. Nur mit unseren Papieren und dem vorhandenen Geld rannten wir kopflos los, einen letzten, traurigen Blick auf unsere kleine Firma werfend, die meine Eltern aufgebaut hatten.

Es war für mich der unvergessen gebliebene 23.1., es herrschte starker Frost, es lag hoher Schnee, es war bitterkalt. Lange Trecks aus Ostpreußen zogen durch „unsere" Stadt. Wir rannten jedenfalls einfach los und fanden dann am Fluss Elbing ein kleines Feuerlöschboot, auf dem sich schon einige Leute (offensichtlich Flüchtlinge) befanden. Es lagen auch verwundete Soldaten auf dem Boot. Am Nachmittag dieses Tages soll dann ein Eisbrecher die Fahrrinne über das Haff frei gedrückt haben, sodass wir fahren konnten. Große Eisschollen schlugen gegen das kleine Schiffchen, ein so schreckliches Geräusch, das ich noch heute in den Ohren habe. Der Gedanke, im Haff zu ertrinken, nahm immer mehr Gestalt an. Doch das Löschboot

> *Lange Trecks aus Ostpreußen zogen durch „unsere" Stadt*

schaffte es bis Danzig. Dort kamen wir ins völlig überfüllte Schützenhaus. Flüchtlinge aus Ostpreußen hatten schon vor uns Zuflucht gesucht. Gepäck stapelte sich meterhoch, wir haben fast vergessen zu atmen. Weil wir keinerlei Gepäck hatten, fanden wir letztlich einen kleinen Platz, wo wir uns hinkauern konnten.

Nach zwei oder drei Tagen wurde das Schützenhaus plötzlich bombardiert, eine unvorstellbare Panik brach aus. Dieses Inferno war uns völlig fremd, wir wollten aus dem Haus, aber die Gepäckstücke versperrten die Ausgänge, auf dem Fußboden lagen Verletzte, andere trampelten einfach darüber. Weil wir nur uns selbst hatten und nicht von irgendwelchen Paketen oder Ballen belastet waren, fanden wir einen Ausgang. Draußen half uns ein netter junger Mann in Parteiuniform. Er brachte meine Mutter und mich in einige gut ausgebaute Kellerräume, die nicht weit entfernt waren. Ich weiß nicht mehr genau, ob diese vielleicht sogar zur Standortkommandantur gehörten. Von diesem Helfer habe ich auch erfahren, dass am nächsten Tag gegen 4.00 oder 5.00 Uhr ein Güterzug Richtung Westen gehen sollte. Dieses stimmte tatsächlich.

Auch hier waren wir ohne jeden Ballast wieder im Vorteil und fanden ein klitzekleines Plätzchen. Dann setzte sich der Zug in Bewegung, stand dann wiederum stundenlang auf der Stelle. Niemand wagte den Waggon zu verlassen, aus Angst, ihn dann zu verpassen. Es wurde im Waggon uriniert und gekotet, es stank erbärmlich. Wir freuten uns, am Leben und „frei" zu sein und verdrängten jeden Gedanken an den aufkommenden Hunger. Heute weiß ich nicht mehr, ob wir überhaupt etwas zu essen bekommen haben. Dann hielt der Zug in Stolp (Pommern), wo sich ebenfalls niemand aus dem Zug traute. Dort erhielten wir jedoch von einigen Schwestern des Roten Kreuzes etwas zu trinken. Dann ging es weiter in Richtung Kreis Cammin, wo man uns auf einem Gut oder großen Bauernhof ein kleines Zimmer zuwies. Aber wir hatten ein Bett mit einem Strohsack und wurden abends mit einer „Klunkersuppe" (geriebenes Roggenmehl in Milch gekocht) versorgt und wurden satt. Wir hatten natürlich keinerlei Wäsche zum Wechseln dabei. In dieser Situation halfen uns junge Melkerinnen, die uns an dem Wenigen, was sie hatten, noch beteiligten, sie gaben uns etwas Wäsche.

Ich musste dann immer im Bett bleiben, wenn meine Mutter gewaschen hat. Nach etwa vier Wochen war in der Ferne Geschützdonner zu hören. Es erschien dann plötzlich ein Parteifunktionär mit dem Motto: „Rette sich, wer kann!" – dann war er verschwunden. Eine nahe gelegene Straße war stark von Militärfahrzeugen frequentiert, sodass wir versuchten, eine Mitfahrgelegenheit zu erhaschen. Viele winkten zu unserer Enttäuschung ab, weil sie angeblich Munition geladen hatten. Dann hatten wir doch Glück und ein Fahrer nahm uns Richtung Stettin mit. Auf der Fahrt sahen wir, dass die Straßenränder mit toten Pferden und

zerbrochenen Wagen gesäumt waren. Ich weiß nicht mehr, wann, aber wir fanden eine Zugverbindung in Richtung Bad Kleinen und einen Anschluss nach Lübeck. Unser Bestreben war, nach Hamburg-Harburg zu gelangen, weil wir dort Verwandte hatten. Deshalb verließen wir den Zug auch nicht in Lübeck, wo alle Elbinger aufgefordert worden waren auszusteigen. Wir hatten Glück und kamen nach Hamburg.

Bei unserer Tante im Walter-Koch-Weg 2 war aber schon in einer kleinen Wohnung eine Cousine mit ihrem Bruder untergekommen, sodass wir weitermussten. Über die NSV in der Nöldkestraße kamen wir nach Buchholz/Nordheide. Dort wurden wir auf verschiedene Dörfer des Landkreises Harburg verteilt. Wir kamen zu einer netten Familie nach Moisburg. Wir hatten ein kleines Zimmer, mussten uns ein Bett und einen Strohsack teilen. Jetzt war unser größtes Problem eine ständig qualmende „Brennhexe", aber wir waren gesund und unbeschadet. Wir haben uns angepasst und in der Landwirtschaft geholfen, dafür wurden wir satt, wir erhielten gutes Essen. Ich mag schon einiges vergessen haben, aber unsere Odyssee endete am 10.3.1945, letztlich doch glücklich. ■

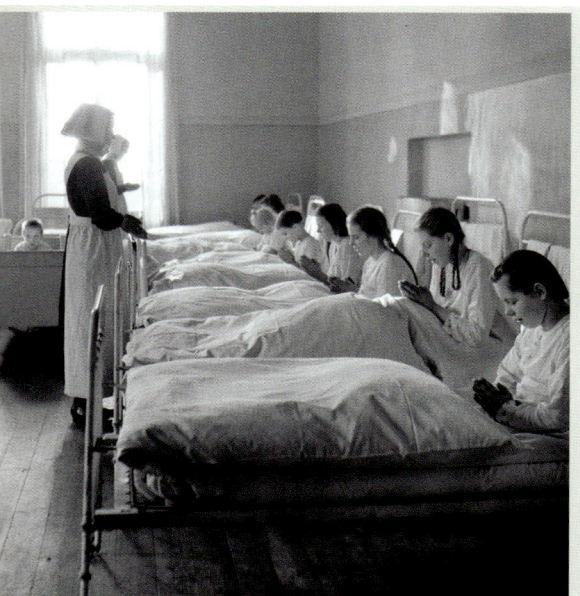

Gerettet. Schwestern des Roten Kreuzes beten abends mit ostpreußischen Kindern in einem Waisenhaus in Mitteldeutschland

Mutter träumte vom Untergang der

Meine Mutter Hannelore wurde als drittes Kind der Familie Rose am 26.01.40 in Ostpreußen, Wolfsee/Kreis Lötzen, geboren. Sie hat/hatte die Geschwister Ingrid, geb.1936, Renate, geb. 1938, Anneliese, geb. 1942, und Roswitha, geb. 1944. Es waren also insgesamt fünf Mädchen. Der Vater, Hans Rose, war, bevor er zum Militär musste, Zimmermann u. a. bei der Organisation Todt. Die Mutter, Hildegard Rose, war die Tochter des Fischers Smollich und Hausfrau. Es war im Januar 1945, als meine Großmutter beschloss, zu flüchten. Sie schloss sich mit den fünf Kindern einem Treck nach Gotenhafen

an, wo sie Karten für die Schiffspassage der „Wilhelm Gustloff" erhielt. In der Nacht vor dem Ablegen des Schiffes träumte sie, dass das Schiff untergehen würde, und sie gab tags darauf die Karten zurück und machte sich mit den Kindern auf den Weg – über Land – gen Westen. Das Schiff WG wurde, wie ja bekannt, torpediert und sank mit all den Tausenden von Flüchtlingen an Bord.

Auf der Reise verschlechterte sich der Gesundheitszustand meiner Mutter derart, dass man sie auf einen Lazarettzug brachte, mit unbekanntem Ziel. Meine Großmutter und meine Tanten konnten nicht

Überrollt und ausgeplündert.
Die Überreste eines Trecks
an einer Landstraße

"Gustloff", deshalb floh sie auf dem Landweg

mitfahren, und so wurde meine Mutter von ihrer Familie getrennt. Nun war es so, dass dieser Lazarettzug mit den vielen Kindern nach Bramsche, Kreis Osnabrück, fuhr und dort für einige Tage stehen blieb. Frau Ilse Mönkediek, ein zwanzigjähriges BDM-Mädchen, besuchte die kranken Kinder vor Ort und beschloss, meine Mutter mit nach Hause zu nehmen. "Die Kinder verrecken hier", sagte sie immer wieder zu ihrer BDM-Führerin. Sie nahm das Kind mit. Meine Mutter wurde in die Familie aufgenommen und blieb bei ihr. Man machte natürlich alles Mögliche, um die Mutter und die Geschwister wieder-

zufinden. Zunächst ohne Erfolg. Über das Rote Kreuz wurden sie allerdings nach Kriegsende ausfindig gemacht. Meine Großmutter kam nach Achmer (bekannter Kriegsflughafen), um ihr Kind zu holen. Man fand es jedoch zu der Zeit dann doch besser, dass meine Mutter bei Ilse blieb. Meine Großmutter war sehr dankbar, denn sie hatte ja alles alleine zu bewältigen mit den anderen drei Kindern (Roswitha erfror auf der Flucht) und sie wusste ja nun auch, dass meine Mutter es gut hatte. Meine Mutter blieb also in Achmer und war dort der erste von vielen Flüchtlingen. Ein fünfjähriges Kind. Sie wuchs dort

auf, ging zur Schule und heiratete meinen Vater 1963. Ihre Mutter und Geschwister siedelten nach Viersen bei Mönchengladbach. Zu ihren Schwestern hat sie nach wie vor ein inniges, gutes Verhältnis.

Ich kann mich noch daran erinnern, wie meine Großmutter in den siebziger Jahren bei uns zu Besuch war und in einer Zeitschrift, es war, glaube ich, "Das neue Zeitalter", einen Artikel fand. Einen Artikel über eine Frau, die aus Ostpreußen flüchtete und die Karten für die Gustloff hatte und die träumte, dass das Schiff unterging...

Uwe Fenske, Melle

Geduldig zogen unsere Pferde das Fuhrwerk über das Eis

VON REINHARD KLEIN, CRIMMITSCHAU

Es war im Januar 1945. Es gab keine Möglichkeit, über Land den Russen zu entkommen. Deshalb wurde von den Behörden angeordnet, den Weg über das zugefrorene Haff zu nehmen. Ziel war Pillau oder Danzig, um von dort mit einem Schiff einen deutschen Hafen weiter im Westen anzulaufen.

Der Januar war bitterkalt, als wir Thorms, Kreis Schippenbeil, verließen. Um an die Ostsee zu gelangen, musste das Frische Haff überquert werden, um zum nächsten Hafen Pillau zu gelangen. Am Haff angekommen, wurden alle Fuhrwerke in ausreichender Entfernung nebeneinander aufgefahren.

Am Morgen, Großvater ging 20 Meter vor unserem Fuhrwerk, wo nur wir Kinder bleiben durften, mit einer langen Wäschestütze und schlug ständig auf das Eis, um festzustellen, ob große Risse oder Löcher vorhanden sind. Die zwei Pferde zogen langsam und geduldig das Fuhrwerk, als ob sie wussten, was für eine große Gefahr bei dieser Überquerung bestand. So vergingen Stunden des Tages. Man hörte ab und zu, dass ein Fuhrwerk an einer dünnen Stelle eingebrochen war, es wurde dann mit aller Hilfe herausgezogen. So ging es weiter in der Hoffnung, keinen Fliegerangriff abzubekommen.

Vor Einbruch der Dunkelheit erreichten wir die Landzunge von Pillau, wir dankten Großvater für seine in Angst und Würde für uns gebrachte Liebe und Aufmerksamkeit.

Im Hafengelände von Pillau angekommen, wurden wir so eingewiesen, mit der Auflage, nur das mitzunehmen, was getragen werden konnte. Pferdefuhrwerke und ein großer Teil der Habseligkeiten, die mitgenommen wurden, mussten nun zurückgelassen werden.

Mit Handgepäck, den zusammengeschnürten Federbetten, ging es an Bord von kleinen Küstenmotorschiffen, die uns in den Hafen von Hela brachten. Dort angekommen, registrierte das Rote Kreuz die für den weiteren Transport vorgesehenen Flüchtlinge. Mit sogenannten Prahmen, das sind Zubringerschiffe für die Be- und Entladung von Stückgütern, ging es weiter.

Es war ein trüber Tag, wir näherten uns einem sehr großen Frachtschiff, der MS „Lappland", die das erste Mal Flüchtlinge nach Deutschland – Rostock, Lübeck, Kiel – bringen sollte.

Die Aufnahme der Menschen war wie Stückgut, große Plattformen wurden mit einem Kran herabgelassen. Große Netze sicherten den Transport nach oben. Matrosen standen den vor Angst zitternden Menschen hilfreich zur Seite. Großvater und Mutter legten schützend die Arme um uns und das Gepäck, das wertvoll wie Gold war.

MS „Lappland" verließ Hela Richtung Deutschland. Begleitet wurde das Frachtschiff von zwei kleinen Torpedobooten. Sie sollten Geleitschutz gegen den unsichtbaren Feind geben. Von U-Booten der Baltischen Flotte war die Rede. Ständig kreisten Flugzeuge am Himmel, eine riesengroße Rot-Kreuz-Fahne lag auf dem Vorderdeck, um anzuzeigen, dass hier Flüchtlinge transportiert wurden. Es gab auch keine Angriffe. Das Schiff hätte sich auch nicht wehren können, denn es waren keine schweren Waffen an Bord. Wir näherten uns mit Kurs auf deutsche Häfen. Von Mitgliedern des Roten Kreuzes erhielten wir die Nachricht, dass alle deutschen Häfen für Schiffe gesperrt waren. Es wird eine Umleitung in das noch von Deutschland besetzte Dänemark geben. Alle waren von der Information tief bewegt, die Hoffnung, endlich zur Ruhe zu kommen, war nicht gegeben. Eine neue Seite unseres Schicksals wurde aufgeschlagen. ■

Sammelplatz Frisches Haff bei Braunsberg. Die Pferdegespanne wurden zu Kolonnen zusammengestellt, bevor sie sich auf den Weg über das Eis machten. Nicht selten wurden sie von sowjetischen Tieffliegern angegriffen

Am schlimmsten war die Kälte. Nur Planen schützten die Menschen vor den eisigen Temperaturen

Ein Soldat hob mich und meinen Koffer auf einen Lastwagen – es war ein Engel in Menschengestalt

Jetzt bin ich schon 85 Jahre alt, aber ich will es versuchen, zu schreiben. Ich war im Gut Krausenberg/Kr. Rastenburg als Stubenmädchen angestellt. Am 28. Januar in der Kälte mussten wir flüchten mit einem Wagen mit Verdeck. Mein Chef nahm noch seinen Freund mit, der Hauptmann war. Der wusste immer genau, wo die Front war. So kamen wir ganz schön schnell vorwärts auf den verstopften Straßen. Mir war es immer unheimlich so alleine. Eines Nachts hat sich der Hauptmann mit seiner Frau erschossen. Das war zu viel für die alten Leute. Dann habe ich den Wagen mit zwei Pferden und meine zwei alten Herrschaften übernommen. Das Schlimmste war die Kälte. Was lagen da tote Menschen auf der Straße. Dann kamen wir auf ein großes Gut. Da standen so viele Flüchtlingswagen. Wir machten dort Halt, weil wir auch mal schlafen wollten.

Und auch die Pferde mussten mal was fressen. Auf diesem Hof habe ich die Pferde dann gefüttert. Da waren auch viele Soldaten, denn die Front war gleich hinter uns. Plötzlich kam ein Soldat auf mich zu und fragte, ob das meine Eltern sind. Ich sagte nein. Da sagte er, ich soll meinen Koffer nehmen und schnell abhauen. Aber ich tat es nicht. Ich habe dann zwischen zwei Steinen eine Suppe für uns gekocht. Der Soldat musste an die Front. Die war ja nicht weit. Meine Herrschaften haben für uns im Stall ein Lager zum Schlafen gemacht. Ich bin da gleich eingeschlafen. Meine Chefs weckten mich und sagten: Lisbeth, da ist der Soldat, der da immer beim Pferdefüttern bei dir war. Als ich meinen Kopf hob und er mich sah, kam er näher und sagte: Wir sollen doch aufstehen und gleich weiterziehen. Der Russe ist gleich hier. Wir standen gleich auf.

Ich wollte noch die Pferde anspannen, doch der Soldat ließ es nicht zu. Er packte meinen Koffer und mich fest an der Hand, lief mit mir 2 km bis zum nächsten Dorf. Da stand gerade ein Soldatenauto voll mit alten Frauen und Kindern beladen. Aber mein Soldat hat meinen Koffer und mich daraufgestellt, obwohl er es gar nicht durfte. Was war das für ein Mensch, ein Engel in Menschengestalt. Warum hat er gerade mir geholfen? Es gab doch viele Flüchtlinge. Ich bin jetzt 85 Jahre. Das Erlebnis begleitet mich bis heute noch. Dieses Auto brachte mich zum Haff. Da wollte ich rüberlaufen, brach ein und wäre ertrunken, wäre nicht wieder ein Engel in Menschengestalt da gewesen. Da soll mir mal einer sagen, es gibt keinen Gott. Schade, dass es von diesen Menschenengeln so wenige gibt.

Elisabeth Braunwart, Leipheim

Wir flüchteten mit einem Auto in Richtung Braunsberg

VON MARTINA GOETZ, HAMBURG

Ende Januar 1945 – nach einem Bombenangriff durch russische Flugzeuge – sind wir mit unserer Familie in einem PKW (DKW) zu einem Arbeitskollegen meines Vaters nach Warschkeiten gefahren. Meine Eltern konnten sich wohl noch nicht entschließen, die Heimat zu verlassen.

Durch die Erlebnisse in Warschkeiten kamen wir dann zu dem Entschluss zu flüchten. Auswirkungen von den immer näher rückenden Kampfhandlungen führten schließlich dazu. So war in der Schule in Warschkeiten der Hauptverbandsplatz eingerichtet. Wir haben Schwerverletzte und auch Tote gesehen und sie wurden in einem Massengrab beerdigt. Die Situation wurde ernst. An einem Vormittag waren mein Bruder Heinz und ich noch einmal nach Pr. Eylau – auch zu unserer Wohnung – gegangen. Als wir nach Warschkeiten zurückkamen, warteten die Eltern schon auf uns.

Den Pkw hatte ein Geschwisterpaar auf unserem Hof abgestellt. Der Mann war unglücklich gestürzt und hatte sich dabei ein Bein gebrochen, sodass er selbst nicht mehr mit dem Auto fahren konnte. Die Geschwister hatten einen weiteren Pkw, mit dem sie weitergeflüchtet sind. Mit unseren Eltern war abgesprochen, dass der Pkw bei uns abgestellt bleiben solle. Sollten wir jedoch auch noch flüchten müssen, so solle dieser Pkw uns zur Verfügung stehen. Das war unser Glück! Mit diesem Pkw sind wir dann gegen Mittag – etwa Ende Januar/Anfang Februar 1945 – von Warschkeiten/Pr. Eylau auf dem festen Weg in Richtung Stadtfreiheit geflüchtet. Das Ende des Trecks erreichten wir etwa nach sieben Kilometern. An diesem Tage sind wir nur bis in die Nähe des Truppenübungsplatzes Stablack gekommen. Wir haben den Pkw gegen die Windrichtung gestellt, Bettzeug dahintergelegt. Darin haben Heinz und ich dann übernachtet. Die Eltern und die beiden jüngeren Geschwister legten sich in den Pkw. Nach etwa 3 bis 4 Tagen erreichten wir das Frische Haff im Raum Heiligenbeil/Braunsberg. Wir sind über das Eis des Frischen Haffs auf die Frische Nehrung gekommen. Am nächsten Morgen wurden wir durch Einschläge von Granaten geweckt. Die Russen befanden sich bereits auf der Landseite, etwa in Tolkemit, Frauenburg. Kurz hinter Kahlberg mussten wir den Pkw liegen lassen. Gegen ein paar Zigaretten haben wir ein Pferd getauscht. Dieses spannten wir vor einen Schlitten, den wir gefunden hatten, gingen wieder auf das Eis des Haffs. Von dessen Ende bis in den nächsten Ort Stutthof, ca. 3 km, hat das Pferd mit unserer Hilfe den Schlitten – überwiegend über Erde und Matsch – gezogen. In Stutthoff haben wir übernachtet. Ich meine, es müssen Teile des KZs gewesen sein, wo wir uns aufgehalten haben.

> *Gegen ein paar Zigaretten haben wir ein Pferd getauscht*

Von Stutthof ging es mit der Kleinbahn bis nach Danzig. Von dort gelangten wir mit Güterzug nach Schlawe in Hinterpommern. Dann sind wir weitergeleitet worden und kamen in dem Ort Zitzmin (in der Nähe von Zanow-Köslin) etwa zwischen dem 10. und 15. Februar 1945 an. Nach Erlebtem fanden wir hier eine guttuende Ruhe. Wir wurden bei einem Bauern Zülke etwas außerhalb des Ortes untergebracht.

Die von uns als guttuend empfundene Ruhe war trügerisch. Nach etwa 3 bis 4 Wochen unseres Aufenthalts in Zitzmin kamen an einem Sonntag etwa gegen 14 Uhr die Russen. Sie haben uns also doch noch geschnappt.

Etwa 14 Tage bis drei Wochen haben wir dann noch auf dem Bauernhof gelebt, bis eines Tages ein Russe erschien und uns erklärte, dass am nächsten Morgen der ganze Ort umgesiedelt werden solle. Wir wurden – soweit noch Pferde vorhanden waren – mit Pferd und Wagen und zu Fuß auf das ca. 40 km entfernte Gut Zeblin bei Bublitz gebracht. Dort mussten wir dann für die Russen arbeiten. Bereits im Frühjahr/Sommer 1945 galt es „sa Odra" = über die Oder. Gerüchteweise erzählte man auch, etwa Ende 1945, dass von Köslin aus Sammeltransporte von Deutschen, die aus dem Gebiet ausgewiesen wurden, zusammengestellt werden sollten.

Im Laufe des Jahres 1945 war die Situation so, dass sich in den Dörfern zunehmend Polen mit ihren Familien ansiedelten und die großen Güter nach dem Muster einer Kolchose unter russischer Regie „bearbeitet" wurden. In Zeblin standen vor der Besetzung drei Traktoren, ca. 30 bis 40 Pferde und entsprechendes Gerät zur Verfügung. Nun hatten wir ca. 10 Pferde, wovon die meisten von den Russen noch für Kutschfahrten benutzt wurden.

Ein Erlebnis erwähne ich besonders: Von den Russen wurden die Kühe in Herden zusammen- und nach Osten getrieben. Aus einer solchen Herde war eine Kuh ausgebrochen. Meine Mutter, die in dem Gemeinschaftsbackofen Brot gebacken hatte, entdeckte diese Kuh, legte ihr einen Schal um den Hals und führte sie in unseren Stall. Dem Russen, der auf unserem Gut als Kommandant eingesetzt war, erzählten wir davon. Er gab den Rat, sie gut zu verstecken, eventuell noch mit Wagenschmiere oder etwas Ähnlichem zu beschmieren. Sollte sie nicht abgeholt werden, so sollten wir die Milch für uns behalten. So kam es auch! Leider hatten wir kein ausreichendes Futter, sodass es mit der Milch immer weniger wurde.

Aus dem Dorf Gust hatten wir uns vorsorglich von der polnischen Miliz für unsere Familie einen Ausweisungsschein geholt, nachdem es für uns immer mehr feststand, zu versuchen, uns aus dem Gebiet abzusetzen. Insbesondere mit Michail Straub, einem Bauern-Ehepaar aus der Nähe von Tilsit sowie einem in Zeblin allein lebenden älteren Förster, Herr Hipler, aus Ostpreußen –

Bei Tagesbeginn gingen wir in den Wald und versteckten uns

ihn hatte es auch dorthin verschlagen – führten meine Eltern immer wieder Gespräche. Michail Straub war mit seiner Familie inzwischen in das etwa zwei Kilometer entfernte Dorf Kummerow gezogen, weil er sich mit dem derzeitigen russischen Kommandanten nicht vertragen konnte. Er hatte mit meinen Eltern besprochen, dass, wenn wir uns absetzen sollten, er uns die Kuh abnehmen würde. Absetzen heißt: Wir müssten das Gut, also die Russen, fluchtartig verlassen. Schließlich würden sich mit der Gruppe von unserer Familie, drei, das Ehepaar, zwei, sowie Herr Hipler, also sechs Arbeitskräfte absetzen. Wir entschlossen uns dennoch dazu.

Am Abend des entscheidenden Tages brachten mein Vater und Heinz die besagte Kuh nach Kummerow zu Michail Straub. Dass es an diesem Abend geschehen sollte, wusste er nicht und war daher unvorbereitet. Er hatte kein Geld im Haus. Er ist daher zu Bekannten gegangen, hat sich das Geld geliehen und meinem Vater gegeben. Als sie aus Kummerow zurückkamen, ging es für uns ca. um 22.00 Uhr los. Ich war körperlich geschwächt, da ich unter den Folgen einer Lungenentzündung litt. Unterwegs trafen wir das Ehepaar. Wer nicht kam, war Herr Hipler. Wir sind daher gegangen. Wir wollten dieses tun, solange es dunkel war. Bei Tagesbeginn gingen wir in den Wald und versteckten uns, mussten wir doch damit rechnen, dass die Russen uns folgen würden, sobald sie von unserem Fortgang erfahren würden. In der Zwischenzeit war auch Herr Hipler zu uns gestoßen, worüber wir alle sehr froh waren!

Nach etwa 2 bis 3 Tagen sind wir so in Köslin angekommen. Es wurden tatsächlich Transporte zusammengestellt. Wir lebten etwa noch eine Woche in Köslin, lebten von dem Geld, das Michail Straub uns für die Kuh gezahlt hatte, und verließen danach Köslin mit der Bahn bis nach Stettin. Nach einem Zwischenaufenthalt in Stettin ging es dann mit dem Schiff nach Lübeck. Wir kamen nach Lübeck-Pöppendorf in ein Durchgangslager. Von dort über Itzehoe in das Kirchspielamt Albersdorf in Holstein in den Ort Osterrade. Das wurde unsere zweite Heimat. Die Familie war über alle Wirren und Gefahren hinweg zusammengeblieben. ■

Als wir am 27. Januar 1945 flohen, lag unsere Geburtsstadt Königsberg in Schutt und Asche

Am 27. Januar 1945 sind meine Mutter, Großmutter mit uns sechs Kindern (5- bis 14-jährig) auf die Flucht gegangen. Unsere Geburtsstadt Königsberg lag schon in Schutt und Asche und die Granaten flogen uns um die Ohren. Der Weg von zu Hause (Rothenstein) zum Hafen war die Hölle. Wir erreichten eine Baracke im Hafengelände, welche noch in der Nacht beschossen wurde. Unser Vater war bei der Polizei und konnte uns am frühen Morgen zum Schiff bringen („Gulliver"). Was wir da erlebten, war grausam. Tausende von Flüchtlingen wollten das rettende Ufer vor den Russen erreichen – die schon einmal den Ring um Königsberg durchbrochen hatten und einige Kilometer vor Rothenstein einmarschierten (Mutter wollte mit uns aus dem Leben scheiden), aber die Deutschen unter Leitung von General Lasch konnten sie zurückschlagen. Unsere letzte Hoffnung war, bei minus 22 Grad heil den Hafen zu erreichen. Wir standen vor dem Schiff, die Menschen schoben sich wie Ameisen Richtung Reling. Wie viele Menschen ins Wasser gestürzt sind – gezählt hat sie niemand. Es ging um das nackte Leben. Mein Vater konnte uns mit einem Tau einzeln auf das Schiff hochziehen. Zwei kleine Reisekörbe, gefüllt mit Federkissen und Decken, konnten wir in die unterste Luke zerren. Mutter wollte uns vor der Kälte schützen.

Unser Schiff war das letzte Schiff, welches am 27. Januar von Königsberg auslief. Von Pillau aus sollten wir später mit einem Geleitzug Richtung Swinemünde fahren. In Pillau ereilte uns ein Tieffliegerangriff. Unser Schiff – überladen mit Flüchtlingen und verwundeten Soldaten – wurde mehrfach getroffen und trotzdem hieß es nach einem Stopp: „Es geht weiter." Nach einiger Zeit stieg langsam das Wasser in unserer untersten Luke. Die zwei Körbe haben uns etwas geholfen, trotzdem standen wir mit den Füßen im Wasser. Unser Schiff war 5 oder 6 Tage auf See. Sturm, Kälte, Hunger, Durst – wir waren Kinder –, von Deck aus, wo wir uns immer wieder raufwagten, haben wir dann die „Gustloff" sinken sehen. Die halbe „Gustloff" war schon unter der Wasseroberfläche, als unser Schiff vorbeifuhr. Dadurch, dass unser Schiff Leck hatte, wurden wir bevorzugt in den Hafen gelotst, nachdem das Packeis und Minen durch Minensuchboote das Gewässer frei gemacht hatte.

Wir wurden sofort in Viehwagen gestopft, und der Zug ratterte noch am selben Tag nach Mecklenburg. Auch auf dieser Fahrt ereilte uns ein langanhaltender Tieffliegerangriff. Kurz zuvor wurden die Türen aufgeschoben und es hieß: „Raus, raus in den Wald. Luftangriff!" Wir rannten in den Wald und schmissen uns mit Hilfe unserer Mutter flach auf den eisigen Boden, Mama und Oma haben gebetet. Der Zug wurde in dieser Waldschneise immer wieder beschossen. Viele Flüchtlinge, die glaubten, das Ziel fast erreicht zu haben, blieben tot auf der Strecke. Hier möchte ich meinen kurz zusammengefassten Bericht beenden. Wir hatten noch viele Steine, Not, Elend und Angst auf unserem Weg. Unser Schutzengel hat uns nie verlassen! Die Verbindung zu meiner Heimat Königsberg habe ich seit 1998 wieder aufgenommen. Bereits zehn Mal war ich zu Hause. Es gibt noch vieles zu verarbeiten.

Lilo Oberli, Adligenswil/Schweiz

Ungewisses Schicksal im eingekesselten Königsberg, das zur Festung erklärt wurde. Frauen und Kinder warten auf einem Sammelplatz, um zum Hafen von Pillau zu gelangen

In Neutief wurde das Baby geboren. In Heiddorf ist es gestorben

VON KÄTE RITT, ROSTOCK

 **Am 28.01.45 verließen wir unsere Heimat zwischen den Fronten. Wir waren wahrscheinlich die letzten Flüchtlinge aus Königsberg, die mit Pferd und Wagen in Richtung Pillau unterwegs waren.**

Um 18.00 Uhr war Königsberg eingekesselt. Wir waren mit zwölf Personen auf einem Gummiwagen unterwegs, darunter eine hochschwangere Frau, Hedwig B. Der Gummiwagen hatte einen Aufbau aus Holz, vorne hatten wir einen Teppich vorgehängt. So begann unsere Fahrt, eisige Kälte und glatte Straßen, die Pferde hatten keine Stollen unter, das wäre uns bald zum Verhängnis geworden, unterwegs mussten wir erst einmal eine Schmiede anfahren. So ging es dann Richtung Pillau. In Pillau setzten die Wehen ein,

wir mussten unbedingt die Fähre nach Pillau-Neutief nehmen, ohne Hafenkommandant wäre es nicht möglich gewesen. Das Militär hatte den Vorzug. In Pillau-Neutief hat dann die Frau ihr Baby geboren, ein Mädchen war es, über uns noch Bombenangriffe. Die Fahrt ging dann weiter übers Eis nach Danzig, über uns Tieflieger, wo nun aber hin, kein Baum, kein Strauch. Weiter ging es in Richtung Stettin. Auf der Autobahn wurden wir noch einmal von Tieffliegern beschossen. Unsere Pferde haben uns bis nach Heiddorf bei Dömitz gebracht. Das Baby ist in Heiddorf gestorben. Damals war ich 14 Jahre alt. Heute bin ich 76. Ich wohne in Rostock und denke oft an die Flucht zurück. Nach der Wende war ich zweimal in Königsberg. Nichts ist so, wie es einst war. Ich glaube aber, dass es wieder eine blühende Stadt wird. Die ersten Anzeichen sind schon da. ■

Wer unter seinem Pferdewagen Kufen hatte, kam bei Eis und Schnee besser voran. Pferdefuhrwerke auf dem Haff

Sie wurden von deutschen Panzern überrollt

Ich wurde im Jahre 1935 im Kreis Osterode (Ostpr.) geboren. Meine Großeltern besaßen dort einen Bauernhof. Im Januar 1945 gingen meine Eltern mit uns beiden Kindern, zusammen mit den Großeltern, per Pferdefuhrwerk auf die Flucht vor der immer näher rückenden Front. Ich war damals etwa 9 1/2 Jahre alt, also bereits in der Lage, die gesamte Situation bewusst mitzuerleben. Der Fluchtweg verlief zunächst in nördlicher Richtung durch Ostpreußen, dann über das Eis des Frischen Haffs und die verschneite Frische Nehrung durch Danzig und über das nördliche Hinter-

pommern bis kurz vor Kolberg. Dort überholte uns die Front und die Flucht war beendet. Auf einem Gutshof in der Nähe von Kolberg verbrachten wir die Zeit bis zu unserer Aussiedlung im Sommer 1947. Meine Erinnerungen an den Zeitraum der Flucht habe ich vor geraumer Zeit zusammengetragen und in tagebuchähnlicher Form aufgeschrieben.

Meine Großeltern waren auf der Flucht seinerzeit im Treck auf sich alleine angewiesen. Sie waren daher mit vielerlei zusätzlichen Problemen konfrontiert. Übrigens: Die Grausamkeiten des Krie-

ges gegenüber der Zivilbevölkerung hat es wirklich gegeben (im Prinzip auch schon in den Jahrhunderten zuvor). Aber Flüchtlingstrecks sind nicht nur von russischen Panzern überrollt worden. Zwischen Guttstadt und Wormdit waren bereits Ende Januar 1945 – ohne Front – Fahrzeuge des Trecks stark beschädigt im Straßengraben zu sehen, einschließlich entsprechender Panzerspuren. Hier wurden Flüchtlingswagen auf der engen Straße durch deutsche Panzer von der Straße gedrängt und teilweise sogar überrollt.

Mannfred Poschmann, Rostock

Wir wurden beschossen und mussten in die Schützengräben

VON CHRISTA WENZLER, ÜBERLINGEN

Am 29.1.1945 bin ich mit meiner Mutter auf die Flucht. Morgens früh fuhr ein Soldaten-Lkw vor. Wir sind eingestiegen mit unserem Gepäck, was wir tragen konnten. Ich war 13 Jahre alt, meine Mutter 40 Jahre, als wir Damerau/Kr. Bartenstein verließen.

Wir sind nicht weit gekommen, da waren Flieger im Tiefflug da und wir wurden beschossen. Alle Leute vom Lkw runter in die Schutzgräben. Mich traf ein großer Steinbrocken am Fuß, hatte Schmerzen, konnte nicht mehr laufen. Dann mussten wir auf die Trecks aufsteigen. Es ging über das Haff. Das Eis drohte zu brechen. Dann sollten wir auf das Schiff. Das erste Schiff war die „Gustloff", war schon überladen. Ist dann gesunken. Nur ein Teil dieser Menschen konnte gerettet werden. Wir kamen auf das nächste Schiff. 10 000 Menschen (Kinder, Frauen und Soldaten) waren an Bord. Es war bitterkalt.

Abschied von der Heimat. Ostpreußen, Frische Nehrung. Meine Mutter war so seekrank, lag flach am Boden. Ich musste mich in der Reihe anstellen, um etwas zum Essen zu holen. U-Boote machten Jagd auf die deutschen Schiffe. Sie wussten nicht, dass Flüchtlinge an Bord waren. Sieben Schiffe fuhren weiter nach Kiel, Flensburg, Sassnitz und Travemünde. Ein Torpedo traf unser Schiff. Die Menschen waren in Not. Tragödien im Innendeck, Kampf um Rettungsboote. Alle wollten runter vom Schiff. Es war entsetzlich. Die Reise führte uns nach Dänemark. In Oxböl/Dänemark angekommen im Februar 1945.

Ins Flüchtlingslager. Baracken. 17 Personen auf einem Zimmer. Strohbetten, nachts kamen die Wanzen

aus den Ritzen der Bretter und haben uns geplagt. Ein großer Tisch und Stühle im Raum, aber nichts zum Essen. Meine Mutter schickte mich an die Mülleimer, ein paar Kartoffelschalen holen, um für uns eine Suppe zu kochen. Ostern 1945 gab es das erste Mal Fleisch zu essen. Es waren Bisamratten. Wir mussten es essen, wir hatten Hunger. Um das Lager herum war hoher Stacheldraht. Wenn es dunkel wurde, durften wir nicht mehr raus, sonst wurde auf uns geschossen. Nach einem viertel Jahr kamen wir aus dem Lager raus, Richtung Lübeck/Deutschland. Wieder in die Baracke.

Mein Bruder war in Ostpreußen im Lehrlingsheim. 15 Jahre alt. Wir haben ihn gesucht und gefunden.

> *Ostern 1945 gab es das erste Mal Fleisch zu essen: Bisamratten*

Kam dann nach Lübeck. Dann haben wir uns Arbeit gesucht. Meine Mutter und mein Bruder nichts. Ich fand eine Stelle als Schneiderlehrling. Vom ersten Geld, das ich bekam, kaufte ich mir einen Hut. Meine Mutter sagte: Mein liebes Kind, wir haben nichts zum Essen und du kaufst dir einen Hut.

Mein Vater war in russischer Kriegsgefangenschaft und musste in dieser Kälte arbeiten, frieren und hungern. Hatte Gelenkrheuma und war nur noch Haut und Knochen. Oktober 1949 – wir haben uns alle in Albstadt/Schwabenland getroffen. Mit 40 DM Überbrückungsgeld fingen wir ein neues Leben an. Hatten nichts. Die Schwaben haben uns nicht freundlich empfangen. Sie selber hatten noch alles. Nichts vom Krieg mitbekommen. Es hieß immer: Ihr Reingeschmeckten, ihr Rucksack-Deutschen, ihr Übriggebliebenen – was wollt ihr hier, haut wieder ab. Da hat man die Menschen kennengelernt. Wir haben uns alle Arbeit gesucht. Dann ging es langsam bergauf. Es sind jetzt 62 Jahre her, aber mir ist es, wie wenn das heute war. ■

Ein wenig Hoffnung! Flüchtlinge in einem der zahlreichen Auffanglager – hier im dänischen Oxböl

Die Rotarmisten rissen uns sogar die Ringe von den Fingern

VON MANFRED PULTERMANN, ENGER

Ende Januar 1945 rückten die russischen Truppen immer näher an das Stadtgebiet von Königsberg heran. Es blitzte am Himmel und das endlose Donnern der Artillerie und ihre Einschläge waren sehr beängstigend. Wir hatten uns zu dieser Zeit schon mehr im Keller als in der Wohnung aufgehalten.

Jetzt haben meine Mutter (mein Vater war schon 1941 gefallen) und ihre Geschwister den Entschluss gefasst, Königsberg zu verlassen und nach Pillau aufzubrechen, um von dort mit dem Schiff in den Westen zu gelangen. Mein Onkel meinte, die Dunkelheit würde uns mehr Sicherheit geben, weil tagsüber die russischen Jagdflieger auf alles ihre Bordwaffen richteten, was sich bewegte. Schnell wurden einige Sachen gepackt (meine Oma meinte noch, nehmt nicht zu viel mit, wir kommen ja bald wieder zurück) und auf die zwei Schlitten geschnürt. Draußen lag tiefer Schnee und es war eiskalt. Nun ging es los in Richtung Hauptbahnhof, immer unter Beschuss der russischen Artillerie. Ein letzter Blick zurück zu unserem Haus in der Gartenstadt Schönfließ.

So landeten meine Muter, meine Schwester, meine Oma, mein Onkel, meine beiden Tanten und ich am späten Abend am Königsberger Hauptbahnhof. Die Schlitten wurden vor dem Bahnhof abgestellt und das Gepäck im Zug verstaut, der wie angekündigt nach Pillau fahren sollte.

Ich bin dann eingeschlafen und habe nicht bemerkt, wann sich der Zug in Bewegung gesetzt hat. Heute weiß ich, es war der letzte Zug mit Flüchtlingen am 21.01.1945 in Richtung Pillau.

> *Es krachte ein paar Mal und der Flüchtende fiel in sich zusammen*

Als ich wach wurde, war es immer noch dunkel, aber der Zug hatte gar keine richtige Fahrt, es ging immer ein paar Kilometer vorwärts, dann wieder zurück und plötzlich stand er wieder einige Zeit. Wenn der Zug wieder in Fahrt kam, sprangen einige Landser auf die Trittbretter der Waggons, stoppte dieser und hielt an, sprangen sie wieder ab. Sicher wollten diese Soldaten auch nach Pillau. So verhielt sich unsere Lok bis in die frühen Morgenstunden, als plötzlich nichts mehr ging. Dann hörte man Schüsse, Panzer rollten an unseren Zug heran. „Das sind ja die Russen", sagte mein Onkel. Die Russen begannen, den Zug zu umstellen. Jetzt geschah etwas Unglaubliches, was ich in meinem jungen Leben noch nie gesehen hatte. Ein Mann in schwarzer Uniform floh über das verschneite Feld in Richtung Wald. Wir hörten, dass die Russen ihm etwas nachriefen. Wahrscheinlich sollte er stehen bleiben, doch er lief weiter, ohne sich umzuschauen. In diesem Augenblick griff einer der Russen nach seiner Maschinenpistole, es krachte ein paar Mal und der Flüchtende fiel in sich zusammen. Mein Onkel meinte, es könnte der Zugführer oder ein SS-Mann gewesen sein.

Kurz darauf wurden nacheinander alle Türen aufgerissen, und wir mussten aussteigen. Aus jeder Kehle der Russen wurde uns ein Wort entgegengebrüllt, das jeder Russe beherrscht – Uhri – Uhri – Uhri. Meine Mutter und auch meine Tanten mussten sofort ihre Uhren abgeben, sogar ihre Ringe wurden ihnen von den Fingern gerissen. Mein Onkel konnte seine Taschenuhr vorerst noch retten. Als wir Flüchtlinge das Spalier von russischen Soldaten passiert hatten, hatte wohl keiner der Frauen und Männer mehr seine Uhr, Ringe, Halskette, Armreifen oder andere Schmuckstücke.

Bitterer Abschied von der Heimat. Frauen und Kinder verlassen ihr Dorf bei Königsberg

Jetzt trieben sie uns immer parallel am Bahnkörper in Richtung Bahnhof. Es war der Bahnhof von Metgethen bei Königsberg. Wir waren also in dieser Nacht nicht weit mit unserem Zug gekommen. Vom Bahnhof aus ging es in ein Siedlungsgebiet. Hier wurden wir alle in Gruppen aufgeteilt. Jede Gruppe wurde in eines dieser Siedlungshäuser abkommandiert. Wir hatten also erst einmal eine Bleibe. Wir bekamen mit mehreren Familien einen Raum zugewiesen, unser Platz war in der Ecke neben dem Fenster. Tagsüber ließ sich selten ein Russe blicken, aber sobald die Dunkelheit einbrach, kamen sie wie die Geier, leuchteten mit Taschenlampen den Frauen in die Gesichter und sprachen immer wieder die beiden Worte ‚Frau, komm'. Wenn die Frauen sich weigerten, wurde Gewalt angewendet, an den Haaren gezogen, mit der Waffe gedroht oder sie schossen in Wände oder Decke. Die Frauen konnten noch so viel wimmern oder schreien, die Vergewaltigung war unumgänglich, wenn sie nicht ihr Leben riskieren wollten. Meine Mutter ist meistens davon verschont geblieben, weil sie sich auf dem Fußboden mit einer Decke bedeckt hatte und meine Schwester und ich uns über sie legten.

Dort in Metgethen hatten wir noch einige Tage eine chaotische Zeit. Die russischen Soldaten benahmen sich wie Tiere. Unter den Erwachsenen erzählte man sich, dass in Metgethen viele Frauen und Männer von den russischen Soldaten ermordet wurden. Als dieses alles über unsere Familie hereinbrach, war meine Schwester Steffi fünf und ich acht Jahre alt.

• Meine Schwester wurde Ende Mai 1945 wegen Typhus von uns getrennt.
• Meine Oma wurde im Februar 1945 von den Russen erschossen.
• Mein Onkel verstarb im Februar 1945 an seinen Schussverletzungen.
• Meine beiden Tanten wurden im März 1945 zur Zwangsarbeit in den Ural verschleppt.

Für meine Mutter und mich sollte diese grausame Zeit fünf Jahre anhalten, die nur Elend, Leid und Tränen brachte. Um dem Hungertod in Königsberg 1946 zu entgehen, sind wir beide nach Litauen aufgebrochen. Dort durften wir vom Sommer 1947 bis 1949 unter beschwerlichen Verhältnissen leben. Dem Mitgefühl dieser Menschen verdanken wir unser Leben. Meine Mutter und ich kamen dann Weihnachten 1949 in das Heimkehrerlager Friedland – von hier in das Sozialwerk Stukenbrock und im Februar 1950 nach Enger, das zu unserer zweiten Heimat wurde. ■

Eine Granate schlug ein und zwei Menschen wurden zerfetzt

VON HANNELORE MÜLLER, LÖHNE

Wir versuchten mehrmals, von Pillau mit dem Schiff nach Westen zu gelangen. Doch wir hatten kein Glück. Wir fielen den Russen in die Hände und vegetierten unter unglaublichen Bedingungen in den Ruinen von Königsberg. Meine Mutter verhungerte ein paar Wochen nach Kriegsende.

Letzte Hoffnung auf eine Schiffspassage aus dem Kessel um Königsberg. Am Kai von Pillau drängen sich Menschen und Fuhrwerke

9. März 1945

Was haben wir für ein Glück! Sollten wir doch noch dem Inferno entkommen? Die Westfront um den Königsberger Kessel ist zerschlagen, zurückgedrängt worden. Frauen und Kinder werden auf Lastwagen verladen und aus der Stadt hinaus nach Pillau gebracht. Meine Mutter und ich (zehn Jahre alt) ergattern auch einen Platz. Zusammen mit vielen Nachbarn gelangen wir nach abenteuerlicher Fahrt in die für uns als letzte Hoffnung geltende Stadt. Von hier aus soll es mit dem Schiff nach Westen gehen. In einem riesigen Barackenlager auf dem Schwalbenberg werden wir untergebracht, zu Tausenden: Flüchtlinge und verwundete Soldaten. An zwei Seiten dieses Lagers steigt das Gelände – etwas im rechten Winkel – recht steil an. Dahinter soll der Hafen mit den rettenden Schiffen liegen. Eine Besichtigung ist nicht erlaubt, „militärisches Sperrgebiet", heißt es.

Die Holzbaracken des Blocks, in denen wir untergebracht werden, stehen in langer Reihe mit dem Giebel zur Straße. Zu beiden Seiten eines Mittelgangs liegen in einer Baracke je zehn Zimmer für je 16–20 Personen. Geschlafen wird auf dem Fußboden, auf Stroh. Zum gegenüberliegenden Giebel geht's wieder hinaus. Dort befindet sich eine Latrine, dahinter in Hufeisenform ein leichter Bunker, der höchstens als Splitterschutz dienen kann. An den Enden des „Hufeisens" hat er je einen Ein- bzw. Ausgang.

In den ersten Tagen hören wir hier in diesem Barackenlager ständig Geschützdonner und Detonationen. Man beruhigt uns: „Die Sowjets beschießen Peyse." Das ist ein kleiner Ort auf einem Landvorsprung im Frischen Haff jenseits der Fischhausener Wiek, ca. 12 km östlich von Pillau. Dort sollen sich auch Flüchtlinge aufhalten. Hier in Pillau tut sich in diesen Tagen nichts. Wir warten und warten… Nichts geschieht. Zurzeit soll gar kein Schiff da sein, das in Richtung Westen aufbricht. Dann der erste Lichtblick: Ein junger Mann aus unserem Zimmer, schwer verwundet und noch nicht vollständig genesen, darf mit seiner Frau, die als Krankenschwester arbeitet, auf ein Schiff. Doch dabei bleibt es.

Inzwischen schießen die Sowjets mit Artillerie auch in unser Lager. Niemand ist vorgewarnt. Wir sitzen ungeschützt in der Holzbaracke. Eine Granate schlägt bei uns am hinteren Giebel zwischen Ausgang und Latrine ein. Zwei Menschen werden dort sofort total zerfetzt. Die Splitter dringen durch die dünnen Holzwände, z. T. durch vier Zimmer. In unserem Nachbarraum – wir „wohnen" in der Mitte der Baracke – verirrt sich noch ein Splitter in einen Wecker, der auf einem Kleiderschrank steht.

Die schreienden Schwerverletzten werden aus den verwüsteten ersten Zimmern nahe des Ausgangs ins Freie getragen. Man legt sie auf den Wall eines Lauf-

grabens, der sich im Zickzack neben jeder Baracke entlangzieht, und verarztet sie notdürftig, bevor Ärzte kommen und sie in eine Lazarettbaracke bringen.

Auch andere Baracken erhalten verheerende Einschläge. Es gibt viele Tote und Verletzte. Das letzte Märzdrittel ist angebrochen. Nach dem Artilleriefeuer wird das Lager jetzt von Bombern heimgesucht. Zunächst fallen Sprengbomben. Es wird Alarm gegeben. Mit Mitbewohnern renne ich in den Bunker hinter der Latrine. Meine Mutter macht sich noch im Zimmer zu schaffen. Sie ist noch nicht bei uns, als plötzlich ein und gleich danach noch ein Krachen, Dröhnen, Beben unseren Bunker erschüttern. Sand und Erde rieseln zwischen den Holzverkleidungen hindurch auf uns herab.

Jetzt erscheint endlich meine Mutter im Bunker, unverletzt. Sie erzählt mir, unsere Nachbarbaracke habe einen Volltreffer erhalten. Durchs Fenster sah sie Dach, Balken, Bretter durch die Luft wirbeln. Der zweite Treffer ist genau in die Mitte des Hufeisens des zu jener Baracke gehörenden Bunkers eingeschlagen. Er hat ihn nach allen Seiten hin zugeschüttet. Nur wenige Menschen, die sich in der Nähe der zwei Ausgänge befinden, können sich lebend retten. Alle anderen sitzen beim Ausgraben tot auf ihren Holzbänken, erstickt.

Während des gleichen Angriffs bringen zwei DRK-Schwestern zwei verwundete Flaksoldaten in unseren Bunker. Einer von ihnen ist in der Rippen- und Lendengegend so schwer verletzt, dass kein Verbandszeug zum Verbinden ausreicht. Eine Nachbarin kramt kurzerhand aus ihrem Handgepäck ein Frotteehandtuch heraus. Damit versorgen ihn die Schwestern.

Die Bombenangriffe in den darauffolgenden Tagen werden immer stärker. Jetzt fallen auch Brandbomben. Da die leichten Bunker keinen Schutz bieten, wird die Bevölkerung aufgefordert, sich in einen von mehreren Stollen zu begeben, die am Rand des Lagers ca. 80 m weit in einen Steilhang getrieben worden sind.

Ähnlich wie die Bunker hinter den Baracken sind sie mit Holz verkleidet. Zu beiden Seiten befinden sich Holzbänke, aus Latten und Brettern gezimmert. Dicht bei dicht sitzen die Menschen. Die Luft in diesen Röhren ist verbraucht, unerträglich. Jedoch alle Schutzsuchenden halten und harren hier aus. Wohin sollen sie auch? Wir zwängen uns zwischen Menschen und Gepäck durch bis zum Ende des Stollens. Dort hört der Ausbau auf. Über dem Morast liegen provisorisch ein paar Bretter. Als Sitzgelegenheit dienen unsere Koffer. Diese Nachteile nehmen wir jedoch gern in Kauf. Denn von hier aus führt ein Luftschacht hinauf auf den Berg. Die Luft ist hier erträglicher als inmitten des Stollens. Außerdem können wir durch den Schacht oben auf dem Berg die Flak hören, also in etwa feststellen, ob ein Angriff stattfindet. Das ist insofern von Bedeutung, als wir zur Toilette jedes Mal in eine nahe gelegene Baracke laufen müssen.

Drei Tage halten wir es nun schon unter diesen Umständen aus. Der 70-jährige Vater einer Nachbarin will nach einem Angriff in unserer Unterkunft nach dem Rechten sehen. Er muss auf dem Weg dorthin einen Block mit Baracken passieren, in denen Verwundete untergebracht sind. Als er zurückkommt, weint er hemmungslos: Die Verletzten haben sich zum Teil aus den brennenden Baracken auf die Straße gerobbt, sind dort liegen geblieben oder in ihren Betten verbrannt.

> **Ein handgroßer glühender Splitter flog in den Wagen**

Es ist der erste Mann, den ich weinen sehe. Dieser Anblick und die damit zusammenhängende Botschaft gräbt sich tief in mein Bewusstsein hinein.

Gegen Abend hört während eines Luftangriffs die Flak über uns zu schießen auf. Sie muss einen Volltreffer bekommen haben. Das Dröhnen der Bomber und Detonationen sind weiterhin zu vernehmen. Die Lage ist hoffnungslos. Noch immer gibt es keine Aussicht, dass uns ein Schiff nach Westen bringt.

29. März 1945

Meine Mutter und andere Nachbarn beschließen, nach Königsberg zurückzugehen. Am Morgen machen wir uns mit einer Gruppe zu Fuß auf den Weg in Richtung Fischhausen. Züge verkehren nicht mehr regelmäßig. Wir sind gerade aus Pillau hinausgelangt, befinden uns auf der Ausfallstraße vor einem Krankenhaus

Ein letzter Blick auf Ostpreußen. Im Hintergrund ein Lazarettschiff der Marine

oder Lazarett mit einem riesigen roten Kreuz auf dem Dach. Da beschießen uns Tiefflieger mit Bordwaffen. Im Straßengraben unter unbelaubten Bäumen warten wir den Angriff ab. Gott sei Dank, keine Verletzten! Ob wir das dem trüben Wetter verdanken?

Es geht weiter. Mit jedem Kilometer wird das Gepäck schwerer. Schließlich holen uns auf der Landstraße mehrere kleine Pferdewagen (Panjewagen) ein. Deutsche Soldaten sitzen darauf. Ihr Ziel ist auch Fischhausen und sie nehmen uns mit. Wegen des häufigen Bordwaffenbeschusses führt unser Weg abseits von der Landstraße auf holprigen Wegen durch ein Waldstück. Es geht relativ gut vorwärts.

Aber auch in Fischhausen gibt es an diesem Tag keinen Zug nach Königsberg. Einer fährt nach Palmnicken an die Samlandküste. Wir fahren mit. Warum eigentlich? – Eine Verzweiflungstat. Abgespannt, müde und hungrig treffen wir dort in der Nacht ein. Niemand weiß für uns eine Unterkunft. Schließlich bekommen wir ein Lager in der Kirche zugewiesen, in der sich schon viele Flüchtlinge aufhalten. DRK-Schwestern verteilen noch in dieser Nacht Milch an die Kinder. Am folgenden Abend fahren wir mit einem Personenzug nach Fischhausen zurück. Dort erwischen wir einen Güterzug nach Königsberg. In der Ecke eines

Waggons kauern wir uns zusammen. Die Nacht ist mondhell. Der Zug muss mehrere Male über längere Zeit auf freier Strecke halten, um Artilleriebeschuss abzuwarten. So geschieht es auch gegen fünf Uhr morgens in Seerappen, kurz vor Königsberg. Im Güterwagen befinden sich etwa sechs bis acht Zivilisten, Frauen und Kinder, die alten Eltern unserer Nachbarin und zwei Soldaten.

Unweit von uns detoniert auf dem Feld eine Granate. Ein Soldat schreit: „Zur Seite!" Er reißt eine Frau mit, springt, wirft sich in unsere Ecke. In diesem Augenblick fliegt ein handgroßer glühender Splitter in den Wagen. Wieder haben wir Glück! Niemand ist verletzt!

Im Lauf dieses Tages erreichen wir unser Haus in Königsberg auf den Hufen. Es steht noch.

Ironie des Schicksals: Nach einer Woche pausenloser Luft- und Raketenangriffe, einem Leben ausschließlich im Luftschutzkeller, machen wir uns am Sonntag, 8.4.45, morgens um zwei Uhr erneut auf den Weg nach Pillau. Die sowjetischen Panzerspitzen sollen schon im nordwestlichen Stadtgebiet stehen. Wir kommen nicht mehr weit. In Ratshof, einem westlichen Vorort von Königsberg, fallen wir den sowjetischen Soldaten in die Hände.

Am schlimmsten war es, wenn die russischen Tiefflieger kamen und auf uns schossen

Die Flucht aus Ostpreußen 1945, auch ich war elf Jahre alt und musste aus Königsberg/Ostpreußen vor den Russen mit Mutter und meinem kleinen Bruder fliehen. Die Soldaten haben nach dem Rückzug Mutter mit Kindern mitgenommen, denn wir waren nach den beiden Bombenangriffen von den Engländern auf Königsberg nach Schloss Kirgis bei Tharau evakuiert worden. Unsere Soldaten hatten die Russen nochmals aus Dörfern zurückgeschlagen, aber es war kein Aufhalten. So zogen sie sich zurück und nahmen uns mit, dabei kamen wir in die Dörfer, wo die Russen gewütet hatten, es war grauenhaft, tote Kinder, zerstückelt, alles niedergemetzelt.

Dann schlossen wir uns einem Wagen an und zogen über das zugefrorene Haff zur Nehrung. Trecks um Trecks zogen los, eisige Kälte, nichts zu essen, Mutter hatte eine Seite Speck mit, das hat uns geholfen, am schlimmsten war es, wenn die Tiefflieger kamen und auf uns schossen. Die Wagen boten dann etwas Schutz, aber viele kamen um, überall lagen Tote. Menschen und Pferde, dann wurde das Fleisch der Tiere gegessen. Als wir vom Eis runter waren, gingen wir auf der Nehrung Richtung Danzig weiter und immer die Angriffe von den Tieffliegern. Ab Danzig wurden wir in Viehwaggons Richtung Westen transportiert, nur mit dem, was wir am Leib hatten, denn inzwischen

wurde unser weniges Gepäck (Tasche mit Papieren) gestohlen. Ich war verlaust, die Füße erfroren, voller Angst, es war die schlimmste Zeit meines Lebens, wer das nicht erlebt hat, kann es nicht nachempfinden.
Ende Januar flüchteten wir, und am 13. März 1945 kamen wir in Niedersachsen, Immensen bei Lehrte, an. Am 25. März wurde ich zwölf Jahre.
Als die Engländer in Immensen einmarschierten, habe ich mich auf dem Heuboden versteckt, aus Angst, und war dann erstaunt, dass uns nichts getan wurde. Ja, das war meine Kindheit und durch die Berichte kommt alles wieder hoch.

Ursula Adam, Bielefeld

Französische Kriegsgefangene, die gut behandelt wurden, setzten sich für die deutschen Frauen ein

Die Freundin meiner Mutter war eine Frau von Graz, Würzburgerin wie meine Mutter, und das Schicksal ihrer Schwägerin, Frau von Scherzer, Rittergutsbesitzerin aus Ostpreußen, hat mich schon als 10-jähriges Mädchen tief berührt.
Frau von Scherzer floh mit ihrem Mann, den Angestellten sowie den französischen Kriegsgefangenen, die damals als sogenannte Fremdarbeiter auf dem großen Gut arbeiteten, vor den heranrückenden Russen. Sie beluden 13 Pferdewagen mit dem Nötigsten und brachen nach Westen bei bitterster Kälte auf. Während der Flucht wurde der Treck mehrmals von den Russen überrollt, doch die stets gut behandelten französischen Kriegsgefangenen setzten sich für die deutschen Frauen ein, gaben sie als ihre eigenen aus, um sie so vor Vergewaltigungen und Grausamkeiten zu schützen. Nach unsäglichen Strapazen und Entbehrungen kamen sie endlich in Dresden an. Aber ihre Sehnsucht und Hoffnung, nach all den schrecklichen Erlebnissen in Sicherheit zu sein, zerbarst in den fürchterlichen Bombennächten.
Der Pferdetreck campierte mit vielen anderen Flüchtlingen in den Elbwiesen. Pferde und Wagen brannten lichterloh. Die Pfer-

de waren nicht mehr zu bändigen! Die schwer beladenen Wagen überrollten alles, was sich ihnen in den Weg stellte. Wie viele Flüchtlinge bei diesem Bombenterror den Tod fanden, wird sich wohl niemals feststellen lassen.
Der Mann von Frau von Scherzer erlitt während dieses Infernos einen Schlaganfall. Sie hatten alle Wagen verloren. Mit Mühe besorgte Frau von Scherzer einen Leiterwagen. Auf dem zog sie ihren gelähmten Mann den weiten Weg bis nach Ansbach zu ihrem Bruder. Als nach unsäglicher Mühsal dieses Ziel erreicht war, verstarb Herr von Scherzer. Seine letzten Worte waren: „Ich habe so lange durchgehalten, um dich, meine Liebe, in Sicherheit bei deinem Bruder zu wissen."
Das Ehepaar von Graz lebte in unserer Nachbarschaft, in Obereichenbach bei Ansbach, in der sogenannten „Offizierssiedlung", die kurz nach Einmarsch der Amerikaner beschlagnahmt wurde. Wir haben durch die Ausweisung aus unserem Zuhause das Ehepaar von Graz und Frau von Scherzer aus den Augen verloren, aber das Schicksal dieser tapferen Frau habe ich bis heute nicht verdrängen können.

Renate Greiner, München

Zeugnis der Barbarei.
Tote Frauen und Kinder
des Massakers von
Nemmersdorf. Die
Rotarmisten wurden
von der sowjetischen
Propaganda zu solchen
Ausschreitungen
geradezu ermutigt

Auf den Straßen Königsbergs verwesten die Leichen

VON GÜNTHER SITT, HAMBURG

 **Als heute 85-Jähriger habe ich nicht nur die Flucht aus Königsberg miterlebt, sondern auch ab 1941 den gesamten Russlandfeldzug bis zur Kapitulation 1945, mit anschließender 4-jähriger russischer Gefangenschaft.**

Somit musste ich insgesamt acht Jahre meiner Jugend dem Hitler-Wahn opfern, mit grauenvollen Erlebnissen, die heute kaum vorstellbar sind.

Dazu gehörte der zunächst erfolgreiche, schnelle Vormarsch über Litauen, Wilna, Brest, Witebsk, Smolensk bis Kalinin, kurz vor Moskau. Wo wir durchs Fernglas die Kreml-Türme sehen konnten... Dabei erwischte uns aber der katastrophale Winter 41/42 mit Temperaturen von unter – 40 Grad, den wir mit Sommeruniformen, ohne Winterbekleidung ertragen mussten. Dabei bekam ich Erfrierungen zweiten Grades an beiden Füßen.

Nach der Einkesselung von Stalingrad, wo eine ganze Armee unter Generalfeldmarschall Paulus geopfert wurde, ereilte mich auf dem Rückzug 1943 auch das Schicksal, indem Witebsk im Mittelabschnitt von den Russen eingekesselt wurde. Durch zwei Schüsse aus einer russischen MG-Salve, die Lunge und Schulter durchschlugen, wurde ich schwer verwundet. Während

Sie beschossen unsere Straße mit Stalinorgeln

Es war Anfang April 1945. Der Russe hatte die Stadt schon fast eingeschlossen. Unsere Soldaten hatten noch die Straße nach Pillau freigekämpft. Es waren noch sehr viele Frauen und Kinder in der Stadt. Am Freitagmorgen sollte ich etwas für meine Mutter besorgen. Wir saßen im Luftschutzkeller bei einer Schwester von Mutti mit ihren fünf Kindern und wir vier Kinder. Ich war fast 13 Jahre, da fing der Russe an mit Stalinorgeln die Straße zu beschießen. Gleichzeitig kamen die Tiefflieger und bombardierten. Ich konnte nicht zurück und versuchte, durch tote Soldaten und tote Pferde in die Innenstadt zu meinem Vater zu kommen, der in einem Lazarett als Sanitäter arbeitete. Ich fand meinen Vater. Es gingen den ganzen Samstag schwere Bomben und Phosphorangriffe auf die Stadt. Sonntagmorgen, den 8. April 1945, fuhr noch ein Sanitätsbus mit Ärzten, Schwestern und Sanitätern (mein Vater und ich) in größter Hast aus der Stadt, der Russe hatte schon viele Stadtteile eingenommen. Etwa um zehn Uhr waren wir auf dem Weg nach Pillau. Um 13 Uhr hörten wir die Sondermeldung: „Königsberg ist vom Russen eingenommen."

Am Dienstag, dem 10. April 1945, sind mein Vater und ich aufs Schiff nach Dänemark gegangen. In Kopenhagen wurde ich von meinem Vater getrennt. Die Kinder kamen in eine Schule und später in Heime.

Am 14. September 1946 bin ich in Dänemark konfirmiert worden, ohne Wissen, ob meine Angehörigen noch am Leben sind. 1947 erfuhr ich über das Rote Kreuz, dass mein Vater noch lebte und auch den Aufenthaltsort. Meine Mutter und Geschwister sowie Tante mit Kindern wurden 1948 aus Königsberg ausgewiesen. Die kämpfende russische Truppe hatte Frauen und Kinder in Schulen eingesperrt. Dadurch ist den eingesperrten Frauen viel Leid erspart geblieben. Während die nachfolgende Truppe 24 Stunden mit der Bevölkerung machen konnte, was sie wollte. Ich war 16 Jahre alt, als unsere Familie wieder vereint war.

Ruth Bosse, Bad Emstal-Riede

Beschwerliche Fahrt Richtung Weichselmündung und Danzig. Pferdefuhrwerke auf der Frischen Nehrung

ich dadurch das Glück hatte, mit einer JU 52 aus dem Kessel ausgeflogen zu werden, wurde die 206. ostpreußische Infanterie-Division, wo ich als Funker gedient hatte, völlig aufgerieben und vernichtet. Alle meine Kameraden, mitsamt dem Führungsstab, starben.

Nach einem Jahr Lazarett wurde ich als KV-bedingt nach Königsberg in Ostpreußen versetzt, wo ich als Soldat, Ende 1944, den Einfall der Russen auf deutsches Gebiet, die Einkesselung Königsberg und die Flucht und Vertreibung der Bevölkerung bis zur Halbinsel Hela, bei Danzig, miterlebte.

Das Leid, besonders der Frauen und Kinder, war unbeschreiblich, da der Gauleiter, ein Vertrauter Hitlers, absichtlich verhindert hatte, die Bevölkerung zur Flucht in den Westen aufzufordern. Im Gegenteil: Die schöne Stadt Königsberg, die monatelang von den Russen eingekesselt war, wurde zur Festung erklärt, obwohl 60 % der einwohnenden Bevölkerung in der Stadt noch lebte. Das Sterben einer eingekesselten deutschen Großstadt, die nach monatelangem Bombenterror aus der Luft und durch Bodenartillerie bis auf die Grundmauern zerstört wurde, mit verstümmelten Leichen, die auf den Straßen und Trümmern verwesten, werde ich nie vergessen.

Ein erster Ausbruchsversuch der deutschen Wehrmacht, der im Dorf „Metgethen" bei Königsberg

endete, machte mich zum Augenzeugen von unvorstellbaren Gräueltaten, die an Frauen, Kindern und Greisen begangen wurden. Bei einem zweiten Ausbruchsversuch unter Oberstleutnant von Wangenheim von Juditten aus, einem westlichen Stadtteil von Königsberg, erhielt ich den Befehl, unnützes Gerät aus meinem Funkwagen zu entfernen, um Frauen und Kinder mitzunehmen. Dieser Ausbruchsversuch mit einer kleinen Kampftruppe gelang bis Pillau am Frischen Haff. Eine junge Mutter mit Kind in meinem Fahrzeug konnte somit gerettet werden. Die zurückgebliebenen Frauen erlitten durch Vergewaltigungen, Verschleppung und qualvollen Tod ein grauenvolles Schicksal.

Die in Pillau kein rettendes Schiff über die Ostsee in den Westen ergattern konnten, mussten zu Fuß in endlosen Trecks in beißender Kälte über die Nehrung, unter ständigem Fliegerbeschuss mit hohen Verlusten bis Danzig, Gotenhafen oder Hela, weiterflüchten. Aber auch ein zunächst rettendes Schiff bot keine Garantie zum Überleben. Es war die Zeit, wo die „Wilhelm Gustloff" mit ca. 5000 Menschen an Bord, vornehmlich Frauen und Kinder, unterging.

Im Mai 1945 geriet ich auf der Halbinsel Hela in russische Gefangenschaft, wo das Leid in anderer Weise durch Kolbenschläge, Hunger, Kälte, unerträgliche harte Arbeit und Strafen weiterging. ■

Oben hörte ich meine Mutter laut weinen und schreien

VON MARIANNE JECHT, HALLE

Ich, Marianne Jecht, geborene Koß, bin 1938 in Lieb/Kr. Königsberg geboren. 1944 wurde ich eingeschult. Doch das war nicht von Dauer. Nach einem halben Jahr musste ich wegen Kriegseinwirkungen die Schule verlassen. In Königsberg marschierten die Russen ein.

Es begann für uns die Hölle. Meine Mutter lebte mit mir und meinen zwei Brüdern, einer elf und einer zehn Jahre alt, in einer Siedlung in Lieb. Hier wurden wir von den Russen rausgeschmissen. Wir kamen in ein großes Lager und waren mit vielen Menschen auf engstem Raum eingepfercht. Nach etwa einer Woche konnten wir wieder in unsere Wohnung, doch es zeigte sich uns ein Bild des Grauens.

Die Wohnung war vollständig zerwühlt, Fensterscheiben kaputt, die Türen mit Füßen durchgetreten. Sämtliche Sachen, die wir ja alle zurücklassen mussten, lagen verstreut auf der Straße. Da mein Vater in Norwegen im Krieg war und meine Mutter sehr wenig Geld bekam, konnte sie uns drei Kindern auch nicht viel Spielzeug kaufen. Ich weiß noch ganz genau, ich bekam drei Jahre lang ein und dieselbe Puppe zu Weihnachten geschenkt. Ich musste sehen, dass meine Lieblingspuppe vollkommen zerschmettert auf dem Boden lag. Arme und Beine waren herausgerissen und der Kopf war eingetreten. Mir hat mein kleines Kinderherz vor Kummer geblutet. Noch heute steigt in mir Wut auf, wenn ich an diese Zeit zurückdenke.

Meine Mutter raffte schnell ein paar Sachen für uns Kinder in einen kleinen Koffer zusammen. Doch als wir gerade den Weg überqueren wollten, hielt ein Laster kurz an, ein Russe sprang herunter, trat meine Mutter in den Unterleib, riss ihr den Koffer aus der Hand und

> *Mir gaben die Russenfrauen ab und zu etwas zu essen*

war verschwunden. Nun standen wir da mit nichts! Wir liefen und liefen, wussten jedoch nicht, wohin. Dann endlich kamen wir in eine andere Siedlung, die fast leer stand. Alle, die nun eine Bleibe suchten, liefen in die leer stehenden Häuser. Die Häuser hatten ein Unter- und ein Obergeschoss. Hier ließen uns die Russen auch nicht in Ruhe. Eines Tages, ich sehe es noch wie heute, kamen zwei große, kräftige Russen ins Haus. Sie sahen sich um, griffen meine Mutter und waren plötzlich verschwunden. Nach einer ganzen Zeit hörte ich, wie die zwei Russen vom Obergeschoss lachend herunterkamen. Von oben hörte ich meine Mutter laut weinen und schreien. Die zwei hatten sie brutal vergewaltigt, eine Frau kümmerte sich um meine Mutter. Ich schlich mich hoch und sah meine Mutter auf einer nackten Federmatratze liegen, Hose und Bluse waren zerrissen und sie schrie nur immer: „Nein, die Russen, die Russen!" Dann wurde sie ohnmächtig.

Hier konnten wir auf keinen Fall bleiben. So ist meine Mutter mit uns drei Kindern in den Schrebergarten gezogen. Von hier aus war es nicht weit bis in die Stadt. Mutter war schwach und krank, sie hatte zu viel miterlebt und ihr Herz wurde immer schwächer. Wir drei Kinder gingen nun jeden Tag in die Stadt und haben von Tür zu Tür um ein Stück Brot gebettelt. Mir gaben die Russenfrauen ab und zu etwas zu essen, doch meine Brüder hatten es schwer. Sie mochten nur kleine Kinder und mein älterer Bruder wurde oft die Treppe heruntergeschubst und getreten, dazu kam immer das hässliche Gerede: „Wenn du Hunger hast, geh zu Hitler!" Es war grausam. Da Hunger sehr weh tut, haben wir in den Höfen auf den Müllbergen nach etwas Essbarem gesucht. Ab und zu fanden wir mal eine Kartof-

Essen, um zu überleben. Ein hungriger Junge wartet auf etwas Essbares, das in alten Töpfen unter freiem Himmel zubereitet wird

Mütter fanden ihre toten, vergewaltigten Töchter

Auch meine Familie mit vier Kindern ist durch die Hölle gegangen. Unsere Flucht vor der Roten Armee endete in Methgeten bei Königsberg. Methgeten war vollgestopft mit Flüchtlingen. Die Nacht wollten wir in einer Schule verbringen, doch dazu kam es nicht. Da stürmten die Rotarmisten schon die Schule. Alle Räume waren überbelegt mit Flüchtlingen. So lagen wir alle auf dem Fußboden, dicht an dicht. Nur eine Frau lag auf einer Liege, da fielen sie gleich über sie her und vergewaltigten sie, in unser aller Gegenwart. So ging es laufend weiter, bis ein Russe sie halbtot rausschleppte. Jetzt suchten sich die Bestien alle jungen Mädchen raus und schleppten sie auf den Flur. Die Mütter schrien und haben sie noch festgehalten. Die Männer schlugen sie mit dem Gewehrkolben nieder. Draußen auf dem Flur sind sie gleich zu mehreren über die Mädchen hergefallen und haben sie brutal vergewaltigt. Die armen Mütter mussten die Schmerzensschreie ihrer unschuldigen Kinder mit anhören. An diesem Tag entgingen wir dem Horror, da wir uns unter einem Schreibtisch verkrochen hatten. Drei Tage dauerte das Ganze, bis wir die Schule verlassen durften, weil die vielen Toten in die Verwesung übergingen.

Aber wohin sollten wir gehen? So suchten wir Schutz in einer Scheune, doch auch hier das gleiche Schreckensbild. Die Bestien waren überall. Nun entdeckten sie auch meine ältere Schwester und schleppten sie mit. Ihre furchtbaren Schreie kann ich bis heute nicht aus meinem Gedächtnis streichen. Mutter hatte versucht, sie festzuhalten. Da wurde auch sie zusammengeschlagen. Schwankend vor Schmerzen und blutverschmiert kam sie zurück. Auch sie wurde von mehreren Bestien vergewaltigt. Die anderen Mädchen haben sie auf grausamste Weise umgebracht. Die Mütter fanden ihre Töchter halb nackt, mit gespreizten Beinen an den Wagenrädern angebunden. Im Unterleib der Mädchen steckten Flaschen. Dann sahen wir die Panzer auf uns zurollen, die Flüchtlingswagen vor sich herschieben. Die Menschen, die nicht schnell genug runterkamen, wurden einfach zu Tode gewalzt. Meine liebe Schwester Elfriede wurde mit anderen Mädchen nach Sibirien verschleppt. Wir haben nie wieder was von ihr gehört. Das einzige Lebenszeichen hatten wir damals durch ein Bild in der Zeitung, worauf wir sie erkannten.

Christel Wels, Kevelaer

Wir flohen mit dem Schiff von der Halbinsel Hela

Damals (1945) war ich ein Junge von acht Jahren. Meine Eltern und Großeltern hatten jeder ein kleines Häuschen auf der Frischen Nehrung. Im Winter 1944/45 haben wir als Kinder miterleben müssen, wie die Flüchtlinge mit ihren Pferdegespannen über das zugefrorene Frische Haff gekommen sind.

Es waren zum Teil grauenhafte Geschichten, die sich dort abgespielt haben. Die Gespanne waren teilweise nur mit Planen versehen, einige wenige hatten sich Holzverschläge auf ihre Fuhrwerke genagelt. Alte Leute und Kleinkinder hatten es besonders schwer, weil die Pferde mit den Wagen im teilweise schon etwas dünnen Eis einbrachen und versanken. Diese Schreie von den Eingebrochenen und das Gewieher der Pferde werde ich nicht vergessen. Hier sind sehr viele alte Men-

schen, aber auch kleine Kinder mit in die Tiefe gerissen worden und einfach im eiskalten Wasser erfroren. Unsere Häuser waren bis auf die letzte Stube mit Flüchtlingen besetzt, die ihren Kleinkindern eine warme Mahlzeit zubereiten konnten. (Nach Wochen auf der Flucht!)

Die Pferde liefen, wenn sie sich aus dem Eisloch retten konnten, herrenlos durch die Gegend und fraßen vor Hunger den Fichten die Rinde ab.

Viele Menschen lagen erfroren einfach auf dem Eis oder in der Gegend herum, konnten nicht beerdigt werden, weil der Boden auch gefroren war.

Hinzu kam noch, dass die Trecks von den russischen Fliegern mit Bordwaffen beschossen wurden. Auch meine Mutter und die Großeltern haben mit uns im März/April 1945 flüchten müssen. Wir waren eine

Großfamilie mit zehn Kindern, das kleinste erst im Januar 1945 geboren und der Vater in russischer Kriegsgefangenschaft. Die „Gustloff" die uns aus dem Krisengebiet bringen sollte, war total mit Flüchtlingen überbelegt, später haben wir erfahren, dass das Schiff untergegangen ist. Wir sind dann von der Halbinsel Hela mit dem M.A. „Ubena" in ein Internierungslager nach Dänemark gebracht worden. Dort haben wir auch nicht immer etwas zu Essen gehabt, aber wir waren in einer sicheren Unterkunft.

Dreieinhalb Jahre haben wir dort hinter Stacheldraht verbracht, bis wir 1949 zum Vater nach Deutschland durften.

Die Bilder der ertrinkenden und erfrorenen Menschen und Tiere haben mich bis heute nicht mehr losgelassen.

Ewald Voss, Altenholz

fel, ein paar Nudeln oder einen verfaulten Apfel. Doch die Russenfrauen wurden beauftragt, jedes bettelnde Kind zu melden. Nun ging es uns noch schlechter. Wir bekamen von niemandem mehr etwas zu essen. Da fand mein Bruder eines Tages auf einem Abfall verschimmeltes Brot. Er dachte, ehe wir alle verhungern, essen wir etwas davon. Mein großer Bruder und ich haben noch etwas braunes Brot herausgefunden, jedoch mein kleiner Bruder war so ausgehungert, dass er das grasgrüne Brot aß. Noch am selben Tage starb er schrecklich an den Folgen der Vergiftung. Wir waren alle sehr traurig und beschlossen, unseren kleinen Sonnenschein, der ca. zehn Jahre alt war, nicht für ein Massengrab freizugeben. So haben meine Mutter und mein großer Bruder ihn heimlich nachts im Garten begraben.

Das alles machte meine Mutter noch kränker und schwächer. Wir hatten schon seit Tagen nichts Richtiges mehr gegessen, mal ein paar Kartoffelschalen, mal eine Wassersuppe. Da kam ein Russe zu uns in den Garten, der hatte Konservenbüchsen dabei. Er sagte: „Frau, du kriegen zu essen für deine Kinder, ich kriege das." Er zeigte dabei auf den Ehering meiner Mutter. Doch sie wehrte sich mit allen Mitteln dagegen; es war doch das Einzige, was sie an meinen Vater erinnerte. Sie überlegte sehr lange, doch als sie uns beide ansah, war der Hunger stärker, und sie willigte ein. Der Russe bekam den Ring und verschwand. Wir hatten großen Hunger und öffneten sofort die Büchsen, doch was wir sahen, waren Lumpen und Erde. Da haben wir alle geweint, einmal vor Hunger und einmal vor Wut.

Mein Bruder und ich gingen wieder betteln, egal, auch wenn wir von den Russen Prügel bezogen. Auch Mutter wurde des Öfteren geschlagen und bedroht, den Schrebergarten zu verlassen. Mutter hielt die Qual nicht mehr aus und schickte mich zur Gemeindeschwester. Diese kam gleich mit mir mit. Wir packten meine schwer kranke Mutter in einen kleinen Handwagen. Wir legten ihr ein Federbett bei, das die Schmerzen lindern sollte. Sie hatte zu ihrem kranken Herzen noch Wasser in Armen und Beinen bekommen. Wir brachten sie nach Königsberg ins Elisabeth-

krankenhaus. Da ich erst 6 Jahre alt war, bat Mutter, mich mit aufzunehmen, was aber sofort abgelehnt wurde. Heute weiß ich, warum. Meine Mutter soll dann nicht mehr lange gelebt haben. Nun stand ich allein auf der Straße in einer großen, zerbombten Stadt. Ich wusste nicht, was aus mir werden sollte, wo ich hinlaufen sollte. Ich bin dann einfach den Weg zurückgelaufen und wollte wieder zu unserem Schrebergarten. Da treffe ich zufällig meinen Bruder. Er stand freudestrahlend vor mir und sagte, hier habe ich einen Sack Kartoffeln, da wird sich die Mutter freuen.

Doch seine Freude hielt nicht lange an, als ich ihm erzählte, dass Mutter im Krankenhaus ist. Nun hatten wir Kartoffeln, aber keine Unterkunft. Zum Schrebergarten durften wir nicht zurück. Mein Bruder hatte zwei Jungen kennengelernt, bei denen wir vorläufig bleiben durften. So war es wortwörtlich, denn als die Kartoffeln aufgegessen waren, warfen sie uns raus. Nun wussten wir wieder nicht, wohin. Tagsüber sind wir herumgelaufen, um etwas zu essen zu besorgen, und wenn es vom Abfallhaufen war. Wenn der Abend kam, haben wir uns heimlich in Bodenkammern oder auf offenen Böden versteckt. Doch das bekamen die Russen bald mit, des Öfteren haben sie die Dachböden nach Kindern abgesucht. Ich habe Todesängste ausgestanden, die hätten uns doch glatt umgebracht. Dann kam eine Zeit, wo mein Bruder mich immer öfter allein ließ. In Königsberg gab es nichts mehr zu essen, jeder, der uns etwas gab, machte sich strafbar. So tat mein Bruder, wie viele andere Jungen auch, auf fahrende Züge klettern und bis ins nächste Dorf mitfahren. Ich war zu dieser Zeit viel allein, hatte nichts zu essen, war nur müde. Mein Bruder brachte hin und wieder etwas zu essen, doch meist schaffte er es nicht bis zu mir, weil er selber großen Hunger hatte. Ich wurde immer schwächer, es gab keine Toiletten oder dergleichen.

Die Russen sind einmal sogar mit der Axt hinter mir hergerannt, als sie mich im Keller erwischten. Da ich in letzter Zeit viel allein war, kam es, dass ich einmachte, weil ich mich nirgends mehr hintraute. So lag ich nun Tage oder Wochen, ich weiß es nicht mehr,

> *Die Russen sind einmal sogar mit der Axt hinter mir hergerannt*

in meinem eigenen Dreck. Ich war so verdreckt, dass ich Krätze bekam. Dazu Kleider- und Kopfläuse.

Es war kalter Winter geworden und eines Tages stand mein Bruder vor mir. Ich war so geschwächt, dass ich ihn kaum erkannte. Er bat mich, aufzustehen und mitzukommen. Doch mir war alles egal. Ich wollte, wie ein Kegel zusammengerollt, auf dem Boden liegen bleiben und schlafen. Doch mein Bruder ließ nicht locker. Da es sehr kalt war, hatte mein Bruder um mich große Angst, ich könne erfrieren. Nach langem Betteln bin ich dann aufgestanden mit letzter Kraft. Mein Bruder stützte mich, sonst wäre ich zusammengebrochen. Meine Kleidung bestand zu dieser Stunde aus einem Schuh und einem Pantoffel sowie einem Kartoffelsack und einer vollgeschissenen Hose. So sind wir dann zur russischen Kommandantur gegangen. Die konnten nicht glauben, dass wir so lange ohne Behausung und Essen durchgehalten haben. Noch am selben Tag kamen wir beide in ein Auffanglager.

Die Haare wurden uns geschoren, die Kleidung verbrannt und dann ging es ab in die Wanne. War das herrlich, endlich mal wieder mit Wasser in Berührung zu kommen. Mein Bruder kam in ein anderes Zimmer als ich, da er älter und nicht so unterernährt war wie ich. Ich lag im Nebenraum. Ich weiß noch wie heute, dass wir nicht mehr als einen Löffel Bratkartoffeln bekamen. Die gab ich meinem Bruder, er sollte leben, mir war alles egal.

Wir waren hier nur kurze Zeit zusammen. Dann hieß es, morgen geht ein Transport los. Ich war leider nicht transportfähig, vollkommen unterernährt und schwach. Niemand wusste, wohin der Transport ging. Nun war ich ganz allein. Ich wollte für immer schlafen. Ich wurde noch am selben Tag in ein Krankenhaus eingeliefert. So verlor ich meinen Bruder aus den Augen. Die Kinderstation war überbelegt, so kam ich auf die Frauenstation. Vielleicht sollte es so sein. Ich fühlte mich zwischen den vielen Frauen, neun Personen, sehr wohl; jede wollte mich etwas verwöhnen, denn man wusste, dass ich ein Waisenkind bin. Da mein Magen keine Nahrung annahm, wurde mir mehrfach der Magen ausgepumpt. Das war eine Qual, denn ich musste

einen Schlauch schlucken. Da ich wieder ganz von vorn mit dem Essen anfangen musste, bekam ich ein Dreivierteljahr lang nur Schleimsuppen und ständig Spritzen. Mein Po sah aus wie ein Sieb.

Ich habe ständig durch die Unterernährung gefroren und lag zusammengerollt im Bett. Dadurch haben sich die Sehnen in den Kniekehlen verkürzt. Als ich eines Tages aufstehen und ein Stück gehen sollte, musste ich mit Schrecken feststellen, dass das nicht mehr ging. Meine Beine waren krumm, ich konnte nicht mehr laufen. Der Gedanke, du wirst nie mehr richtig gehen können, machte mich schon als Kind fertig.

Jetzt begannen für mich Höllenqualen. Jeden Tag setzte sich die Ärztin auf meine Beine und versuchte, sie durchzudrücken. Es war grausam. Das kann man

> *Als ich erwachte, merkte ich, dass die Beine wieder gerade waren*

mit Worten nicht beschreiben; diese Schmerzen wünscht man nicht seinem ärgsten Feind. Da diese Behandlung zu nichts führte, beschlossen die Ärzte, meine Beine zu schienen. Da ich die Schmerzen kaum noch ertragen konnte und bei Nacht keine Ruhe fand, habe ich die Schienen abgewickelt. Das war der Ärztin zu viel. Ich kam sofort in ein Einzelzimmer und erhielt noch schwerere Schienen an die Beine gebunden. Diese konnte ich nicht mehr abwickeln. So viel geweint und geschrien wie in dieser Nacht hatte ich lange nicht. Heute noch habe ich eine große Narbe am Oberbein von diesen Eisenschienen. Nun sah es die Ärztin selber ein, dass das zu nichts führen wird. Am nächsten Tag bekam ich eine Narkose und als ich erwachte, merkte ich, dass die Beine wieder gerade waren. Doch nun musste ich das Laufen neu lernen, von einem Möbelstück zum anderen. Da ich ja nur Schleimsuppe bekam, war ich noch sehr schwach auf den Beinen, auch mein Herz war schwach, sodass ich mit sechs Jahren wie ein alter Mensch nach Luft ringen musste.

Eines Tages hieß es, das Krankenhaus wird geräumt. Da ich noch klein und unselbstständig war, mussten die kranken Frauen sich verpflichten, ein Kind zu betreuen. Dann ging es los. Wir sind wochenlang mit dem Zug gefahren, immer wieder mussten wir raus, auch bei Nacht, und wir wurden gezählt. Keiner

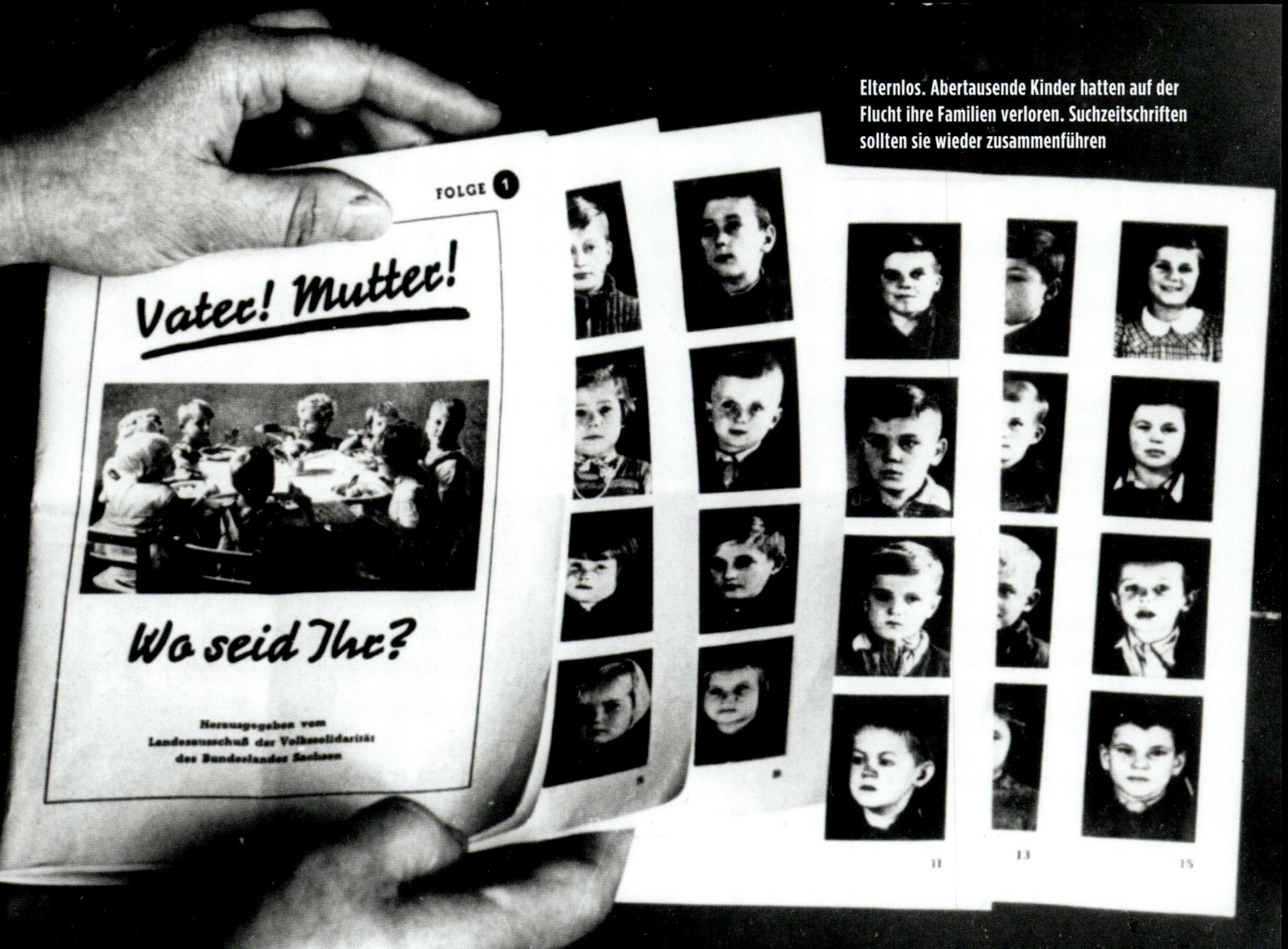

Vater! Mutter!

Wo seid Ihr?

Herausgegeben vom
Landesausschuß der Volkssolidarität
des Bundeslandes Sachsen

FOLGE ❶

wusste, wohin der Zug geht, irgendwann wurde ausgestiegen und ich bekam mit, dass wir uns in Berlin befanden. Alle Mitreisenden wurden aufgeteilt. Ich kam bei Nacht und Nebel nach Königsmark. Das liegt im Kreis Osterburg. Hier kam ich in ein Kinderheim, wo ich fünf Jahre lebte. In dieser langen Zeit erfuhr ich nichts von meinem Bruder, wusste nicht, ob meine Mutter noch lebte, ob ich überhaupt noch einen Vater habe. Als mein Vater dann aus der Gefangenschaft kam, suchte er durch das DRK seine Angehörigen. Leider fand er nur meinen großen Bruder. Er war damals von Königsberg mit dem Transport auf die Insel Rügen gekommen. Da ich noch nicht gesund war, viele Krankheiten bekam, z. B. doppelseitige Mittelohrentzündung, und Entwicklungsstörungen hatte, konnte ich erst mit zehn Jahren wieder eine Schule besuchen und musste noch einmal ganz von vorn beginnen. Eines Tages kam eine Suchkarte vom DRK. Die

Heimleiterin fragte mich, ob ich mich an meinen Bruder erinnern könnte. Na klar konnte ich das, denn schließlich verdanke ich ihm mein Leben. Durch ihn habe ich erst vom Tod meiner Mutter erfahren, welche an einem Herzleiden gestorben ist. Dies war meine Geschichte.

Mein Name ist Leonhardt Koß (geboren am 11.04.34 in Königsberg). Ich schreibe mich aber Kohs, diese Änderung erfolgte im Kinderheim. Ich bin der große Bruder.

Nach der Trennung von meiner Schwester kam ich in verschiedene Kinderheime. Wir wurden wegen Kleinigkeiten geprügelt und erhielten wenig oder kein Essen. Im Sommer 1947 wurde ich ausgewiesen, d. h., Frauen ohne Kinder mussten uns begleiten. Endstation war das Landeskinderheim Wiek auf Rügen. Gesundheitlich hatte ich sehr gelitten. ◼

Im Oktober 1948 wurden wir aus dem Kreis Elchniederung ausgewiesen

Flucht und Vertreibung aus Klein Marienwalde habe ich, damals acht bis neun Jahre alt, mit Mutter und Geschwistern in ganz schrecklicher Erinnerung. Dokumente und Fotos haben wir keine, wir haben alles verloren. Als die Front sich den Flüchtlingstrecks 1945 näherte, mussten alle Flüchtlinge die Straße räumen für die russischen Panzer. Die Plünderungen begannen sofort, zuerst nach Uhren und Schmuck. Es kam noch schlimmer, es gab für die Frauen und Mädchen keine ruhige Nacht mehr. Wir mussten für die Nacht auf den nächstgelegenen Bauernhof, dort holten sich die Russen alle Frauen. Sie standen in Schlange, um die Frauen zu missbrauchen. Es war ein fürchterliches Weinen und Schreien. Fortan mussten alle Flüchtlinge umkehren, zurück nach Ostpreußen. Seitdem waren wir der Willkür der Russen ausgeliefert. Wir konnten uns seitdem nur im Dunkeln einen Schlafplatz für die Nacht suchen, um nicht belästigt zu werden. Das war eine Scheune, ein verlassenes Haus. Sobald die Russen uns bemerkten, waren sie da und griffen sich die Frauen. Es war ein Leben in Angst und Schrecken. Hinzu kam noch, dass die Polen uns die letzte Habe abnahmen. Sie nahmen sich die Flüchtlingswagen und fuhren davon, mit allem, was wir mit auf die Flucht genommen hatten.

Wir behielten nichts mehr. Wir mussten zurück nach Ostpreußen, aber zu Fuß. Wir lebten in ständiger Angst und Furcht vor den Russen, hinzu kam die große Not. Die Deutschen mussten für die Russen auf den Feldern arbeiten, ohne Lohn, ohne Verpflegung. Das war Gefangenschaft. Unsere Mutter starb 1947. Viele Flüchtlinge haben das Elend nicht überlebt. Wir waren Kriegsvollwaisen geworden, drei Geschwister, Irene 1934, Inge 1936, Gislinde 1940. Erst im Oktober 1948 veranlassten die Russen die Ausweisung aller Deutschen aus dem Kreis Elchniederung/Ostpreußen. Die Heimatvertriebenen haben in besonderer Weise für den fürchterlichen Krieg büßen müssen.

Inge Kluge, Chemnitz

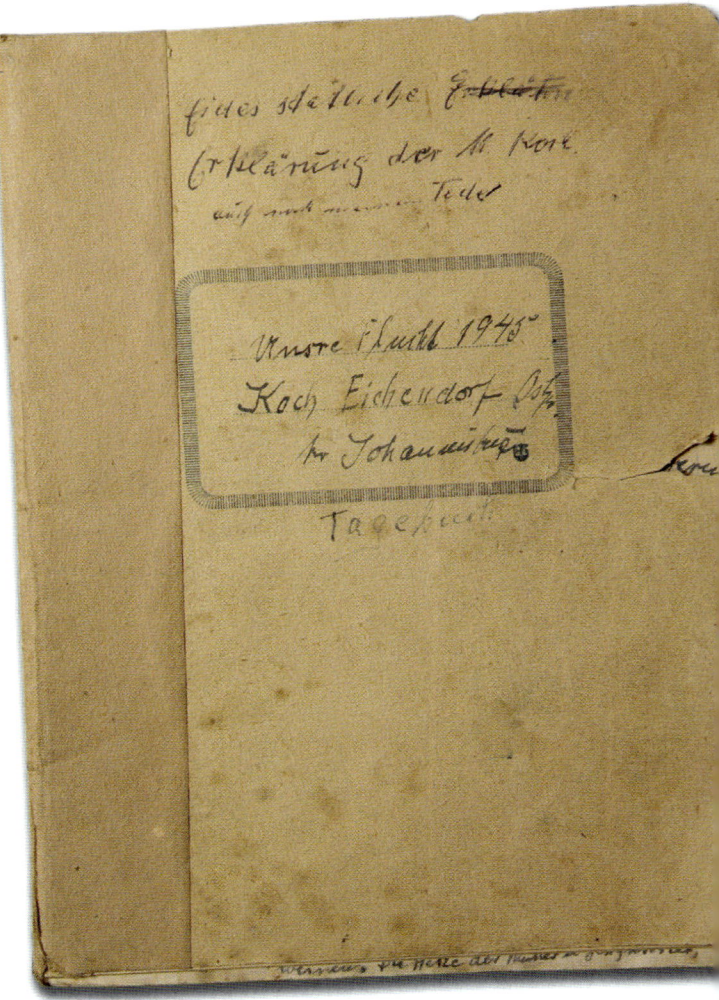

Mein Großvater Johann Koch wurde einfach nur verscharrt

VON UDO ROSENHOFF, HEMER

Anbei das Fluchttagebuch meiner Oma Marie Koch, die in den letzten Tagen Ostpreußen verlassen musste. Auf der Flucht von Eichendorf, Kr. Johannesburg, ist ihr Mann Johann verstorben und notdürftig verscharrt worden. Marie Koch war Bäuerin und hatte sechs Kinder, drei Mädchen, drei Jungen. Alle drei Jungen sind in diesem Krieg gefallen. ■

Landwirtin Marie Koch starb im Jahr 1962. Ihr Mann, Johann Koch, erfor auf dem Weg auf dem Treck aus Ostpreußen

81

Als mein Mann sich ertränken wollte, rettete ihn ein Russe

VON MARIANNE BRUNO, BRAUNSCHWEIG

Abschrift eines Briefes von Frau Bruno an Herrn Prof. Lang, früher Königsberg.

Marburg, 20.1.1946

Sehr geehrter Herr Professor!

Herzlichen Dank für Ihre lieben Zeilen. Ich kann mir vorstellen, dass Sie über meine Erlebnisse in Königsberg recht ausführlich hören möchten. Unser liebes altes Königsberg ist nicht mehr, alle Wahrzeichen unserer schönen Krönungs- und Universitätsstadt sind zerstört, nur auf dem Kaiser-Wilhelm-Platz steht das Denkmal von Kaiser Wilhelm und Bismarck ehern.

Nach furchtbaren Fliegerangriffen, Bordwaffenbeschuss und Artillerie in den letzten drei Tagen, zog am 8. April 1945 nachmittags 4 Uhr der Russe auf den Vorderhufen ein. Nach einer furchtbaren Nacht, in der die Frauen sehr zu leiden hatten (ich blieb wie durch ein Wunder verschont), wurden alle Einwohner auf die Straße getrieben, die Wohnungen wurden vor unseren Augen geplündert (unser Haus und die Nachbarhäuser waren unbeschädigt), und wir wurden ohne Hab und Gut, nachdem uns des Nachts schon Schmuck und Uhren weggenommen waren, in kleineren und größeren Pulks zu Fuß nach Trenck bei Goldschmiede getrieben.

In unserem Pulk befanden sich u. a. Herr Breede, Frau Sakorski und Frl. Simon, Bäcker Glembotzki, das Ehepaar von Mozartstr. 13 mit den drei Kindern, Herr Berger mit Frau und drei Kindern aus Nr. 16. Im Lager standen wir unter militärischer Bewachung. Wir schliefen auf der kahlen Erde ohne Stroh, bekamen pro Tag einen Eimer Wasser vorgesetzt, der aus einem Bach geschöpft wurde, in dem sich morgens alle – auch die

> *Die Wohnungen wurden vor unseren Augen geplündert*

Russen – waschen durften. 2 Mal am Tag durften wir unter Begleitung des Postens austreten. Im Übrigen setzten stundenlange Verhöre ein, wobei es auch zu Misshandlungen durch die politischen Kommissare kam. Mein Mann brach seelisch völlig zusammen und hat sich die Pulsadern geöffnet. Als der Versuch misslang, versuchte er sich zu ertränken, wurde aber von einem Russen gerettet, der ihn ins Lager brachte. Hier kam es zu einem erneuten Verhör, zu einer nochmaligen Aussprache und einer Verständigung mit dem politischen Kommissar, wobei der Kommissar meinem Mann auch die Schnittwunden verbunden hat. Am 19.4. wurden wir zu Fuß weitergetrieben nach Corben, acht Kilometer von Cranz entfernt, und mein Mann wurde als Einziger zurückbehalten. In Corben wurde eine Trennung von PGs und Nicht-PGs vorgenommen und PGs wurden in einen Keller gesperrt, wo sie so eingepfercht waren, dass sie nur noch stehen konnten. Wir anderen fanden Unterkunft in einer offenen Scheune, Verpflegung gab es hier auch nicht, nur hatten wir etwas mehr Freiheit, konnten uns aus den Mieten die Saatkartoffeln herausholen und am offenen Feuer kochen. Die Verzweiflung war sehr groß und Selbstmorde an der Tagesordnung; hier haben sich auch Frau Sakorski und Frl. Simon in einem Dorfteich ertränkt.

In Corben trafen wir u. a. Robert Wiehler (Kaffee, Tee en gros), Schubertstr. 8, Medizinalrat Rauch, Architekt Riedel (Schwiegersohn von Breede), Apotheker Jäger aus der Beethovenstraße.

Am 20.4. wurden alle politischen Verdächtigen nach nochmaligem Verhör zu Fuß nach Königsberg getrieben. Der Weg war wieder ein Leidensweg, weil die Frauen immer wieder belästigt wurden (die jungen

Ein anderer Feind – das Wetter. Nur notdürftig mit Decken und Tüten gegen den Regen geschützt, macht sich diese Familie auf den Weg aus dem polnisch besetzten südlichen Teil Ostpreußens. Der nördliche Teil wurde als Oblast Kaliningrad der Sowjetunion eingegliedert

Mädchen wurden herausgerufen und mussten zur Arbeit dort bleiben). Jedenfalls sind von ca. 200 Zurückgetriebenen höchstens 40 in völlig erschöpftem Zustand – wir haben doch vom 9. bis 20.4. nichts gegessen – in Königsberg angekommen.

In Kgb. bot sich uns ein erschreckender Anblick – auf den Straßen lagen Leichen von Deutschen, Russen, Pferden, ganze Straßenzüge waren ausgebrannt, sodass in der Stadt und auf den Hufen nur noch Häusermauern standen. In der Mozart-, Beethoven- und Brahmsstraße standen höchstens ein oder zwei Häuser. Ich schleppte mich mühsam zu meiner Wohnung und fand ein Nichts, alles ausgebrannt, nur das Treppenhaus stand und die Heizkörper hingen an den Wänden, sonst nur Schutt und Asche! Ich war innerlich so abgestumpft, dass mich dieser Anblick kaum mehr erschütterte. Schon im Lager hatte ich mich an ein altes Apothekerpaar Deus aus der Schubertstr. und an Herrn Wiehler, der ein Schulfreund meines Mannes war, angeschlossen, und wir vier Personen zogen nun in Herrn Robert Wiehlers Wohnung in der Schubertstr./Ecke Löwestr. Von seinen fünf Zimmern waren zwei Zimmer und die Küche benutzbar, und wir gründeten eine Schicksalsgemeinschaft, die etwas Einmaliges ist.

In Königsberg begann nun ein Leben wie in Wildwest, man lebte ständig in Lebensgefahr oder in Gefahr, seine Freiheit zu verlieren, und man musste ständig bemüht sein, Lebensmittel herbeizuschaffen. Der Russe versorgte die Bevölkerung nur mit 200 g Brot tägl. und 400 g für Arbeitende. Arbeitspflicht bestand für Frauen bis zum 60. Lebensjahr und für Männer bis zum 65. Lebensjahr. Aber er hat auch ältere Menschen zur Arbeit gezwungen. Wir haben gelebt von Muscheln, die ich aus dem Oberteich zwischen den angeschwemmten Leichen fischte (im Laufe von drei Monaten ca. 4 Ztr.) und die wir in den verschiedensten Arten zubereiteten, z. B. in Rhizinusöl gebacken. Als Vitaminnahrung nahmen wir 2 Mal am Tage Melde zu uns. Es gab kein Licht, kein Gas, kein Wasser – wir holten das Wasser aus den Feuerlöschteichen, die allmählich versickerten und austrockneten. Wohnungen, in denen sich Deutsche einigermaßen eingerichtet hatten, wurden von den Russen beschlagnahmt und die Deutschen in die Keller der ausgebrannten Häuser getrieben. Die aus dem Lager nach Königsberg Zurückgetriebenen drängten sich auf engstem Raum zusammen, größtenteils zogen 8–10 Personen zusammen, kochten gemeinsam und versuchten sich gegen die Übergriffe der Russen zu schützen. Wenn die Russen uns heimsuchten, habe ich mich immer als alte kranke Frau getarnt. Ich legte mich mit einem alten dicken Wollschal bewickelt und in Decken gehüllt hin, und es hieß dann, ich habe Typhus und Ruhr, dadurch bin ich immer verschont geblieben. Die Gemeinsamkeit von

Improvisation. Frauen bereiten im Flüchtlingslager Allach Mahlzeiten zu. Bis zu 40 Vertriebene müssen in einer Baracke leben

uns vieren hat uns vor der Verzweiflung und dem Selbstmord bewahrt. Wir sind durch die tiefsten Tiefen menschlichen Leids geschritten, haben gemeinsam gehungert und gedarbt, haben gelernt, unser kleines Ich ganz hinten anzustellen, und haben die Bewährungsprobe bestanden (wenn auch mit einer Gewichtsabnahme von 40 Pfund). Unsere kärglichen Mahlzeiten nahmen wir an einem Tisch ein, der mit gutem Porzellan bestellt und mit den schönsten Blumen geschmückt war, die in den Gärten des Hauses Mozartstr. 12 blühten. Am Nachmittag fanden wir uns zu ernsten Gesprächen zusammen, haben philosophiert und ernste Probleme gewälzt, und Herr Wiehler wurde nicht müde, uns geistreiche Bücher vorzulesen, dadurch blieben wir von geistiger Verelendung verschont und sind immer

Durch Bombenangriffe bereits zerstört, bevor die Rote Armee die Stadt eroberte. Das Königsberger Schloss

Der Fluss verband Königsberg mit Pillau. Barkassen, Schuten und Lastkähne auf dem Pregel

1948 kam ich nach Deutschland. Die Fahrt im Güterwagen dauerte drei Tage

Königsberg in Schutt und Asche, ich war 16 Jahre.

- Wir wurden aus der Stadt getrieben.
- Eine Woche auf der Landstraße bis Labiau in Scheunen geschlafen.
- Zurück nach Königsberg, unsere Wohnung ausgeraubt.
- Wir durften nicht mehr darin wohnen.
- Unsere neue Unterkunft war ein Trümmerkeller.
- Zum Überleben 400 g Brot und noch sehr nass.
- Drei Jahre ohne Strom, Wasser holen aus einem Brunnen, 1/2 Kilometer entfernt.
- Nach einiger Zeit bekamen wir Karten und konnten Produkte aus dem Magazin holen.
- 1948 im Güterwagen nach Deutschland. Fahrzeit acht Tage.
- Durch Polen wurden die Wagen verplombt.
- Wir landeten im Lager Kirchmöser.
- Unterlagen habe ich keine mehr.
- Es waren drei schlimme Jahre.
- Mutter an Typhus gestorben.

Inge Gröschel, Naumburg

Der Verlust meiner Familie hat mein ganzes Leben geprägt

Obwohl ich die Flucht als 3-Jährige nicht bewusst erlebt habe, denke ich immer noch mit Wehmut zurück. Mein Vater fiel 1943, meine Schwester ertrank 1½-jährig im Frischen Haff und meine Mutter verstarb mit 27 Jahren an den Folgen der Flucht. Geblieben war meine Großmutter, ein Brief meiner Mutter, der Wehrpass meines Vaters und einige Fotos. Der Verlust meiner Familie hat mein späteres Leben geprägt. *Edelgard Hippler, Giekau*

Träger deutscher Kultur geblieben. So vergingen Wochen und Monate, täglich erwartete ich meinen Mann aus dem Gefangenenlager zurück. Der Russe ging bei der Entlassung ganz planlos vor, entließ häufig alte PGs und Zellenleiter und hielt Nichtmitglieder und Logenbrüder im Lager zurück. Wir lebten in der Hoffnung, dass Königsberg Freistadt werden würde, und wurden in unserer Hoffnung von Baurat Schwartz, mit dem wir in enger Verbindung standen und der als kommender Mann von Königsberg galt, unterstützt.

Schwartz gehörte zu dem Kreis um Goerdeler und war zu einer 5-jährigen Zuchthausstrafe verurteilt worden. Da wir dann von der Abtrennung Königsbergs an Russland hörten und Baurat Schwartz Ende Juli an Ruhr starb, weil sein geschwächter Körper nicht mehr lebensfähig war, schwand auch für uns alle Hoffnung und wir hatten nur den einen Wunsch, nach Deutschland zu gelangen, zumal wir den Winter ohne Lebensmittel in Kgb., ohne Wasser, ohne Brennmaterial und ohne Fensterscheiben nicht überstanden hätten. Die Flucht war für uns ein Verzweiflungsschritt. Die widersprechenden Gerüchte kursierten, dass man Kgb. nicht verlassen darf, dass man aufgegriffen und in ein Lager gesperrt wird. Dessen ungeachtet haben wir den Schritt gewagt. Nachdem wir durch einen deutschfreundlichen Balten von der russischen Kommandantur ein Dokument erhalten hatten (gegen Bezahlung von RM 5000,- für vier Personen), haben wir uns am 25. August 1945 auf die Flucht begeben.

Wir sind vom Verschiebebahnhof Ponarth, wo sich überhaupt der ganze Verkehr abspielte, in einem offenen Kohlenwagen über Insterburg–Allenstein–Thorn nach Berlin gefahren. Der Abschied von Königsberg fiel uns nicht schwer, weil Kgb. eine tote Stadt ist und weil wir zu viel Schweres darin erlebt hatten, und wir waren froh, als die Räder zu unserer Flucht rollten; aber als wir durch unser einst so schönes Ostpreußen fuhren, das völlig menschenleer war und gänzlich unbebaut dalag, haben wir alle geweint.

Die Reise bis Berlin dauerte mit einigen Plünderungsversuchen von polnischen und russischen Soldaten, die bei uns ergebnislos waren, da wir nur in Lumpen aus unserer Heimat herausgingen, zwölf Tage. Als

Das idyllische Städtchen Rauschen.
Nach dem Krieg wurden hier Russen
und Weißrussen angesiedelt

wir von Kgb. weggingen, blieben noch 54 000 Deutsche und doppelt so viel Russen, die Hammerweg, Lawsker Allee, Juditten, Krausallee, Dieffenbachstr., Zeppelinstr. bewohnten. In der früheren „Barmherzigkeit" ist ein Zentralkrankenhaus eingerichtet worden, dort sind noch tätig: Prof. Meitner, Prof. Starlinger, Med. Rat Rauch, Dr. Siegmund, Prof. Ehrhardt, Prof. Finck, Prof. Hoffmann, Prof. Marelli, Prof. Boettner, Dr. Franke, Frl. Dr. Hensel, Pfarrer Stachowitz, im Ganzen 16 Ärzte. Prof. Joachim und Prof. Unterberger und Frl. Doris Kunkel haben Selbstmord verübt. Dr. Teichert und Sohn, Hagenstr., sind erschossen worden. Die furchtbare Typhusepidemie forderte Tausende Todesopfer, außerdem herrschte Ruhr, Cholera, auch Lepra.

In Berlin hat sich unsere Schicksalsgemeinschaft aufgelöst. Ehepaar Deus fuhr nach Neuruppin, ich fuhr mit Herrn Wiehler über Leipzig, wo wir bei meinem Vetter Station machten und uns ein wenig ausgeruht haben, nach Friedrichroda/Thür., wo im Jahr

„ Die furchtbare Typhusepidemie forderte Tausende Todesopfer "

1945 Frau Wiehler und Kinder hinzufahren gedachten und tatsächlich waren. Als wir die ersten Lebensmittelkarten in den Händen hatten und das erste Butterbrötchen aßen und gut angezogene Menschen sahen, glaubten wir zu träumen, das Ganze kam uns vor wie ein Film. In Friedrichroda brach ich körperlich zusammen und bin von Herrn Wiehlers alter Tante in rührender Weise gepflegt worden. Ihrer Liebe und Sorgfalt verdanke ich es, dass ich dem Leben wiedergegeben wurde. Ich erholte mich und fuhr in das amerikanische Gebiet und landete am 29.5. in Hersfeld, wo ich hoffte, über den Aufenthalt meines Sohnes etwas zu erfahren. Ich weiß nicht, was ich getan hätte, wenn mein Sohn gefallen wäre; aber Gott schickt dem Menschen nicht mehr Leid, als er zu ertragen vermag. Zehn Minuten nach meinem Eintreffen in Hersfeld hat mein Sohn mich in seine Arme geschlossen, und in dem Augenblick war alles, alles, was ich gelitten hatte, vergessen. Strahlend und gesund stand er vor mir. ■

Warten auf den Transport nach Westen

Frauen, Kinder und Alte an einem Sammelpunkt in Pommern. Ihre Habseligkeiten tragen sie in Taschen und Säcken mit sich. In ihren Gesichtern steht die Sorge um die Zukunft, die ungewiss ist

Fluchtziel – Kolberg und Danziger Bucht

In Ostpommern, Ostbrandenburg und Danzig/Westpreußen gerieten etwa zwei Millionen Deutsche in die Gewalt der Roten Armee. Fast genauso vielen gelang die Flucht über die Oder nach Westen

Die Flucht der deutschen Bevölkerung in Westpreußen-Danzig, Pommern und Brandenburg begann mit der Offensive der Roten Armee aus dem Weichselbogen. In nur 18 Tagen stießen die sowjetischen Verbände über 400 Kilometer nach Westen bis zur Mittleren Oder vor. Während sich die Menschen aus dem Generalgouvernement und dem Warthegau hatten rechtzeitig in Sicherheit bringen können, wurde die Bevölkerung Ostbrandenburgs durch den schnellen russischen Vormarsch Ende Januar völlig überrascht. Diese hatte sich in der trügerischen Sicherheit der Obra-Stellung gewähnt, an der monatelang geschanzt worden war. Doch die Verteidigungslinie an der alten Reichsgrenze wurde von Stalins Armeen überrannt und mit ihr die ostbrandenburgische Bevölkerung. Im allgemeinen Chaos konnten sich von dieser nur 30 bis 40 Prozent über die Oder retten. Insgesamt wurden von den etwa 1,4 Millionen Deutschen, die zwischen dem großen Weichselbogen und der Mittleren Oder lebten, mindestens 600 000 überrollt.

Nördlich der keilförmig Richtung Reichshauptstadt vorgetragenen sowjetischen Offensive entstand unterdessen eine selbstständige Front, die den Krieg im Zuge des Vormarsches auf Elbing nach Westpreußen gebracht hatte. Im Brennpunkt des Geschehens lagen in der zweiten Januarhälfte zunächst die Weichselübergänge bei Marienwerder und Dirschau und weiter nördlich bei Marienburg. An den Brücken stauten sich die Trecks. Dennoch konnte die große Mehrheit von ihnen den Strom überqueren und sich Richtung Pommern absetzen. Gleiches galt für die Flüchtlinge zwischen Nogat und Weichselmündung. Schwieriger gestaltete sich hingegen die Flucht aus der 1939 wieder zu Westpreußen gekommenen Region im Thorn und Bromberg.

Weiter westlich waren die russischen Verbände im Zusammenhang mit der Offensive an die Oder in nordöstliche Richtung über die Netze eingeschwenkt. Das Ziel der Operation war Stettin beziehungsweise die Odermündung. Doch Anfang Februar blieb ihr Vormarsch stecken. Für fast einen Monat verlief die ostpommersche und westpreußische Front nun etwa auf einer Linie zwischen Stargard und Graudenz. Da der Bevölkerung Pommerns die Flucht nach Westen untersagt worden war, befanden sich Anfang März nördlich dieser Linie etwa zweieinhalb Millionen Deutsche. Bei einem Viertel davon handelte es sich um Flüchtlinge aus Ostpreußen.

Schon in den letzten Februartagen hatte der Großangriff der Roten Armee zur Einnahme Westpreußens und Ostpommerns begonnen. Er wurde in zwei Hauptstößen geführt und erreichte am 1. März die Küste östlich Köslins und zwei Tage später die Odermündung bei Stettin, wodurch Ostpommern nicht nur vom übrigen Reichsgebiet abgeschlossen, sondern auch in zwei Teile gespalten wurde. Die Flucht der im westlichen Teil eingeschlossenen Bevölkerung konzentrierte sich auf die Hafenstadt Kolberg, wo am 7. März 80 000 Menschen auf die Rettung über See hofften. Der erbitterte Widerstand der Verteidiger Kolbergs ermöglich-

Deutsches Reich (Pommern und Brandenburg) in den Grenzen von 1937

Deutsches Reich bis 1919
1939/40 an das Deutsche Reich

te bis zur Kapitulation der Stadt am 18. März den Abtransport von 70000 Flüchtlingen. Bei Dievenow hatte noch ein Streifen an der Ostseeküste gehalten werden können. Von dort hatten sich Abertausende auf die Insel Wollin oder mit dem Schiff nach Swinemünde gerettet. Im östlichen Teil Ostpommerns flohen die Menschen nach den Häfen Leba und Stolpmünde, aber auch nach Danzig und Gotenhafen.

Am 10. März war mit Ausnahme von Kolberg ganz Ostpommern von der Roten Armee erobert. Außerdem hatten die russischen Verbände den Ring um Danzig, Gotenhafen und Hela enger gezogen. Um die Hunderttausende, die in dem Gebiet eingeschlossen waren, über See zu retten, wurde sämtlicher verfügbarer Schiffsraum dorthin beordert. Am 25. März wurden die Seetransporte aus Danzig und Gotenhafen eingestellt. Als zwei Tage später beide Städte von der Roten Armee eingenommen wurden, befanden sich noch zweihunderttausend Deutsche in deren Ruinen.

Letzte deutsche Bastion an der Weichselniederung war nun der Raum um Schievenhorst und Nickelswalde sowie die Halbinsel Hela. Allein im Monat April waren es 387000 Menschen, die Hela mit dem Schiff verließen. Insgesamt wurden über die ostpommerischen Häfen und aus denen der Danziger Bucht zwischen Januar und Mai 1945 etwa 900000 Flüchtlinge über die Ostsee gerettet. Im selben Zeitraum gelangten zwischen 200000 und 300000 Deutsche auf dem Landwege aus Pommern heraus.

Der größere Teil der Bevölkerung, unter der sich Abertausende Flüchtlinge aus Ostpreußen befanden, fiel in Ostpommern, im Raum Danzig und in Westpreußen in die Hände der Roten Armee. Es waren etwa eineinhalb bis zwei Millionen Menschen. Gleiches widerfuhr etwa 300000 Ostbrandenburgern. Ausgehend von Danzig und den Oder-nahen Regionen wurden die allermeisten von ihnen in den darauffolgenden Jahren aus den polnisch verwalteten Gebieten vertrieben. ■

Innerhalb von zwei Stunden mussten alle Häuser geräumt sein

VON ANNEMARIE HANNEMANN, ANKLAM

Nach über 50 Jahren steht denen, die diese grauenvolle Zeit miterlebten, das Geschehen von damals noch sehr deutlich vor Augen und wird es auch bleiben, solange man lebt.

Anfang des Monats Februar 1945 lag hoher Schnee und die eisige Kälte hatte das Thermometer auf mehr als minus 20 Grad sinken lassen. Angst und Schrecken hatten die bereits am 31. Januar 1945 einmarschierten russischen Truppen durch ihr Verhalten unter der Zivilbevölkerung ausgelöst. Bis zu 20 oder 30 Personen waren aus Angst in einer Wohnung zusammengerückt, um sich gegenseitig beizustehen. Doch auch dies sowie der hohe Schnee und die eisige Kälte waren für die „Eroberer" kein Hinderungsgrund, die deutsche Bevölkerung, ob alte oder junge Menschen, Kleinkinder, Kranke, auch Sterbende, aus ihren Häusern und Wohnungen auf die Straße zu treiben – Richtung Osten. Innerhalb von ca. zwei Stunden mussten alle Häuser in Quartschen/Kr. Königsberg/Neumark geräumt werden. Wer einen Handwagen hatte, raffte in Eile wenige Kleidungsstücke, ein wenig Essbares, vielleicht noch ein Kissen und eine Wolldecke in ein oder zwei Säcken zusammen, um sich damit in den langen Zug der bereits durchziehenden Menschen einzureihen. Oftmals saßen auf den Handwagen auch alte und kranke Menschen, die nicht mehr gehfähig waren. Auch vollgepackte Kinderwagen mit weinenden Kindern waren zu Hunderten in dem traurigen Zug.

Wohin sollten die Menschen – keiner wusste es –, nur immer weiter in Richtung Osten. Wer nicht mehr konnte, blieb im Straßengraben liegen. Die Nächte in leer stehenden, kalten Häusern, Ställen, Stroh- und Heumieten waren grausam. Die Suche nach etwas Essbarem in den leeren Häusern und Kellern war das, was jeder tat, um am Leben zu bleiben. Weiter – immer weiter in Richtung Osten. Eines Tages kamen wir in einen Ort namens Dölzig. In diesem Dorf war eine Ölmühle. Hier waren auf einem größeren Gelände viele Rinder, Kühe und Jungvieh, zusammengetrieben worden, auch sie sollten in Richtung Russland getrieben werden. Alle sich in unserem traurigen Zug befindlichen jungen Frauen und Mädchen, auch die etwas größeren Kinder, wurden nun zum Treiben dieser Rinder gezwungen. Auch meine Mutter wurde mitgenommen. Welche wahnsinnige Angst, dass wir uns nicht wiedersehen würden.

Allmählich taute der Schnee und die Sonne schien strahlend vom blauen Frühlingshimmel. Ein selten strahlender Frühling zog über unser trauriges Land. Bald begannen auch die Vögel, wie zu allen Zeiten, wieder zu zwitschern. Sie wussten ja von allem Leid nichts. Eines Tages, wir waren noch immer in der Dölziger Ölmühle, kam meine Mutter mit noch einigen jungen Frauen, die auch mit zum Viehtreiben waren, zurück. Welch eine unbeschreibliche Freude, wir waren wieder zusammen. Dann kam der 8. Mai 1945 – das Ende des Krieges war da. Mit viel Wodka, Geschrei und Freudenschüssen feierten die Sieger. Sofort kam die Kehrtwende. Alle Deutschen, die noch gehen konnten, mussten zurück in ihre Heimatorte. Auch wir mit unserem Handwagen, worauf zwei Säcke mit unseren verbliebenen Habseligkeiten waren und unsere über 70-jährige Oma saß, machten uns auf den Weg nach Quartschen. Nach einiger Zeit kamen wir dort auch an. Unser Haus war leer, kein Möbelstück mehr darin. Einen alten Tisch und ein paar Hocker

> *Unser Haus war leer, kein Möbelstück war mehr drin*

Mit dem Handwagen, Fahrrad oder zu Fuß. Die Flucht über die Landstraßen schweißte verschiedenste Menschen zusammen

Eine wechselvolle Geschichte. Danzig wurde 1919 vom Deutschen Reich abgetrennt und als Freie Stadt unter das Mandat des Völkerbundes gestellt. Nach Hitlers Überfall auf Polen kam Danzig wieder zu Deutschland. 1945 wurde es dann polnisch

Wir empfanden es damals nicht als Vertreibung, sonder

Ich war zehn Jahre alt und lebte bei meiner Großmutter und Onkel und Tante in Zoppot. Am 20. März 45 läuteten zwei Jungen bei uns und sagten, wir müssten sofort die Stadt verlassen, am Seesteg liegen Schiffe, die uns in den Hafen Danzig-Neufahrwasser bringen. Wir packten so viel wie möglich auf einen Leiterwagen und gingen zum Schiff. Auf dem Seesteg sang ich mit Blick auf das Kurhaus – „Nun ade, du mein lieb Heimatland". Wir empfanden es nicht

als Flucht oder Vertreibung, sondern als Zwangsevakuierung, im Glauben, dass wir nach Kriegsende wieder nach Hause dürften. Im Danziger Hafen angekommen, übernachteten wir in einer Lagerhalle auf Stroh. Eine ganze Wandlänge war ein sogenannter Donnerbalken, eine Toilettenanlage ohne jeglichen Sichtschutz. Am nächsten Morgen wurden wir aufgerufen rauszukommen: Das Schiff „Ubena" lag im Hafen. Als wir draußen standen und aufs Schiff wollten, wurden

wir von russischen Bombern beschossen, es gab viele Verletzte und Tote. Wir waren der Meinung, dass wir in einem deutschen Hafen, Hamburg oder Bremen, landen würden. Die Fahrt ging jedoch nach Kopenhagen. Während wir im Unterdeck anstanden, um Kartoffelsuppe zu holen, wurden wir wieder von Russen beschossen. In Kopenhagen angekommen, wurden wir mit der Bahn in Viehwaggons in verschiedene Orte gebracht. Wir landeten in Trolthede, wo wir in

...ls Evakuierung

einem kleinen Landgasthaus im Festsaal untergebracht wurden. Im Mai nach Kriegsende wurden wir schließlich nach Öxböl in ein Stacheldrahtlager, im Pferdestall „X9", untergebracht. Im Sommer 1947 wurden wir endlich entlassen. Weil meine Mutter damals schon lange in München wohnte, wollten wir auch gerne dorthin. Ich als Sohn und meine Großmutter wurden als nächste Verwandte anerkannt und durften nach München. Meine Tante und Familie wurden in St. Georgen im Schwarzwald eingebürgert.

Harald Kreft, Karlsruhe

fanden wir im Straßengraben und aus den sich in der Nähe befindlichen Strohmieten des ehemaligen Quartschener Gutes wurde Stroh geholt, worauf wir schliefen. Wir waren wieder zu Hause! Die Kartoffelmieten vom letzten Jahr waren teilweise noch vorhanden und so waren sie unsere Hauptnahrungsquelle. Auch junge Brennnesseln wuchsen schon. Sie wurden gekocht und als Gemüse verwendet. Wie an jedem Tag war jeder immer auf der Suche nach etwas Essbarem. Auch an jenem 19. Mai 1945 war ich auf der Straße, die in Richtung Darrmietzel führt. Noch heute weiß ich genau die Stelle – es war gegenüber dem Galgengrund. Plötzlich fiel schlagartig etwas aus der Luft – genau vor meine Füße. Sehr erschrocken sah ich, dass ein größerer Vogel (evtl. Habicht oder ähnlicher Vogel) aus geringer Höhe etwas fallen gelassen hatte, was er wohl nicht mehr halten konnte. Vor mir lag ein kleiner, noch zuckender Hase. Dieser Leckerbissen war dem Vogel nun entgangen. Ich habe ihn sofort mitgenommen und bin damit nach Hause gerannt. Unsere Oma hat dem Häschen dann gleich das Fell über die Ohren gezogen, unsere Freude über den Fund war so groß. Immer wieder sagte ich: „Morgen an meinem Geburtstag (20. Mai war mein 11. Geburtstag) haben wir Hasenbraten zum Mittagessen." Es war eine unbeschreibliche Freude. Nach langer Zeit gab es so etwas Schönes bei uns und das an meinem Geburtstag. Ich glaubte an ein Wunder des Himmels. Ein kleiner Hase war durch die Luft direkt vor meine Füße gefallen.

Dem selten warmen, sonnigen Mai folgte ein ebenso herrlicher Juni, jedoch nur ein kurzer. Bis zum 21. Juni 1945 waren wir voller stiller Hoffnung, dass wieder einmal alles gut werden würde. Jedoch zu sehr früher Morgenstunde des 22. Juni brüllte eine männliche Stimme. Durch lautes Schlagen gegen die Haustür schreiend: „Ihr raus – ein Stunde – ihr hier raus – sonst wir schießen – ihr über die Oder – ihr hier weg." Mit zitternden Händen kamen nun wieder unsere paar Habseligkeiten auf den Handwagen. Obenauf unsere Oma. Den vielen schon auf der Straße in Richtung Küstrin ziehenden Menschen schlossen wir uns nun an. Das war das Ende und der Abschied für immer von unserem geliebten Quartschen, unserer Heimat! ■

Im Westen Stettins krochen wir über die Demarkationslinie

VON KURT KÜTHER, BOTTROP

In der Nacht zum Heiligabend 1945 lagen wir im Heu einer Scheune, wie das Christkind vor 2000 Jahren. Wir, das waren meine Mutter, meine neunjährige Schwester, eine Frau aus Schlesien mit ihren beiden Töchtern, 15 und sechs Jahre alt, und ich. Vor vier Tagen waren wir in dem kleinen Dorf Blumenthal in Vorpommern aufgebrochen, um in den Westen zu gehen.

Nach dem Krieg im Bergbauledigenheim in Bottrop

mein Kumpel Siegfried

ich

Schloss Tiefental 1948

In der neuen Heimat Bottrop (oben). Drei Jahre zuvor wurde Kurt Küther als Jugendlicher zum Volkssturm geschickt (rechts)

Ich hatte meine Mutter und meine Schwester nach meiner Entlassung aus der sowjetischen Gefangenschaft, in die ich als sechzehnjähriger Volkssstürmer geraten war, auf dem Bauernhof einer Tante meiner Mutter, in diesem Dorf, wiedergefunden. Sie hatten dort den Einmarsch der Sowjetarmee verhältnismäßig gut überstanden. Hatten die Kommandantur auf dem Hof, behielten so einige Kühe, Schweine, Federvieh und einen alten Gaul, sodass sie den Betrieb einigermaßen aufrechterhalten konnten. Ich hatte meinen Entlassungsausweis hierhin ausstellen lassen, weil ich an der Oderfront einen Feldpostbrief meiner Mutter bekam, in dem sie schrieb, dass sie aus einem Treck, der sie von Hinterpommern, mit unseren Verwandten, hierhin brachte, ausgestiegen war, um bei ihrer Tante zu bleiben. Sie war vorher von Stettin aus, wo wir wohnten, in das Dorf meines Vaters gefahren, um meine Schwester abzuholen, die wir wegen der Bombenangriffe dorthin evakuiert hatten. Dabei war sie vom Angriff der Sowjets überrascht worden. Die Verwandten, Bruder und Eltern meines Vaters, waren ohne sie weitergezogen bis nach Schleswig-Holstein, wie wir später erfuhren.

Ich war körperlich runtergekommen. Die Tante tat alles, damit ich wieder zu Kräften kam, in vier Wochen nahm ich zwanzig Pfund zu, erholte mich und arbeitete in der Landwirtschaft mit, so gut ich konnte. Das ging, bis Ende Oktober ein sowjetischer Lkw ins Dorf kam.

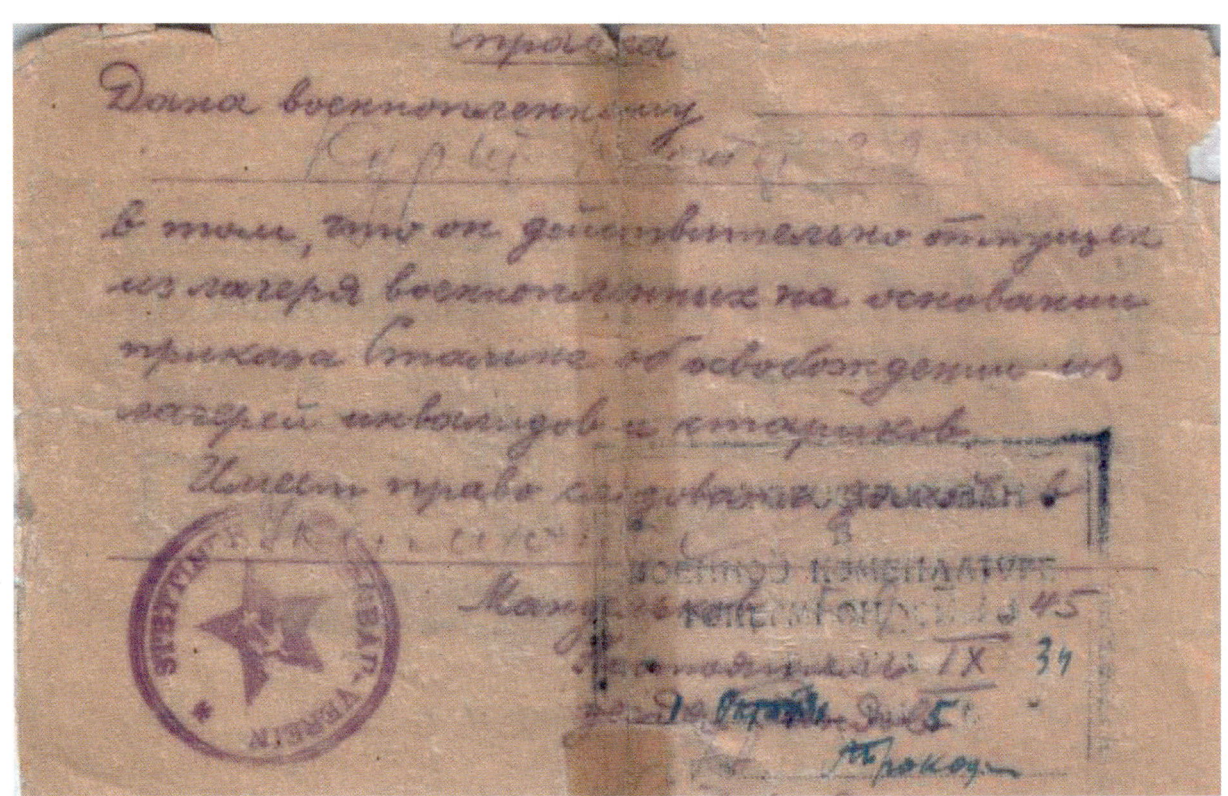

Lebenswichtige Dokumente. Dieser Entlassungsschein wurde Kurt Küther am 5. September 1945 im russischen Kriegsgefangenenlager Stettin-Pölitz ausgestellt

Die deutsche Übersetzung. Kurt Küther kam „auf Anordnung Stalins" wieder frei, wie es heißt

Der Dorfpolizist musste alle jungen Männer zusammen-
holen. Sie verfrachteten uns auf den Lkw und brachten
uns nach Stettin-Pölitz, wo wir bei der Demontage des
dortigen Hydrierwerkes zwangsarbeiten mussten. Anfang Dezember, es lag schon Schnee, bin ich mit einigen
Kollegen von dort geflohen, mit einem Pferdefuhrwerk
fuhren wir bis an die Grenze. Wir krochen über die
deutsch/polnische Demarkationslinie im Westen Stet-
tins, nahe bei dem Dorf Schwennenz, in dem meine
Mutter geboren wurde. Zog fast den gleichen Weg, den
ich am 5. September, dem Tag meiner Entlassung aus
der sowjetischen Gefangenschaft, gegangen war, wieder
in das kleine Dorf zurück, aus dem man mich sechs Wochen vorher verschleppt hatte. Mein Vater hatte sich inzwischen aus Schleswig-Holstein gemeldet. Er lebte mit
seinen Eltern und der Familie seines Bruders in einem
Dorf im Kreis Schleswig, in das die Engländer ihn aus
der Gefangenschaft hin entlassen hatten.

Nach Stettin kamen wir ohnehin nicht zurück, so entschlossen wir uns, dort hinzugehen. Wir packten das, was wir noch besaßen, zusammen, und der Sohn unserer Tante fuhr uns zur Bahnstation ins Nachbardorf. Wir bestiegen den Zug nach Stralsund. Dort bekamen wir noch in der Nacht einen Anschluss nach Rostock auf einem leeren Güterzug, der vorher Kohlen transportiert hatte. In Rostock lagen wir den ganzen nächsten Tag und die darauffolgende Nacht im überfüllten Wartesaal des Bahnhofs und mussten höllisch auf unsere Sachen aufpassen, ständig umlauert, nicht nur von den Soldaten der sowjetischen Besatzung. Die hygienischen Verhältnisse waren fürchterlich, wir lagen auf dem Boden, konnten uns nicht waschen, die Toiletten waren so verdreckt, wie man es sich kaum vorstellen konnte. Ich fühlte mich wie die vier Monate vorher in den sowjetischen Gefangenenlagern. Am nächsten Tag stiegen wir

> **Die Menschen hingen wie Trauben an den Zugwaggons**

in einen überfüllten Personenzug, der uns bis Wittenberge bringen sollte. Die Menschen hingen wie Trauben an den Zugwaggons. Wie wir in einen Wagen hineingekommen waren, kann ich bis heute noch nicht sagen. Die Losung hieß, wer über die Grenze will, muss nach Salzwedel. Nach einer weiteren Nacht auf dem Bahnhof in Wittenberge ging es tatsächlich am nächsten Tag weiter bis nach Salzwedel und von dort in einem Zug in Richtung Grenze.

Irgendwo mussten wir auf einem Dorfbahnhof den Zug verlassen, von hier ging es zu Fuß weiter auf der Landstraße immer in Richtung Grenze. Alles, was wir besaßen, schleppten wir mühsam mit uns: einen Koffer, einen Sack mit Bettwäsche, jeder einen Rucksack auf dem Rücken. So waren wir bis in das Dorf Nienbergen an der Grenze gekommen, in dem wir nun in der Scheune lagen. Im Dorfgasthof hatte man uns mit einem Bauern bekannt gemacht, der uns mitgenommen hatte.

Wir mussten für die Russen und Polen arbeiten

Ich selber war damals 15 Jahre alt. Den Einmarsch russischer Truppen in Pommern erlebten wir, meine Eltern und ich, im Januar 1945. Wir wohnten in einem kleinen Dorf in der Nähe von Schlochau, Kreis Schneidemühl. Tage bevor die Russen unser Dorf erreichten, hatten wir Prechlau schon verlassen. Wir waren mit ca. 15 Gespannen, meist Frauen, auf der Flucht nach Lebau (Ostsee). Von hier sollte es per Schiff dann weiter in den Westen gehen. Unterwegs wurden wir dann von russischen Panzern überrollt. Was sich dann ereignete, war ein grauenhaftes Abschlachten von Menschen, Frauen, Kindern und Tieren. Pferde, die sich nicht losreißen konnten, wurden von den Ketten der Panzer zerrissen. Därme und Fleischstücke wurde mitgeschleift.

Ich verzichte, noch weiter über Details zu berichten. Was sich dort in jener Zeit ereignete, hat mit Vergeltung und Rache gegen die deutsche Zivilbevölkerung absolut nichts zu tun. Es war die Apokalypse. Dann folgten Vergewaltigungen und Misshandlungen an Frauen und Kindern, verübt von russischen Soldaten, die mit Alkohol abgefüllt waren.
Wir Überlebende mit noch einigen Frauen wurden wieder in unser Dorf zurückgetrieben. Dort saßen inzwischen Polen in den Wohnungen und diese vertrieben uns erneut. Irgendwie konnten wir dann doch in unsere alte Wohnung wieder einziehen. Von da an mussten wir ohne Entgelt für Russen und Polen arbeiten und waren froh, wenn wir etwas zu essen bekamen. Eine russische Ärztin, die mich wegen

einer Verletzung behandelte, sprach gut deutsch. In dem Raum waren noch einige Frauen und Mädchen. Zwei von ihnen waren nach Vergewaltigung durch Messerstiche an ihren Geschlechtsteilen verletzt worden. Diese Ärztin war sichtlich auch am Ende ihrer Kräfte, nach all dem, was sie zu sehen bekam. Sie sagte, dass es alle verstehen konnten, sinngemäß: „Es wird der Tag kommen, dass sich diese Soldaten der siegreichen Helden Russlands einmal von ihren Kindern oder Enkeln fragen lassen müssen, ob sie auch an diesen Scheußlichkeiten beteiligt waren."
Im Sommer 1947 wurden alle noch verbliebenen Deutschen per Bahn in die DDR gebracht. Vorn dort kamen wir dann in die BRD.

Zita Schmidt, Langenhagen

Wir vertrauten uns ihm an. Eng aneinandergeschmiegt lagen wir im Heu und versuchten zu schlafen. Gegen vier Uhr morgens weckte uns der Bauer, führte uns zu einer Wiese, durch die ein Bach floss. Er flüsterte uns zu, wenn wir da hinüberkämen, wären wir im Westen. Meine Mutter drückte ihm dreihundert Mark in die Hand und wir zogen los, kamen über den Bach, holten uns nasse Füße. Unsere Nerven waren gespannt bis zum Zerreißen. Auf der anderen Seite, hinter eine Hecke, sahen wir ein Haus. Ich klopfte an die Tür, die Bewohner öffneten, wir waren tatsächlich in der britischen Besatzungszone. Vier Tage voller Strapazen lagen hinter uns. Die Leute gaben uns heißen Kaffee und etwas zu essen. Sie zeigten uns den Weg zum Bahnhof und es war Heiligabend Morgen. Über Lüneburg brachte uns der Zug bis nach Hamburg.

Es war Abend geworden. Männer und Frauen von der Heilsarmee führten uns in den Luftschutzbunker des Hamburger Hauptbahnhofs, der nun ein Riesensammellager für Flüchtlinge geworden war. Sie bescherten uns mit Schokolade und weiteren kleinen Gaben. Meine Schwester und die anderen Kinder bekamen Spielzeug geschenkt. Wir sangen Weihnachtslieder und fühlten uns wie im Paradies, an diesem Heiligabend 1945, obwohl wir auf dem Boden kampieren mussten.

Am 1. Weihnachtstag fuhren wir mit einem Güterzug, der zum Personenzug umfunktioniert worden war, weiter bis nach Flensburg. Die Frau aus Schlesien, mit ihren zwei Töchtern, stieg in Neumünster aus, es wurde ein wehmütiger Abschied. Fast eine Woche hatten wir zusammen verbracht, unser Schicksal zusammengelegt, immer in der Gefahr, aufgegriffen und zurückgebracht zu werden. Wieder verbrachten wir zwei Nächte im Wartesaal des Bahnhofs. Am Tag nach Weihnachten nahmen wir den Bus nach Husum, wo mein Vater uns am Bahnhof erwartete. Er schloss uns in die Arme. Wir waren wieder zusammen. Eine Familie, die der Krieg getrennt hatte. Es war wie ein Wunder. ■

Das Heulen der Stalinorgeln war unerträglich

Seit Stunden hörten wir das Schießen, es kam näher. Schon seit Mittag nahm der Strom flüchtender Menschen kein Ende. Von unserer Straße ging es rechts ab auf eine Landstraße Richtung Danzig. Gegen Abend – das Heulen der Stalinorgel war unerträglich – machten wir uns auf den Weg. Die Mutter mit dem kleinen Bruder auf dem Rücken, ich und die Oma im Schlepp, zur Tarnung in weiße Laken gehüllt. Es ging über Land. Als unsere Füße uns nicht mehr tragen wollten, machten wir Halt in einer Feldscheune. Ich werde die Nächte nie vergessen. Vorne lagen Strohballen, auf denen sich alte Leute zum Sterben hingesetzt hatten, hinten lag alles durcheinander: schreiende Kinder, Gebärende, Hilferufe von Kranken und Verletzten. Als die Nacht vorbei war, ging es weiter. Irgendwann landeten wir in Danzig und kamen in einer Schule unter. Mutter lief rum und hörte Fliegeralarm, sie war durchgedreht und ich sagte: „Mutti, ich habe heute Geburtstag, es ist der 28. Januar. Ich werde sieben Jahre." Dies brachte sie zur Realität zurück. Sie ging sich erkundigen, wie es weitergeht, und es hieß: Morgen läuft ein Schiff aus nach Stettin. Am nächsten Tag im Hafen. Tausende Menschen voller Panik, denn kurz vorher war die „Wilhelm Gustloff" nach einem Torpedoangriff gesunken. Die Russen waren nicht mehr weit weg, und wir wollten mit dem nächsten Schiff mit. Das Schiff war kein Passagierschiff, sondern ein schwedisches Frachtschiff namens „Söderham". Wie viele Menschen an Bord waren, weiß ich nicht. Eine riesige Menschenmenge in einem großen Schiffsleib. Auch, wie wir hinuntergelangt sind, weiß ich nicht mehr, ich sehe nur noch die Strickleiter, an welcher die Eimer mit Erbrochenem der Seekranken raufgehievt wurden, und was überschwappte, bekamen die Menschen, welche eng wie die Ölsardinen lagen, unten ab. Es war furchtbar. Drei Tage waren wir mit dem Schiff im Eis festgelaufen, kein Trinkwasser mehr – tote Kinder wurden über Bord geworfen.

Im mecklenburgischen Warin kamen wir bei Bauern unter – keiner wollte uns –, bis auch hier der Russe einmarschierte. Wir flüchteten insgesamt dreimal zurück nach Elbing, begleitet von Hunger und Angst, bis es hieß, innerhalb drei Tagen raus oder „einpolen" lassen. Aber welcher Deutsche wollte Pole werden?

Ursel Berretz, Nideggen

Meine ältere Schwester wurde immer wieder missbraucht

VON RUTH BRUHN

 **Die furchtbaren Erlebnisse der Flucht und Vertreibung. Es war am 27. März 1945. Um 6.00 Uhr morgens marschierten die Russen in Danzig-Langfuhr/Pietzkendorf (kl. Nebenort v. Langfuhr) ein. Man hörte klar und deutlich ein Grölen: Hurra, hurra und nochmals hurra!!!**

Wir hatten ein Haus und einen kleinen Stollen, der diente uns als Luftschutzkeller im Jäschkentalerweg, wir waren zehn Kinder an der Zahl. Vater war im Krieg, meine drei Brüder in Russland/Stalingrad an der Front. Was sich dort abspielte, war die Hölle auf Erden, und jetzt hatten die Russen auch noch unser schönes Danzig (mein Geburtsort und Heimat) eingenommen. Wir wussten nicht, was uns noch alles bevorsteht. Es waren Horden, ohne Skrupel. Meine Mutter und meine drei Geschwister wurden aus unserem Stollen herausgezerrt. Vor dem Eingang des Stollens stand ein junger Russe mit geladenem Gewehr, man konnte richtig in den Lauf des Gewehres reinsehen, sollte ihm etwas verdächtig erscheinen, so würde er sofort schießen. Mit erhobenen Händen standen wir nun da, das war der Anfang, das dicke Ende kommt noch! Sie fragten sofort: Wo Frau, Uhren und Wodka??? Sie waren nicht ganz nüchtern! Im selben Moment erblickten sie meine älteste Schwester (damals 18 Jahre jung) und die 14-jährige Schwester, Mutter und mich, meine jüngste Schwester Gretel (damals acht Jahre jung, ich war elf Jahre). Die älteste Schwester wurde erbarmungslos ins Schlafzimmer geschleppt und immer wieder missbraucht!!! Auch die 14-Jährige wurde von Russen umzingelt. Mutter, Gretel und ich fingen jämmerlich an

> *Wie die Ratten waren wir eingepfercht und dennoch froh*

zu weinen, die 14-Jährige zitterte wie Espenlaub, Mutter, kurz entschlossen und mit viel Courage, packte meine 14-jährige Schwester und lief in Richtung Stollen, dort stand ein kleiner eiserner Ofen. Mutter klemmt sie hinter den Ofen und bedeckte sie mit alten Klamotten. Einer der Russen nahm die Verfolgung auf, als Mutter aus dem Stollen kam, packte er sie und fragte: Wo Tochter? Antwort: Weggelaufen. Die Blicke des Russen waren zornig, er fauchte zähneknirschend: Jetzt bist du dran!!! Er schleppte sie vor die versammelten Russen, und nun fing „die Jagd" auf Muttern an. Sie wurde mehrmals vergewaltigt, mit Füßen getreten, wen interessierte das schon? Die Russen erhielten von Marschall Rokossowski die Genehmigung, eine ganze Woche lang, ohne Pardon, zu feiern und zu tun und zu lassen, was sie nur wollten, und das haben sie auch getan. Abends, als sie die Wampen volltrunken hatten, brannten sie unser kleines Häuschen (das kleine Häuschen gehörte zum großen Haus!) nieder, einer von ihnen zog seine Pistole aus dem Futteral und schoss in die Luft, dazu laberte er: So erschieße ich alle Deutschen! Sie randalierten, schrien wie verrückt. Am Morgen mussten wir flüchten, weil sie von meiner Familie nicht abließen! Vor unserer Tür (wir wohnten am Waldrand) stießen wir auf Flüchtlinge aus Elbing, denen haben wir uns angeschlossen. Wir flüchteten so, wie wir dastanden, es war kalt, ohne Essen, ohne Trinken, wir wollten nur weg und nichts wie weg von der Russenbande. Wir liefen über Berge, Schutzgräben, Felder, die Russen stets im Genick. Tja, die Russen hatten uns entdeckt, sie umzingelten uns und schrien: Stuj, stuj = steht, sonst schießen wir! Mutter und wir Geschwister blieben nicht stehen, uns war schon alles egal, Mutter sagte zu uns: Dreht euch

nicht um, um Gottes Willen, sonst erschießen die uns alle. Mutter, vor Angst und Schrecken, mit Courage, wendete einen Trick an, fasste sich am Kopf und schrie: Schießen, schießen!, und lief mit uns weiter. Der Russe schoss hinterher, aber verletzt wurden wir nicht, der dachte sich: „Die sind verrückt geworden!" Nur so konnten wir entkommen. Von Weitem hörte man nur noch laute Schreie der Frauen und Kinder der zurückgebliebenen und vergewaltigten, teils erschossenen Flüchtlinge. Wir liefen und liefen, Gott hat uns mit Sicherheit die Kraft gegeben zum Laufen, erschöpft erreichten wir eine kleine Bauernstube, eine hochschwangere Frau kam uns entgegen, wir suchten einen Unterschlupf, tja, in einem kleinen Zimmer waren wir nun 15 Flüchtlinge, das Dorf hieß Nawitztal, eingepfercht wie die Ratten, aber doch froh, dass wir ein Dach über dem Kopf

hatten. Verlaust, hungrig, durstig, kalt, auf dem Fußboden schliefen wir. Angst und bange waren unsere Begleiter! Aber vor den Russen war niemand sicher, die waren wie Ameisen, überall! Nachts kamen sie ins kleine Zimmer mit Taschenlampen, leuchteten uns allen ins Gesicht, sie suchten Frauen. Meine Mutter verjagte sie, indem sie sagte: „In der zweiten Stube (Kemenate) ist euer Kommandant." Als sie das hörten, gingen sie los, aber aus Rache: Sie feuerten Panzerfäuste vor dem Fenster des Zimmers ab, in dem wir schliefen. Ein älteres Schriftsteller-Ehepaar wollte sich das Leben nehmen, die Schändungen konnten und wollten sie nicht mehr ertragen. Sie waren noch nicht tot, aber wurden von den Russen gefleddert und mit dem Kolben des Gewehrs niedergeschlagen, bis sie keinen Laut mehr von sich gaben, danach verscharrt, wie Vieh!!! ◼

In Gotenhafen wollten sie alle auf die „Wilhelm Gustloff"

VON ILSE WOHLERS, CELLE

Der Zug ratterte. Wir fuhren zu meiner Oma. Die Oma wohnte in Schönsee/Kr. Briesen und wir in Pronikau/Kr. Löbau. Es war eine Woche vor Weihnachten 1944. Papa war im Krieg. Ein ganzes Jahr haben wir ihn nicht gesehen.

Mutti und mein Bruder Erwin und Inge, meine Schwester, fuhren jetzt zur Oma. Bei Oma gab es noch meine 20 Jahre alte Tante Ella mit ihrer zwei Jahre alten Tochter Edith. Ihr Mann war auch im Krieg. Ein Jahr war er nicht zu Hause. Tante Ida, 15 Jahre alt, und Tante Emilie (Milchen genannt) war zehn Jahre alt. Oma hat ihre Kinder immer bis zum vierten Jahr gestillt. Solange sie stillte, wurde sie nicht schwanger. Deshalb waren ihre Kinder alle fünf Jahre auseinander.

Bei meiner Mutter war das nicht so. Inge wurde im Dezember 1942, Erwin im Juli 1941 und ich im Januar 1940 geboren.

Es war so viel los auf dem Bahnhof. Mutti musste mit uns vom Bahnhof noch weit laufen, bis wir bei Oma waren. Inge weinte, sie hatte Hunger, aber sie musste jetzt warten. Mutti stillte sie auch noch. Sehr kalt war es in diesem Jahr. Bei Oma gab es heiße Kuhmilch und selbst gebackenen Kuchen. Omas Bauernhof war nicht so groß wie unser. Sie hatte drei Kühe, ein paar Schweine, ein Pferd, drei oder vier Schafe und Hühner, Enten und Gänse. Ich hatte mich so auf Oma gefreut und auch auf den Tannenbaum zu Weihnachten. Aber es gab keinen, weil Onkel Eduard Schwanke, der Mann von Tante Ella, nicht da war. Wir spielten in der Diele,

Einst Kreuzfahrtschiff der „Volksgenossen".
Die „Wilhelm Gustloff", die am 30. Januar 1945
von einem russischen U-Boot versenkt wurde
und 8000 Menschen mit in die Tiefe riss

da war es etwas wärmer als draußen. Omas Haus war viel kleiner als unseres. Es hatte eine Wohnküche und zwei Schlafräume, einen Schlafraum für Tante Ida, Tante Ella und Edith.

Eine Woche nach Weihnachten wollten wir wieder nach Hause. Opa brachte uns diesmal früh zum Bahnhof, es war noch dunkel. Es war so viel los auf dem Bahnhof, und wir bekamen trotz Sitzkarte fast keinen Platz. Wir fuhren bis Straßburg – weiter kamen wir nicht. Wir wollten sofort wieder zurück, aber es ging nicht. Von der Bahnhofsmission bekamen wir heißen Tee und Butterbrote. Zwei Tage später waren wir wieder bei Oma. Opa war nicht mehr da. Er war zum Volkssturm eingezogen worden. Wir packten alle unsere Sachen, die wir hatten. Tante Ella einen Sack voll mit Sachen von Onkel Eduard und einen Wäschekorb voll Aussteuersachen. Bei Inge im Wagen waren zwei Kannen mit Fleisch und Schmalz. Wir neun gingen zum Bahnhof und fuhren im Viehwagen ohne Sitzplätze alle im Stehen bis Gotenhafen.

In Gotenhafen waren fürchterlich viele Menschen. Ich hatte noch nie so viele Menschen gesehen. Alle wollten auf ein Schiff, die „Wilhelm Gustloff". So viele Menschen, wie da waren, kann man sich gar nicht vorstellen. Tante Ella bekam einen Platz auf dem Schiff. Was wir nicht wussten: Ein Matrose hatte ihr auf einem anderen Schiff, das am selben Tag noch auslief, einen besseren Platz gegeben. Die „Wilhelm Gustloff" wurde in der gleichen Nacht noch versenkt. Wir dachten alle, Tante Ella und Edith wären tot. Wir warteten immer noch im Hafen auf ein Schiff. Da kam plötzlich Opa über die Gleise gelaufen. Ich weiß nicht, es sollte wohl Zufall sein, dass er uns unter den ganzen Leuten fand. Er nahm uns mit zum Bahnhof und wir bekamen wieder in einem Viehwagen einen Platz und fuhren mit Opa bis Hebron-Damnitz in der Nähe von Stolp. Hier bekamen wir ein Dachzimmer für acht Personen. Opa war sehr krank. Ich kann mich erinnern, Opa bekam heißen Tee mit Weißbrot darin. Er hustete viel. Wir wurden jede Nacht bombardiert. Wir waren oben im Haus. Es war auf einer Anhöhe und wir konnten Stolp

sehen. Es wurde sehr stark bombardiert. Es war von den vielen Einschlägen taghell erleuchtet. Am dritten Tag starb Opa. Er liegt auch hier beerdigt.

Der Russe kam immer näher und wir mussten mit dem Militär nach Neustadt. Da wurden wir in einer Schule untergebracht. Die Schule war brechend voll mit Menschen. In jedem Klassenraum waren 30 bis 40 Flüchtlinge untergebracht. In der Nacht gab es einen Volltreffer in der Schule. Wir liefen und schrien alle durcheinander. Tante Ida hatte am Fenster ihren Platz gehabt. Oma war froh, dass sie noch lebte, aber sie hatte das ganze Glas von der Scheibe ins Gesicht bekommen. Mutter hatte Gesteinsbrocken von der eingestürzten Wand abbekommen. Wir Kinder hatten nichts abbekommen. Oma rief immer: „Ida, Olga, Milchen. Seid ihr da?", und Mutti rief immer: „Ilse, Erwin bleibt bei mir." Sie hatte Inge auf dem Arm. Wir hatten uns alle in dem Durcheinander zwischen Staub und Rauch wiedergefunden.

> **In der Nacht gab es einen Volltreffer auf das volle Schulgebäude**

Da kamen die deutschen Soldaten in die Schule, mit Taschenlampen in den Händen, und brachten uns alle im Keller der Schule unter. Es gab dann noch zwei weitere Einschläge. Über uns war die ganze Schule zusammengeschossen. Oben waren viele in einem Raum, aber hier standen wir alle gequetscht zusammen. Tante Ida haben sie in die Sanitätsecke gebracht und ihr wurden die Glasscherben aus dem Gesicht gezogen. In dem Raum waren wir drei Tage eingesperrt und wir haben alles vollgemacht. Es stank fürchterlich und einige starben dabei. Dann buddelten von außen die Russen und Polen alles frei und holten uns da raus. Jetzt waren wir in Neustadt in anderen Gebäuden. Die Sachen, die Oma von Tante Ella hatte, blieben alle in der Schule. Mutti war froh, wenigstens den Kinderwagen für Inge wiederzuhaben. Mutti musste bei den Russen saubermachen, immer mit der Angst, uns abends nicht mehr zu sehen. Es wurde immer noch geschossen.

Nach ca. einer Woche wurden wir von den Polen geholt. Alles, was der Pole sah, brachte er ins Arbeitslager. Jeder, der Mäntel und Strickjacken anhatte, musste ein Teil abgeben. Jeden Ring, den eine Frau am Finger hatte, musste sie abgegeben. Bei einer Frau ging der Ring nicht vom Finger ab. Die Finger wurden einfach abgeschnitten. Goldzähne wurden rausgebrochen. Es war grausam. Ich war klein, aber ich sehe es noch heute vor mir. Bei Inge war noch etwas Schmalz im Becher. Das mussten wir auch abgeben. Dann gingen wir weiter und mussten uns alle nackt ausziehen. Unsere Klamotten wurden an einen herunterhängenden Haken gehängt. Dann wurden die Sachen wieder hochgezogen. Uns wurde gesagt, die Sachen werden mit Chemikalien entlaust. Wir mussten alle in einer Reihe gehen und wurden in einen anderen Raum gebracht. Die älteren Menschen weinten und Mutti und Oma auch. Und auch wir weinten mit. Auf einmal ging das Wasser an. Es kam eine Polin rein und sagte: „Alles sauber waschen! Auch die Haare!" Dann ging sie raus. Als wir sauber waren, kriegten wir unsere Sachen wieder. Dann wurden wir in eine Baracke gebracht. In dem Raum, wo wir waren, standen die Betten übereinander, wie heute die Kinderbetten. Wir bekamen vier Betten. In dem Raum standen 15 Betten unten und 14 oben. Inge, Erwin und Milchen hatten am nächsten Tag Fieber.

Ich auch. Wir Kinder hatten alle Diphtherie und Lungenentzündung. Es kam vom kalten Duschen.

Mutti und Tante Ida mussten schon am nächsten Tag die Baracke verlassen und zum Gleisbau. Eine Kelle voll Eintopf, meistens war es Steckrübensuppe mit einem Stückchen Pferdefleisch, wenn man Glück hatte. Es gab morgens und abends dasselbe. Wenn Mutti abends kam, wollte Inge an die Brust. Es kam aber keine Milch mehr – bei der Arbeit, die sie machen musste. Ich musste von meiner Suppe immer etwas Erwin und Inge abgeben. Oma gab Milchen immer etwas. An diese Zeit kann ich mich noch ganz gut erinnern. Heute würde ich sagen, für Oma war das alles ganz schön schwer. Morgens gingen Mutti und Ida zum Arbeiten aus dem Lager. Oma hoffte, dass sie abends wiederkommen würden, und Mutti und Tante Ida hofften, dass sie uns wiedersehen würden.

Inge starb in der zweiten Woche. Sie liegt in Neustadt im Polenlager. In der dritten Woche starb Erwin. Auch er ist richtig beerdigt worden. Aber immer ohne Sarg. In Handtücher wurden Kinder eingewickelt. Mutti

In Schubkarren wurden die Toten weggefahren

Ich bin 1941 in Dieterwald/Warthegau geboren worden. Meine Schwester war noch 1938, vor der Umsiedlung, in West-Wohlynien auf die Welt gekommen. Da hatten diese Menschen schon einmal ihr Hab und Gut verloren. Meine Mutter war, als die Flucht begann, 25 Jahre alt. Mein Vater war irgendwo als Soldat für den „Führer" verschollen. Die große Gruppe der Frauen aus Dieterwald ist mit polnischen Knechten und vielen Pferden und Wagen in grauenhafter Kälte auf die Flucht gegangen. Nach kürzerer Zeit überrollte uns die Front und die Panzer zerfleischten die Pferde, und die Knechte wurden alle erschosssen. Wir kamen in verschiedene Lager und eine grauenhafte

Zeit begann. Hunger, Kälte und jeden Morgen wurden die in der Nacht Verstorbenen in Schubkarren weggefahren. Am Tag (mit Alkohol) machten russische Soldaten Zielschießen auf die Köpfe älterer Menschen. Waren sie nüchtern, dann bekamen wir Kinder oft irgendetwas zum Essen zugesteckt oder ein Feuer gemacht.
1946 strandeten wir in Teuchern bei Halle. Mein Vater war mit Glück bei Würzburg aus der Gefangenschaft entlassen worden und half einer Bäuerin (deren Mann gefallen war), ihren Hof zu bewirtschaften. Durch das Rote Kreuz fand er uns, und wir konnten, mithilfe amerikanischer Soldaten, nachts über die Grenze. 1947 kam unsere

Familie dann nach Frankfurt. Diese Nachkriegszeit war stark geprägt durch die Ablehnung unserer Mitmenschen. Du „Beute-Deutscher" usw. Aber zum Glück gab es auch andere. Dankbar bin ich denen besonders, weil diese Tragödie unserer Eltern und die „Größe", besonders die der Frauen, nicht vergessen wird. In Kanonendonner, Mord, Totschlag usw. haben meine und viele andere Mütter mit Singen („Guten Abend, gute Nacht") und Umarmen mich und wohl viele andere Kinder davor behütet, total kaputt zu sein. Nachts versteckten die Frauen sich mit uns Kindern vor den Vergewaltigern, was nicht immer gelang!

Herbert Thiel

durfte nicht dabei sein. In der vierten Woche starb auch Milchen. Sie wurde abgeholt und in einen extra Raum gebracht. Da lagen schon viele andere Leichen. Am nächsten Tag gingen Oma und ich zu der Baracke, wo die Toten waren. Da wurden sie gerade auf einen großen Wagen geladen, alle nackt übereinandergelegt, bis zu 20 Tote. Wir haben nicht gesehen, auf welchem Milchen lag. Wir nahmen an, dass alle hinter dem Lager verbrannt wurden. Es war schlimm für Oma, sie wusste nicht, wo Milchen beerdigt lag. Auch die Grabstelle von Inge und Erwin wurde in der Zeit plattgemacht.

An einem Morgen war kein Pole mehr da. Wir bekamen auch nichts zu essen. In der Krankenstation war niemand. Am 8. Mai 1945 sind wir raus aus dem Lager und nur die Straße langgegangen. Wir waren bald eine Menge Menschen. Am Straßenrand lag eine alte Kinderkarre. Mutti setzte mich hinein und es ging weiter nach Gotenhafen und von da nach Danzig – immer zu Fuß und nichts zu essen. Es gab nur das, was uns manchmal gute Menschen gaben.

Einmal, ich kann mich noch gut erinnern, stand ein Teller mit Kartoffelpuffern auf einer Zaunmauer. Es waren ja mehrere kleine Kinder, so wie ich es war, dabei und so ging man mit dem Kind an der Hand auf die Mauer zu. Es war alles still. Es wurde an der Haustür geklopft. Es meldete sich keiner und so machten wir die Tür auf. Wir sahen einen weißen Tisch, gedeckt mit Kartoffelpuffern. Unser Blick fiel zuerst auf die Kinder, die um den Tisch herum saßen. Sie waren alle mit der Zunge an den Tisch genagelt und alle tot. Mutti drehte mich sofort zurück. Ich sollte das nicht sehen. Aber ich sah es doch. Ich kann es bis heute nicht vergessen. Wie konnte man so etwas tun?

Ich war ganz geschwollen vom Hunger – Oma und Mutti auch. Ab Danzig nahmen uns manchmal die Russen mit ihren Soldaten per Lkw ein Stück mit. Wir waren ihnen ja so dankbar, dass wir nicht mehr laufen mussten. Aber das Absteigen, das war schwer. So dick geschwollen tat jeder Schritt weh. Es wurde schon dunkel und wir gingen bis zu einer alten Försterei. Wir waren viele Menschen. Die noch am besten drauf waren, brachten Stroh von einer Scheune herüber. Es waren

unten und oben viele Menschen. Wir mussten schon Elbing hinter uns gelassen haben, da sahen wir an einem anderen Tag tote Soldaten im Graben liegen. Da lag eine tote Frau ohne Kleidung. Sie war blutverschmiert. Einen Zaunpfahl hatten sie ihr zwischen die Beine gesteckt. Einer anderen Frau hatten sie die Hitlerfahne ins Geschlechtsteil gesteckt. Diese Frau hatte auch nichts an. Um alle Toten herum lag Weißbrot verstreut. Aber keiner aus unserer Gruppe nahm davon. Einige von den stärksten Leuten verscharrten sie in der Erde. Sie lagen erst einen Tag dort, hörte ich sie sagen. Wir gingen in den Wald, damit uns das nicht auch passierte. In dieser Nacht kamen Russen in den Wald und riefen immer: „Rauskommen und Hände hoch!" Aber es rührte sich keiner.

Am Morgen sagte eine Frau, sie müsse erst ihr Baby vergraben. Sie hatte es in der Nacht, wo die Russen da waren, erstickt. Sie hatte solche Angst, das Baby könne schreien und uns alle verraten. Heute denke ich, dem Baby wurde damals so manches Leid erspart. Wir gingen weiter. Tag um Tag. Manchmal nahm uns ein Russenwagen mit und dann wieder zu Fuß bis Königsberg. Es wurden immer weniger Leute, die mit uns gingen. Die Leute, die hier noch waren, gaben gerne etwas an andere ab. Jetzt gab es etwas zu essen. Im Wald gab es Himbeeren, Brombeeren, Erdbeeren und Pilze. In Labian wurde uns gesagt, wir sollten jetzt alle zum großen Baum gehen, da wurden wir alle von den Russen registriert. Wir wurden alle mit Namen und Alter aufgeschrieben. Nachdem wir aufgegessen hatten, wurde uns gesagt, wir müssen weiter bis nach Alexen/Kreis Liebenfelde. Wir wohnten bei Frau Dwoschjek. Ihre Tochter war vier Jahre älter als ich und hieß Inge. Eine Frau Pillokat mit ihrer Tochter Tutti war auch da. Tutti war so alt wie Inge. Bei Frau Dwoschjek wohnte oben im Haus Herr Kolbe. Herr Kolbe war Goldschmied. Der konnte uns allen etwas Schönes machen. Aus alten Messingringen machte er wunderschöne Ringe für uns Kinder. Ein Junge, er hieß Oskar Gossing, war fünf, sechs Jahre älter als ich. Er unterrichtete mich ein bisschen in Rechnen und Schreiben. Sein Vater war Pastor. Wir

> *Die Kinder waren mit den Zungen an den Tisch genagelt*

bewohnten einen Schlafraum, der beheizt wurde. Ich traute mich gar nicht aus dem Raum raus, weil ich Angst hatte, dass Oma und Mutti nicht mehr da waren.

Der erste Winter in Ostpreußen war schlimm. Es schneite und schneite. Vor der Tür lag meterhoch der Schnee. Man kam gar nicht heraus. Die Pumpen waren alle eingefroren. Wir holten jeden Tag Schnee herein, um ihn aufzutauen und uns Wasser zu kochen.

Das nächste Frühjahr war 1946. Elxlopenen war ein kleines Dorf, von uns nicht weit entfernt. Es muss ein stark umkämpftes Dorf gewesen sein. Von überdachten Schützengräben war dieses Dorf durchzogen. Kein Mensch mehr da. Wir gingen da oft hin, um noch etwas Brauchbares zu finden. Oma machte aus einer alten Jacke, die keiner mehr anziehen würde, Stoffschuhe. Aus alten Kabelresten schnitten wir kleine Stücke aus, die Ummantelung zogen wir ab vom Draht. Später zogen wir diese kleinen Röhren auf Fäden und machten daraus Ketten. Wir gingen nach Tilsit zum Markt. Tilsit war 20 bis 25 Kilometer von uns entfernt. Die roten Ketten waren immer zuerst weg. Rot war die Farbe der Russen. Einmal fanden wir ein paar Schieber in einem zerbombten Krankenhaus. Wir haben sie sauber gemacht und nahmen sie mit auf den Markt. Die Russen kannten so etwas nicht und dachten, es wären Pfannen. Sie taten Käse und Sauerkraut hinein und aßen daraus.

Im Winter 1946/47 nahm die Vergewaltigung der Russen zu. Wir mussten die Haustüren ja immer offen lassen, wenn wir schlafen gingen. Eines Nachts kam ein Russe in unser Schlafzimmer. Ich hatte so Angst vor seinem Gewehr, dass ich schrie. Mich zu beruhigen war unmöglich. Ich schrie und schrie. Ich lag bei Mutti im Bett. Sie hielt mir den Mund zu und verstand jetzt erst, was der Russe sagen wollte. Er war besoffen und wollte sich bloß schlafen legen. Er ging, kam am nächsten Morgen wieder und brachte Weißbrot und Salzheringe mit. Er hatte irgendwo in Russland auch Familie. Frau Dwoschjek arbeitete im Wald mit. Sie war eine starke Frau. Einen Tag kamen Russen und hielten uns, Oma, Inge und mich, mit Gewehr im Anschlag fest und plünderten unser Schlafzimmer. Wir hatten viele Pelze da hängen.

Inge muss damals ca. 15 Jahre alt gewesen sein. Sie sagte, sie muss ganz dringend zur Toilette. Die Russen sagten, sie solle auf den Fußboden machen, und sie machte das auch. Die Russen jagten sie aus dem Haus. Sie rannte zu ihrer Mutter und sie kam auch schreiend wieder zurück. Aber die Russen waren mit allen Sachen weg.

Mutti erzählte mir zu Ostern, dass wir alle nach Westen gebracht werden. Mutti konnte ja sehr gut Russisch. In diesem Jahr wurde nichts im Garten eingepflanzt. Nur Frau Dwoschjek machte ihren Garten fertig. Sie sagte, sie bleibt da. Alles, was sie hatte, war in diesem Ort. Im Sommer 1948 durften wir eine Tasche voll Klamotten packen und zum Bahnhof bringen. Da bekamen wir alle einen Zettel mit Namen und Geburtsdatum. Mit dem Zug fuhren wir dann tagelang über Königsberg, Elbing und Kreuz, quer über Osterode und Pronikau. Mutti nahm mich zum Fenster und zeigte mir noch mal unseren Hof. Es war das letzte Mal, dass ich ihn sah. Der Zug hielt für uns in Berlin-Lichterfelde.

> *Vom Fenster zeigte mir Mutti noch einmal unseren Bauernhof*

Erst kamen wir in ein großes Lager und dann bekamen wir eine eigene Wohnung. Mutti konnte gut nähen und fing an, bei den Nachbarn zu nähen. Ich musste wieder zur Schule gehen. Und alles, was mit „st" und „sp" geschrieben wurde, auch so aussprechen. Eine zu harte Aussprache hatte ich. Ich musste oft in der Ecke stehen oder auf Erbsen knien. Was konnte ich denn dazu, wenn ich das „r" so rollte?

Es war schon Oktober 1948. Als ich eines Tages nach Hause kam, fragte mich ein Mann, wo Milbrad und Trautwein wohnten. Ich sagte, ich wüsste es nicht, denn in diesem Haus wohnte nur Frau Trautwein. So schnell ich konnte, lief ich zu der Familie, wo Mutter gerade nähte. Ich sagte, sie solle bloß nicht nach Hause gehen. Bei uns sei ein Russe mit Bart und schwarzem Haar. Einen dicken Pelz hatte er an. Er kommt bestimmt aus Russland. Mutti lief mit mir an der Hand nach Hause. Der Mann saß mit einer Tasse Tee in der Hand in der Küche. Mutti fiel ihm weinend um den Hals. Es war mein Vater. Er holte uns von Ostberlin über die Grenze nach Westen. Bis nach Celle ging es. Dort lebte meine schwäbische Oma, die Mutter von meinem Vater, Tante Ella mit Edith und Tante Ida. Das war ein Wiedersehen! ■

Als Trümmerfrau im Westen. Else Greiml (Kreuz). Sie war aus dem Warthegau geflohen. Das Gebiet war nach Hitlers Polen-Feldzug dem Deutschen Reich einverleibt worden

Ein Rotarmist bewahrte mich vor dem Erfrieren

Wegen der schrecklichen Bombenangriffe ist meine Mutter mit uns drei Jüngsten von Berlin zu unserer Tante in den damaligen Warthegau gezogen. Am 18. Januar 1945 läuteten im Dorf die Glocken in der Nacht. Die Flucht vor den Russen begann, und es herrschte eisige Kälte. Vor dem Exiner Berg, die Straßen waren vereist, teilte sich unser Treck. In der großen Angst und Panik habe ich den Anschluss an unseren Wagen verloren. Ich stand am Straßenrand, und alle Wagen fuhren in wilder Panik an mir vorbei. Einige stürzten schon in die Straßengräben. Die Pferde lagen förmlich aufeinander und schrien dabei. Bei einem Stau nahm mich eine Nachbarsfamilie mit. Ich war damals 14 Jahre alt. In Carnikow überrollten uns dann Hunderte von russischen Panzern. Es war grauenvoll. Es wurde geschossen und die Wagen wurden überrollt, wenn sie es nicht auf das Feld schafften. Die Panzer hielten an, ich rannte hin und her und Russen vergewaltigten in dieser schrecklichen Nacht die

Frauen auf ihren Wagen. Am Morgen mussten alle Wagen zurück, wo sie hergekommen waren. Unterwegs wurden immer wieder die Frauen und jungen Mädchen vom Wagen geholt und vergewaltigt. Meine Kletterweste und Teufelsmütze musste ich wegwerfen, weil der Wagen nach jedem Hitlersymbol durchsucht wurde und die Männer (alte) heruntergezerrt wurden. Drei Wochen dauerte der furchtbare Rückweg. In einem Dorf, wo wir übernachteten, war es besonders schlimm. Auf den Wegen lagen hingeschlachtete Pferde und Kühe. Wir lagen wie die Heringe auf Stroh. Das Haus drinnen verwüstet und überall Sauerkohl und Wodka. Ich lag auf einmal neben einem toten alten Mann. Am Abend kamen mehrere Russen und schossen gleich in die Decke und holten sich die Frauen auf den Dachboden. Dann mussten mehrere Frauen immer nackend im Kreis gehen und wurden geschlagen. Ich war noch nicht an der Reihe, als ein russischer Offizier kam und die Soldaten mit seinem

Gewehrkolben hinaustrieb. Nach großen Strapazen kamen wir in unserem Dorf an, aber in den Häusern waren schon polnische Familien drin. Man quetschte uns in ein kleines Zimmer. Am Morgen kamen Männer und ich musste mitgehen. Am Straßenrand standen schon viele Deutsche und es hieß, wir werden erschossen. Ich habe gebetet. Dann kamen wir nach Lochowice in ein Haus, das von Russen bewacht war, und mussten Schützengräben bauen und Bunker. Dabei wäre ich fast erfroren. Ich bin erschöpft und hungrig im Bunker eingeschlafen. Der russische Wachsoldat hat mich zu einem polnischen Bauern getragen, da bin ich wieder aufgetaut, er gab mir warme Milch. Von Lochowice kamen wir nach Schubin ins Lager, von dort ins Internierungslager Potulice. Als die Flucht begann, war ich 14 Jahre alt. Meinen 18. Geburtstag durchlebte ich im Lager Potulice. Mit einem Russentransport kam ich wieder nach Deutschland.

Else Greiml, Hamburg

Mit 13 Wagen und 33 Pferden verließen wir die Tuchler Heide

VON ANNELIESE ABEL, KÖTHEN

Die Flucht aus der Tuchler Heide begann am Sonntag, dem 27. Januar 1945, morgens 10.00 Uhr. Wir hatten einen Treck von 13 Wagen, 33 Pferden, 12 Familien, davon 43 Erwachsene und 21 Kinder. Die Wagen E. Schulz, E. Sielaff und E. Böttcher fanden unterwegs Unterkunft bei Verwandten und gingen vom Treck ab. Mit neun Wagen ging ich als Treckführerin über die Elbe.

Das Jahr 1945 begann seinen Lauf. Alle hofften auf einen Frieden. Auch wir aus der Tuchler Heide erwarteten den Sieg, doch dem Wehrmachtsbericht nach sah es in Ost oder West nicht berühmt aus. Die Fronten rückten immer näher, im Westen überschritt der Amerikaner den Rhein, schon ging es los mit den Kämpfen im ei-

genen Land und dennoch hatten wir Mut. Nun regte es sich auch im Osten. Eine Stadt um die andere fiel in russische Hände, nun kämpfte man schon in Polen. Dann natürlich wurde die Stimmung bei uns traurig. Die Gedanken an den Sieg waren wie weggeblasen. Jetzt wurde gehandelt. Die Leute bauten Treckwagen, Züge wurden zusammenstellt und abends wurde beraten, wie man am besten wegkommen konnte. Der Russe stieß vor, über Nakel nach Schneidemühl – und Tuchler ließ er links liegen. Die Gefahr war aber noch ziemlich groß, denn bald saßen wir im Kessel drin. Also ging es zum Ortsgruppenleiter, um die Parolen zu empfangen. Aber vergebens. Immer dasselbe „Jeder bleibt auf seinem Platz".

Dann wurde es uns doch zu bunt. Meine Bäuerin, die schon den ganzen Monat mit Rippenfellentzündung krank lag, schlug vor, ein Schwein zu schlachten. Also ging es los. Sonntagmorgen verarbeitete ich mit

Ich erlebte den russischen Einmarsch in Danzig

Als junges Mädchen von fast 17 Jahren erlebte ich den Einmarsch der Russen in Danzig am 29. März 1945. Es folgten so schreckliche Wochen, dass meine Freundin Hanni Stein und ich lebensmüde wurden und man uns im letzten Augenblick aus dem Wasser der Mottlau zog. Wir befanden uns noch im Krieg, aber 1946 war der Krieg vorbei - und was haben die Polen mit uns gemacht? Als ich verhindern wollte, dass sie uns noch das Letzte aus der Wohnung raubten, schossen sie einfach. Am Oberschenkel sieht man die Erinnerung noch. Wir beantragten die Ausreise und standen im Winter,

Ende Februar 1946, mit unseren paar Habseligkeiten in Danzig am Bahnhof. Viele Menschen warteten auf den Zug, zum großen Teil wurden ihnen die letzten Sachen noch abgenommen. Dann steckten sie uns in

Viehwaggons, die teilweise offen waren. Unterwegs ging die Plünderung weiter, immer wieder schoben sie uns auf das tote Gleis. Endlich nach 9 Tagen (im März) trafen wir in Bitterfeld ein. *Eleonore Kose, Attendorn*

Am 27. März 1945 wurde Danzig von der Roten Armee eingenommen. Russische Panzerhaubitze in den Ruinen der Stadt

dem Fleischer ein 4-Zentner-Schwein. Bis in die Nacht und den anderen Tag wurde gekocht. Der andere Lehrling Gerda war damit beschäftigt, die Sachen der Kinder und der Bäuerin zu packen, denn dass es in 24 Stunden losging, konnte man sich an den fünf Fingern abzählen. Dann kam der 21. Januar, der zugleich Fluchttag des 1. Kensauer Trecks war. Den Wagen von Frau Koch hatte ich gepackt. Sachen, Lebensmittel, Hafer und Betten waren verstaut, dann schlüpften die in Pelze gemummelten Kinder und meine kranke Bäuerin mit Tante Lotte in den Wagen.

Viel Tränen gab es überall. Hinweise für die Wirtschaft erteilte sie mir noch und dann ging es ab mit den schweren Pferden „Schimmel" und „Hans" in Richtung Preußisch-Friedland. Nun stand ich mit Fräulein Otto, einer Landwirtschaftslehrerin, Gerda und den Polen allein. Die Verantwortung über alles hatte ich. Onkel Walter besuchte uns und versuchte uns zu beruhigen. Auch er war mit seinem Hauswirtschaftslehrling Meta allein, denn seine Frau und die Kinder waren schon weg. Nun arbeiteten wir ohne Aufsicht. Der Wagen für uns war immer fix und fertig, damit wir gleich wegkonnten, wenn es hieß: flüchten.

Auf verschneiten Wegen ging es in die Nacht hinein

Tatsächlich, am gleichen Abend 18.00 Uhr kam der Befehl – nun war das ganze Dorf in Aufregung. Dann trafen wir uns alle und durch tief verschneite Wege ging es in die Nacht hinein. Als wir 10 Kilometer gefahren waren, erreichte uns ein Anruf des Kreisbauern Dr. German, „alles kehrt, die Front steht", wir drehten um und wurden nachts 24.00 von unseren Arbeitern empfangen. Am nächsten Morgen wurde alles ausgepackt und noch verschnürt aufbewahrt. Dann bekam unser Dorf Flüchtlinge. Das ganze Dorf wimmelte. Jedes Plätzchen wurde ausgenutzt.

Unser Haus beherbergte 23 Personen. Sie stammten aus Kulmisch-Damrau. Nun gab es genug Arbeit. Dazu das viele Federvieh. Zu meinem Glück kam Onkel May und leitete die Außenwirtschaft. Dann mussten wir flüchten. Am 27. Januar, morgens 10 Uhr, fuhr unser Treck über Festnitz, Drausnitz, Osterwick und Lichnau, wo wir unser erstes Quartier machten. Langsam ging es durch die tief verschneiten Wege, noch heute

höre ich das Mahlen der Räder im Schnee. Ab und zu lag ein verunglückter Wagen auf der Straße, Frauen und Kinder weinend darum, es war ein Elend, was wir erleben mussten. Nachdem wir Konitz passiert hatten, ging es nach Niesewans. Eine Nacht verbrachten wir dort und zogen weiter nach Pommern. Dort war unser Quartier Kaldau, ein neu angebautes Siedlerdörfchen. Jetzt machten wir Ruhepause. Die Pferde waren untergebracht, die Flüchtlinge bewohnten schöne Häuschen, denn die Einheimischen hatten das Dorf schon längst verlassen. Vier Tage wohnten wir dort, dann siedelten wir über nach Kramsk, acht Kilometer weiter. Dorthin folgten wir der Einladung des Bürgermeisters. Die Wagen wurden wieder beladen, und dann ging es los. Unser Quartier war der Marienhof. Drei nett eingerichtete Zimmer und eine Küche erwarteten uns. Unsere Pferde wurden im Ochsenstall untergebracht, da im Pferdestall der „Krop" ausgebrochen war. Mensch und Vieh fühlten sich dort sehr wohl. Das Gut umfasste 5000 Morgen, überall, wo man hinschaute, war tief verschneiter Wald, dazwischen lagen vereiste Seen. Unsere Pferde arbeiteten, da die Gutspferde krank waren, auf dem Hof. Ein Gespann fuhr Milch, andere holten Bäume, so blieben alle in der Gewohnheit. Da wir alle auf unseren Wagen tiefgefrorenes Federvieh hatten, durften wir den Marienhofer Backofen benutzen und es gab in den 14 Tagen unseres Aufenthaltes dort täglich Gebratenes. Dann ging es weiter ins Land. Unterdessen hatten wir noch einmal mit unserem Heimatbezirk Fühlung aufgenommen und bekamen die Erlaubnis zurückzufahren. Mit vier Pferden sausten wir zurück. Aus Sicherheitsgründen ließen wir den Treck zurück. Groß war die Freude der zurückgebliebenen Kensauer.

Nachdem wir alle Höfe kontrolliert hatten, nahmen wir zwei andere Pferde und traten die gleiche Fahrt wieder an, aber nur, um unseren Frauen zu sagen, dass alles in bester Ordnung ist. Dann hauten wir wieder ab, Onkel Walter, Onkel Max und ich. Als wir Kensau wieder betraten, fanden wir ein völlig anderes Bild vor. Die Wehrmacht bewohnte unser Haus, fuhr mit unseren Pferden und beschlagnahmte unser Vieh. ■

Bei Divenow ging es über eine Notbrücke der Wehrmacht

VON IRMA WITTWER, LANGENFELD

Dieser Bericht ist verfasst von Herrn Kaufmann, dem Inspektor des Gutes Bandekow/Kr. Regenwalde. Bandekow war eines der sieben Güter des Grafen von Bismarck.

Am Sonnabend, dem 3. März 1945, nachmittags gegen 14 Uhr, rief mein Kollege Koch aus Karolinenhof bei Plathe bei mir an und sagte mir, dass er den Befehl zur Räumung und zum Trecken erhalten habe und nachmittags Karolinenhof verlassen würde.

Daraufhin stellten wir in Bandekow sofort die Arbeit ein, und ich gab meiner Gefolgschaft den Auftrag, die Wagen zum Trecken fertig zu machen. Einen Räumungs- und Treckbefehl erhielt Bandekow nicht. Ein zum Ortsgruppenleiter nach Wisbu geschickter Bote kam mit dem Bescheid zurück, dass der Kompanieführer des Volkssturmes, Herr Radmann Woldenburg, schon am Sonnabendnachmittag mit seinem Treck Wisbu passiert habe. Und man in Wisbu bereits dabei sei, den Ort zu verlassen.

In der Nacht vom Sonnabend zum Sonntag (3. zum 4. März) schickte ich den Trecker mit zwei Anhängern mit Evakuierten aus dem Westen zum Bahnhof, da es mir unmöglich war, alle Frauen und Kinder im Treck unterzubringen. Ich selbst fuhr in dieser Nacht nach Karolinenhof, um zu sehen, ob Kollege Koch schon fort war. In Karolinenhof fand ich nur herumstrolchende Hunde und leere Wohnungen vor. Auch die dortigen Ausländer hatten anscheinend die Flucht ergriffen. Im Anschluss daran, etwa nachts gegen ein Uhr, besuchte ich den Pastor in Bandekow, um ihm ein Fahrzeug zur Flucht anzuweisen. Der Pastor erklärte mir jedoch, dass er in der Gemeinde bleiben würde, obwohl nur eine deutsche Familie (Schwanz und der alte Bischke) in Bandekow zurückblieb.

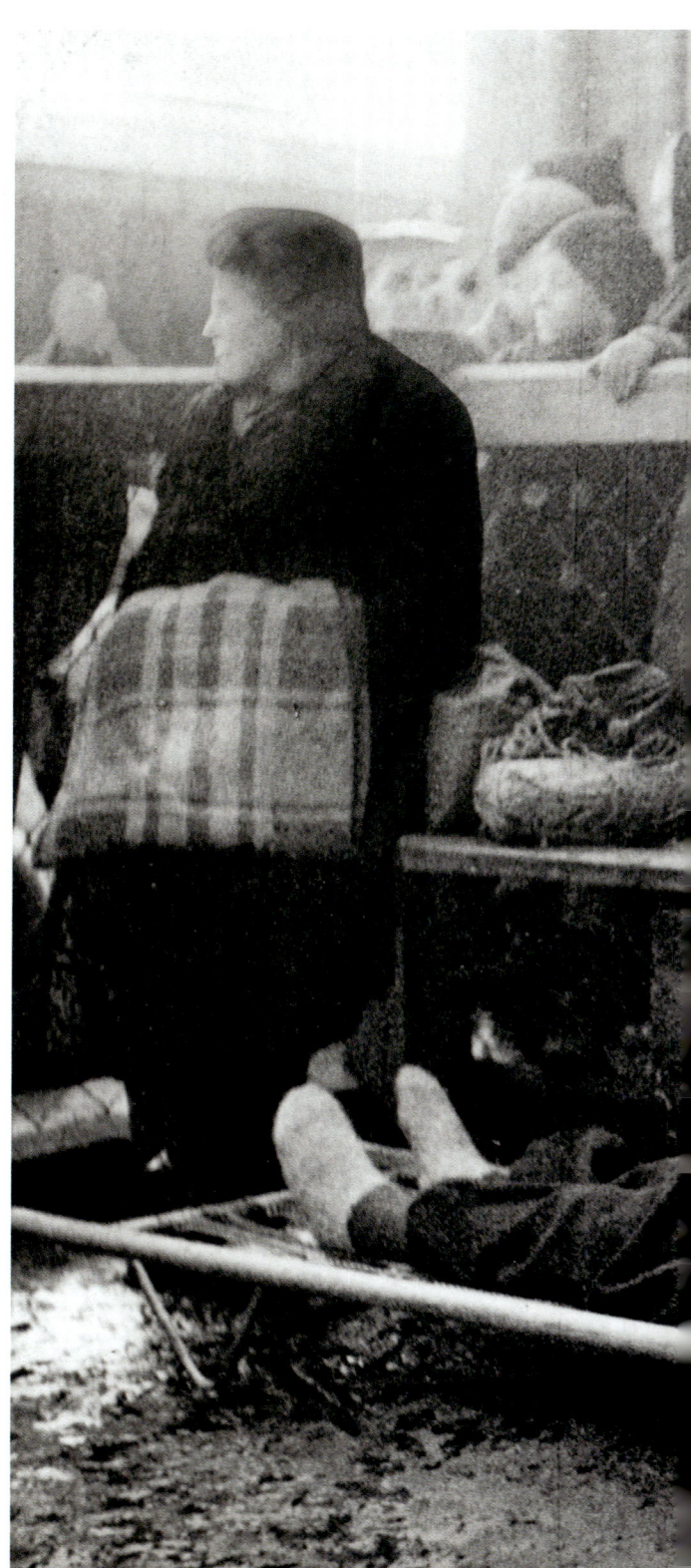

Am Sonntagmorgen gegen vier Uhr verteilte ich Fahrzeuge und Gespanne, und gegen acht Uhr setzte sich der Treck in Richtung Loppnow in Marsch. Schon nach einigen Hundert Metern hatten sich die Wagen festgefahren, und wir mussten umkehren und unseren Weg über die Chaussee nach Greifenberg über Muddelmow, Loppnow, Rottnow nehmen. In Greifenberg angekommen stellte ich fest, dass im Treck etwa 240

Bandekower und 20 Evakuierte waren. Hier erhielt ich den Marschbefehl in Richtung Dt. Tibbenow. Vor mir an der Straßenkreuzung hielt der Guts- und Gemeindetreck Labuhn. Dieselben erhielten den Marschbefehl, links abzubiegen in Richtung Kammin, und sind dann vor Kammin den Russen in die Hände gefallen. Ich fuhr mit meinem Treck über Parpart, wo ich in der Dorfstraße nachts die Pferde fütterte. Etwa gegen ein Uhr nachts

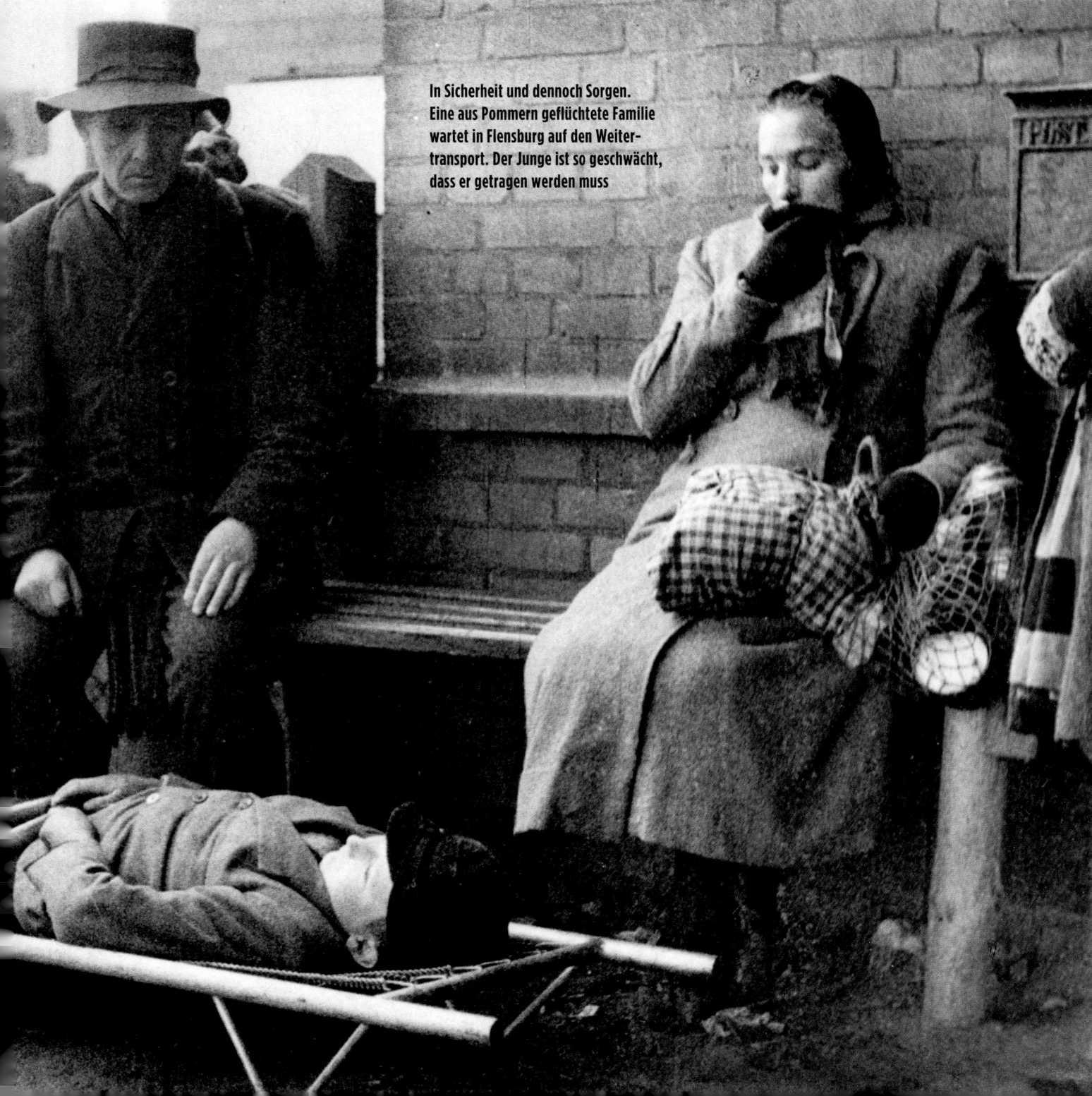

In Sicherheit und dennoch Sorgen.
Eine aus Pommern geflüchtete Familie
wartet in Flensburg auf den Weiter-
transport. Der Junge ist so geschwächt,
dass er getragen werden muss

kam die Nachricht, dass die Russen im Anmarsch seien und die Dorfstraße sofort geräumt werden müsse. Daraufhin fuhr ich Richtung Schwiersen weiter.

Als ich morgens am 5. März an der Straßenkreuzung Schwiersen/Gr. Justin ankam, war die Straße von dort bis Kammin verstopft mit Treckwagen. Daraufhin ließ ich meine Fahrzeuge wenden und fuhr über Groß Justin in Richtung Fritzow.

Leider war auch hier vor Fritzow die Straße mit Treckwagen verstopft, da der Russe inzwischen in das brennende Kammin eingezogen war. Hierauf versuchte ich gegen Abend, ein von der Chaussee abgelegenes Dorf zu erreichen, um zu füttern. Als wir dort ankamen – der Ort war schon geräumt – erhielten wir Panzerbeschuss. Ich versuchte, die Pferde und Fahrzeuge in Deckung zu bringen und Vieh und Menschen zu verpflegen. Nachts gegen 12 Uhr setzte russisches Artilleriefeuer ein, und wir hatten Mühe und Not, ohne Verluste aus unserem Versteck zu kommen. Die Ehefrau Behnke gebar hier ein Kind.

Deshalb gab ich dem Treckfahrer, dem Franzosen Chimpfessel, den Auftrag, sich in eine Militärkolonne einzuschleichen, um so einen noch bewohnten Ort zu erreichen, damit die Wöchnerin zur Ruhe käme.

Unserem Treck gelang es erst morgens gegen sechs Uhr durch Anwendung von Gewalt, auf die Chaussee zu kommen. Denn Tausende von Treckwagen hatten sich hier festgefahren und drängten nun in Richtung Fritzow, wo in der Nacht durch russisches Artilleriefeuer wüste Verheerungen in dem Treck entstanden waren.

Am Tag konnten wir nicht hundert Meter vorwärtskommen, weil die deutschen Militärs vor uns zurückgingen. Am Abend gelang es mir, durch Fritzow zu fahren

und in der Dunkelheit Dievenow zu erreichen, wo ich in der Nacht auf der vom deutschen Militär hergestellten Notbrücke über die Dievenow fahren konnte.

Wir setzten unsere Fahrt bis Heidebrink fort und versorgten dann dort im Wald unsere Pferde und beerdigten inzwischen die von Heinzke und W. Liphardt gestorbenen Kinder. Durch Kolik verloren wir hier ein Pferd.

Hier kam am 7. März morgens ein Herr von der Ostenhagen zu mir und erzählte mir, dass er als Letzter über die Brücke von Dievenow gefahren sei und dass Kummerow und Wisbu den Russen in die Hände gefallen seien, obwohl sie doch 12 Stunden früher die Heimat verlassen hatten als wir. Auch Witzmitz und Helenau sind bei Kammin den Russen in die Hände gefallen.

Vom 7. März bis 9. März brauchten wir, um nach Misdroy zu kommen. Es war nur möglich, nachts zu fahren und dann auch nur meterweise. Zwischen Dievenow und Misdroy drohte eine Panik auszubrechen. Die Leute ließen ihre Fahrzeuge stehen und versuchten, mit Pferden und Gepäck auf Seitenwegen vorwärtszukommen, da das Gerücht umging, wir wären alle vom Russen abgeschnitten und ein Überqueren der Swine sei nicht mehr möglich. Wir aber behielten die Nerven und erreichten am 11. März Swinemünde, wo wir sonntagvormittags über die Brücke fuhren. Von hier fuhren wir zum Lager Dargen, wo wir die Nacht auf freiem Felde verbrachten. Tausende von Fahrzeugen und Pferden waren hier auf engstem Raum zusammengepfercht, sodass eine einzige Brandbombe genügt hätte, um alles zu vernichten. Denn, wer in dem Knäuel drin war, käme nicht mehr heraus.

Loges Marienau und Hannemann Güldendorf hatten hier ebenfalls ihre Wagen zusammengestellt.

Wir beerdigten meine Schwester mit den Händen

Ich stamme aus Danzig. Habe den Einmarsch der Russen mit all den Gräueltaten erlebt. Als sich die nachfolgenden Polen in Danzig etablierten, verschlimmerte sich unsere Lage. Wir wurden ausgeplündert und misshandelt. Ich war 13 Jahre alt. Meine dreijährige Schwester hatte Typhus und ist verhungert. Wir versuchten, sie auf dem Friedhof mit bloßen Händen zu beerdigen. Polen sahen zu und lästerten: „Deckt die Kleine warm zu, damit sie nicht friert!" Es ist des Öfteren vorgekommen, dass Russen uns vor Übergriffen der Polen beschützt haben.

Jutta Endrukat, Hamburg

Von hier fuhren wir am Montag, dem 12. März, nach Ziethenau/Kr. Anklam, wo wir auf dem Gelände des Grafen Schwerin übernachteten. Es herrschten hier dieselben Zustände wie in Dargen. Am Dienstag, dem 13. März, fuhren wir nach Carlsburg, wo wir bei Graf von Bismarck um Quartier baten, aber wegen Überfüllung abgewiesen wurden. Schließlich fanden wir bei Herrn Lagemann in Möckow Unterkunft und Verpflegung für Menschen und Pferde. Die Pferde und Menschen kamen hier das erste Mal unter Dach und wurden freundlich bewirtet.

Am 14.3. fuhren wir über Greifswald bis Neuenkirchen, wo wir wieder im Freien übernachteten. Nun ging es am 15.4. Richtung Stralsund, wo wir in den Gemeinden Brandshagen, Kacknehl und einer Siedlung übernachteten. In Brandshagen konnte ich für meine Pferde und Gefolgschaft das erste Futter empfangen. Bei Familie Gantzer, wo wir übernachteten, traf ich Frau Strahl, die sehnsüchtig auf ihren Mann wartete, obwohl ich wusste, dass er den Russen in die Hände gefallen war, musste ich schweigen und durfte ihr die Hoffnung auf ein Wiedersehen nicht nehmen. Den anderen Morgen fuhren wir nach Stralsund, die dortige Treckleitstelle wies uns, weil wir über hundert Kinder im Treck hatten, in die Gemeinde Negast zu dauerndem Aufenthalt ein.

Dort angekommen, schickte uns der Ortsgruppenleiter spätabends zur Domäne Steinhagen. Der dortige Domänenpächter Hoge sollte uns in der Ortschaft Steinhagen unterbringen. Erst am 18.3. gelang es ihm, sechs Fahrzeuge bei Bauern unterzubringen. Die Leute schliefen in Scheunen und Ställen. Ich selbst bewohnte mit einigen Ostpreußen und meinen französischen Fahrern den Fohlenstall. Meine Frau teilte mit einigen ostpreußischen Frauen und Kindern ein Zimmer. Täglich stellte ich die Unmöglichkeit der Unterbringung dem SS-Sturmführer und Leiter der Treckstelle in Stralsund vor, wurde aber immer wieder vertröstet, dass die Ostpreußen den Ort räumen würden und wir die Quartiere bekämen. Schließlich fand am 24.3. eine Pferdemusterung statt und ich musste ein Pferd an die Wehrmacht sofort abgeben, während acht weitere Pferde in den nächsten Tagen abgegeben werden sollten. Durch die politische Leitung wurden am 27.3. Fahrer und Gespanne zum Holzfahren für den Rügendamm eingesetzt. Unser alter Schäfermeister Hackbarth wurde am gleichen Tage mit seinen 80 Jahren wegen Altersbrand ins Stralsunder Krankenhaus eingeliefert, wo er ein Bein verlor und an den Folgen starb.

Nach der Einteilung zum Holzfahren zum Rügendamm entschloss ich mich, meine Gespanne und Fahrzeuge zusammenzuziehen und am 29.3. in aller Frühe mit Marschrichtung Westen in Bewegung zu setzen. Die zweite Übernachtung in Quartieren erlebten wir am 29.3. in Arendhagen, wo Pferde und Menschen gut verpflegt wurden. Hierauf fuhren wir nach Ribnitz (Mecklenburg), wo wir Marschbefehl nach Ratzeburg erhielten. Den 19.4. abends wurden unsere Fahrzeuge auf einem freien Platz in Niebüll zusammengestellt. Kaum hatte ich Fahrzeuge und Pferde zur Ruhe, als ein Fliegerangriff einsetzte.

In Emmelsbüll hatten wir endlich unser Ziel erreicht

Die französischen Fahrer hatten sich alle in Sicherheit gebracht und, als ich feststelle, dass etwas 30 Meter von unserer Haltestelle das schönste Feuerwerk war, musste ich versuchen, mit einigen beherzten Frauen die Pferde vor die Wagen zu spannen und aus der Stadt zu kommen. Leider befolgten nicht alle meine Anweisungen und jeder fuhr in der Dunkelheit eine andere Straße.

Schließlich hatte ich gegen zwei Uhr nachts alle Fahrzeuge wieder aufgestöbert und auf einen Deich zusammengezogen. Schon setzte wieder ein Angriff ein. Ich ließ alles im Schutz halten und hatte so – Gott sei es gedankt – auch keine Verluste an Mensch und Material. Das Bild, wie die Frauen mit ihren Betten unter dem Arm und die Kinder an der Hand nachts ihre Fahrzeuge suchten, werde ich wohl nie vergessen. Im Morgengrauen ging es dann dem Endziel entgegen, nach Emmelsbüll. Dort angekommen, standen wir am Spätnachmittag immer noch auf der Dorfstraße und warteten auf die Unterbringung. Da alles überbelegt war, fand vorläufig eine Massenunterbringung statt. ■

Der SS-Mann wollte seinem Leben ein Ende machen

VON SIEGFRIED SOMMERFELD, FAHRENKRUG

Als der 2. Weltkrieg ausbrach, war ich 8 Jahre alt. Wir wohnten in Briesenhorst/Kr. Landsberg a. d. Warthe. Mein Großvater Wilhelm Zibolsky hatte eine Bauernwirtschaft von ca. 8–10 ha. Ich kann mich noch genau erinnern.

Mein Vater Richard Sommerfeld wurde zum Polenfeldzug noch eingezogen. Meine Mutter und ich brachten ihn nach Ludwigsruh – heißt heute Lubiszym, das war die Bahnstation. Eine Kapelle spielte flotte Marschmusik. Mein Vater schaute aus dem Abteilfenster, meine Mutter weinte und ich rief meinem Vater zu, er müsse immer im Zickzack laufen, dann träfen sie ihn nicht. Ich machte ihm das auch vor. Die Umstehenden lachten und klopften mir auf die Schulter.

Einen Tag später wurde auch ein Pferd von uns eingezogen. Im Gegensatz zu meinem Vater haben wir unser Pferd natürlich nicht wiedergesehen. Als sie unser Pferd vom Hof führten, habe ich geheult wie ein Schlosshund. Mein Bruder Walter, geb. 1921, wurde 1940 zum Arbeitsdienst eingezogen und von dort gleich zur Wehrmacht. Wir haben ihn nie als Soldat gesehen. Er kam nach Afrika und ist dort 1942 gefallen.

Meine Schulzeit verlief im Wesentlichen in der Kriegszeit. Die glorreichen Siegesmeldungen waren längst verklungen. Der Krieg zog sich auf seinen Ausgangspunkt zurück. Ende 1944 hatten die Russen die deutsche Reichsgrenze überschritten und näherten sich unaufhaltsam auch meinem Heimatgebiet. Um das geografisch auszudrücken, wohnten wir in der Mark Brandenburg, Teil Neumark, zirka 40–50 km östlich von Küstrin an der Oder. Die Oder bildete ja zunächst das natürliche Hindernis auf dem Weg nach Berlin. In den letzten Januartagen 1945 spürten wir immer deutlicher, was Krieg bedeutet. Die Angst nahm immer mehr zu. Die faschistische Propaganda hatte ja

In glücklichen Tagen. Siegfried Sommerfeld (links) mit seinen Eltern und der älteren Schwester. Kurze Zeit später begann der Zweite Weltkrieg und der Vater wurde eingezogen

ihr Übriges getan, den Russen als „Untermenschen" mit einem Messer zwischen den Zähnen – diese Plakate hingen überall an den Wänden, auch in unserer Schule – darzustellen. Für uns kam noch hinzu, dass meine Mutter in Landsberg im Krankenhaus lag – sie war an Darmverschlingung operiert worden. Meiner Schwester, die in Landsberg in Stellung war, gelang es mit großer Mühe, am 27. oder 28. Januar mit einem der letzten Züge unsere Bahnstation Ludwigsruh zu erreichen. Von dort holte mein Großvater mit dem Pferdegespann unsere schwer operierte Mutter ab. Ununter-

brochen zogen Flüchtlingstrecks mit Pferdegespannen, mit Handwagen oder zu Fuß mit Rucksäcken durch unser Dorf. Sie kamen aus Ostpreußen und aus der Westmark. Schule gab es längst nicht mehr. Die Schulräume waren mit Flüchtlingen – die einfach nicht mehr weiterkamen – belegt. Wir größeren Jungen und auch Mädchen mussten helfen, die Flüchtlinge unterzubringen, mit Essen zu versorgen, Futter für die Pferde zu besorgen u. a. m. So war es auch am 29. und 30. Januar 1945. Bei eisigem Wind und Schneetreiben nahm der Flüchtlingsstrom noch zu. Am 30. Januar mischten

Siegfried Sommerfeld im Alter von 13 Jahren, als der Krieg endete

sich zwischen die Flüchtlinge ungeordnet zurückflutende Soldaten der Wehrmacht, SS-Gruppen, zumeist zu Fuß, aber auch mit Pferden, einigen Autos. Sie benutzten auch den Weg, der an unserem Bauernhof vorbeiführte. Ich selbst hatte an dem Tag „Dienst" bei der Schule und sollte auf dem Rückweg noch Brote vom Bäcker mitbringen. Nachmittags wurde es auf einmal ziemlich still und ruhig. Gegen 16.00 Uhr wollte ich nach Hause. Ich stand mit Franz Freudenberg – ein Bekannter meines Vaters – und noch einem anderen Mann an der Kreuzung, die ins Dorf führte, und plötzlich kam auf der Chaussee aus Richtung Ludwigsruh ein Motorrad runtergedonnert. Wir glaubten erst, dass es ein deutscher Soldat wäre. Erst so 30 m vor uns sahen wir, dass es ein Russe war. Wir wollten weglaufen, aber er schrie: „Stoy, stoy!" Mit schlotternden Knien blieben wir stehen. Er fragte uns in gebrochenem Deutsch, ob hier deutsche Soldaten sind. Während wir uns unterhielten, war am anderen Dorfende Gewehrfeuer oder auch Maschinengewehrfeuer zu hören. Der Russe richtete sich auf seinem Motorrad auf, sah uns durchdringend an (wir standen da wie das Kaninchen vor der Schlange), riss die Maschine herum und brauste davon. Als sich bei uns die Erstarrung löste, rannten wir los, jeder nach Hause. Mir fiel aber noch ein, dass ich noch Brot mitbringen sollte. In einem einzigen Dauerlauf rannte ich zum Bäcker (einen guten km) und von dort 500/600 m nach Hause. Ich stürmte über den Hof, rannte in die Stube, wo meine Großeltern, Mutter und Schwester und unsere „Polenfrau" – auf die komme ich später noch zurück – versammelt waren, schmiss die Brote auf den Tisch und schrie „Die Russen kommen". Erst jetzt sah ich, dass am Tisch ein großer SS-Mann saß, die Füße in einer großen Schüssel mit warmem Wasser. Er hatte sich die Füße total wund gelaufen und konnte nicht mehr weiter.

Als er hörte, die Russen kommen, griff er zum Karabiner und wollte sich in den Mund schießen. Meine Schwester, die danebenstand, stieß ihm den Karabiner zur Seite und der Schuss ging in die Decke. Mit großer Mühe konnten wir ihn beruhigen. Da er einfach nicht

> **Mit schlotternden Knien blieben wir vor dem Russen stehen**

mehr wegkonnte, gaben wir ihm Sachen von meinem Bruder, der ungefähr die gleiche Statur hatte, und vereinbarten mit unserer „Polenfrau", unser „Zivilist" sei ein Verwandter von uns, schwer herzkrank, deshalb nicht Soldat, kein Zug fuhr mehr und er konnte nicht mehr nach Hause. Ich hatte gerade die SS-Uniform, seine Waffen, Munition, Handgranate in Scheune und Holzschuppen versteckt, da schauten schon die ersten Russen über das Hoftor. Sie gingen mit mir in die Futterküche, wollten Milch trinken – ich musste aber zuerst trinken – und sagten: „Gegen 21.00 Uhr 40 Mann Einquartierung." Und weg waren sie. Tatsächlich, gegen 21.00 Uhr war der Hof voller Russen, Panzerwagen und Reiter zu Fuß. Vor dem Hoftor stand ein typisch russischer Lkw. Ein Offizier und ein paar Soldaten inspizierten unser Haus. Ich musste ihnen alle Räume zeigen. Dann kamen sie zu uns in Opas Stube, wo wir alle versammelt waren. Auch unsere „Polenfrau". Als der Offizier unseren „Zivilisten" in der Ofenecke sah, stutzte er kurz, ging auf den Flur, riss seine Pistole aus dem Futteral, ging wieder in die Stube und sagte zu dem Zivilisten: „Du deutscher Soldat." Jetzt wurde unsere „Polenfrau" aktiv. Sie verdolmetschte dem Russen, was wir uns vorher zurechtgelegt hatten. Da der Offizier ja sah, dass es eine polnische Arbeitskraft war, glaubte er schließlich ihren Worten. Man muss sich aber mal vorstellen, diese „Polenfrau" ist in ihrer Heimat von der SS vertrieben worden, schwer misshandelt worden und jetzt rettet sie diesen SS-Mann und uns alle vor dem sicheren Erschießungstod. Warum tat sie das? Ich weiß noch genau, wie diese „Polenfrau", Helena Gorski, vom Ortsbauernführer auf den Hof gebracht wurde und er sagt, sie dürfe aber nicht bei uns am Tisch mitessen. Sie könne in der Futterküche ihr Essen kriegen. Sie wurde bei uns wie ein Familienmitglied behandelt und hat uns deshalb wahrscheinlich das Leben gerettet. In den folgenden Tagen und Wochen versteifte sich noch einmal der Widerstand der deutschen Wehrmacht an und vor der Oder. Wir, d.h. die Zivilbevölkerung, waren zwischen den Fronten. Ende Februar mussten wir innerhalb von zwei Stunden unser Haus verlassen. Wir mussten uns einem großen

Flüchtlingstreck anschließen, der aber von den Russen ostwärts getrieben wurde. Einzelne Reiter bzw. diese Ponywagen sprengten immer wieder zwischen die Flüchtlinge, raubten und plünderten die noch wenigen Habseligkeiten. Außerhalb unseres Dorfes haben wir dann den Treck wieder verlassen. Er war ja nur z. T. bewacht. Ein Bekannter meines Vaters, der als „Hausmeister" im Wald gearbeitet hat, schloss sich uns an. Er kannte den Wald um unser Dorf genau. In einer dichten Kiefernschonung haben wir uns dann versteckt. Wir haben uns Erdlöcher gegraben und mit Zweigen abgedeckt. In den folgenden Tagen versuchten wir dann, heimlich zu unserem Haus und Hof zu gelangen.

Wir hatten ja einiges versteckt. Aber von Weitem sahen wir schon, dass unser Haus, Kuhstall und Scheune abgebrannt waren. Nur der Schornstein vom Haus war stehen geblieben. Mein Großvater stand völlig verstört vor dem verbrannten Haus und Hof. Alles, was wir vergraben bzw. versteckt hatten, haben die Russen gefunden.

Nach einiger Zeit des „Verlorenseins" auf unserem abgebrannten Grundstück wollten wir uns wieder auf den Weg machen zu unserem Versteck im Wald, in dem ja meine Schwester und Oma sicher schon mit Ungeduld auf uns warteten. Wir gingen den gleichen Weg wieder zurück. Nach ca. 300 m sahen wir, dass uns ein einzelner Russe entgegenkam. Wir überlegten, was machen wir nur? Zurücklaufen konnten wir nun auch nicht mehr. Also gingen wir einfach weiter. Ich hatte so ein mulmiges Gefühl im Bauch. Als er fünf Meter vor uns war, riss er seinen Karabiner – mit aufgepflanztem Bajonett – von der Schulter und schrie: „Stoy, stoy!"

Er ließ uns nicht vorbei. Wir machten ihm immer wieder deutlich, wir müssen in diese Richtung, nach Hause. Sein Mongolengesicht wurde immer furchterregender. Es nutzte alles nichts. Er trieb uns vor sich her. Wieder über unseren abgebrannten Hof, an anderen Häusern vorbei, wir merkten schon, in Richtung unseres Nachbardorfes. An einigen Häusern – wir waren schon am Waldrand angekommen – machte er mit uns halt. Wir mussten uns hinsetzen und er durchwühlte die leer stehenden Häuser. Minutenlang war er

Von Weitem sahen wir, dass unser Haus abgebrannt war

nicht zu sehen. Wir hatten aber immer das Gefühl, dass er uns beobachtete. Opa und ich wären längst im Wald verschwunden. Aber meine Mutter traute sich nicht und ihre Operationswunde machte ihr zu schaffen. Schließlich kam er aus dem Hause wieder heraus und brachte uns tatsächlich zum Nachbardorf Lindwerder. Auf einem großen Bauernhof „lieferte" er uns ab. Hier waren noch viele andere Russen, aber auch einige Polen. In Scheune und Ställen und in einem großen Keller waren ca. 40–50 Deutsche (Zivilisten) untergebracht. Hier verbrachten wir eine Nacht. Am nächsten Morgen mussten wir uns alle auf dem Hof aufstellen. Wir bekamen ein kleines Stück Brot und Tee und man erklärte uns, hier wäre noch Frontgebiet und wir würden in ein größeres Lager in Richtung Landsberg gebracht. Unter russischer Bewachung und z. T. Polen, die aber nicht bewaffnet waren, marschierten wir wieder durch unser Dorf, Richtung Ludwigsruh, das war die Bahnstation. In unserem Dorf nahmen wir eine Abkürzung nach Ludwigsruh, am alten Friedhof vorbei. In Höhe des Friedhofs kam uns ein einzelner Planwagen mit zwei herrlichen schwarzen Pferden davor entgegen. Unsere Bewachung hielt den Wagen natürlich an, spannte die Pferde aus, jagte die Menschen vom Wagen und plünderte den Wagen vor unseren Augen völlig aus. Es war ein großes Durcheinander und Geschrei. Eigenartigerweise hatten die Leute auf dem Wagen reichlich Lebensmittel mit. Die Russen warfen alles aus dem Wagen. Ich rannte auch hin und erwischte zwei große Räucherwürste. Opa und ich versteckten sie schnell unter unserer Jacke bzw. Mantel.

Nach einiger Zeit zogen wir weiter und machten erst in Ludwigsruh bei der Bahnstation halt. Hier lag schon ein großer Flüchtlingstreck, der aber nicht bewacht war. Unsere Bewachung deutete uns an, wir sollten uns hier neben dem Flüchtlingstreck hinsetzen. Die russischen Soldaten gingen in das Bahnhofsgebäude und diskutierten mit irgendwelchen Leuten. Ich sagte anfangs schon, dass unter unseren Bewachern auch einige Polen waren. Einer dieser Polen kannte meinen Großvater. Er wusste, dass bei uns eine Polin gearbeitet

Das Leben musste trotz aller Widrigkeiten weitergehen. Kartoffelernte in Ostbrandenburg

hat und wir diese Polin gut behandelt haben. Ihm tat es leid, dass wir bei diesem Transport waren. Er machte uns heimlich Zeichen, wir sollten zu dem anderen Flüchtlingstreck rüberkriechen.

Opa und ich hatten uns schon zwischen den anderen Flüchtlingen und den Gepäckstücken versteckt. Nur meine Mutter zögerte wieder. Ich kroch dann wieder rüber und holte sie nach.

Nach einiger Zeit zog unser Treck weiter, ohne sich darum zu kümmern, dass noch drei Leute fehlten. Unser Pole winkte uns noch verstohlen zu, und so zahlte sich doch die Menschlichkeit unseres Großvaters aus, als er „seine Polin" auf seinem Hof auch als Menschen behandelt hat.

Plötzlich machte sich Unruhe unter den am Boden hockenden Menschen breit. Es waren auch einige Russen und Zivilisten zu sehen, die die Flüchtlinge aufforderten, ihre Sachen zu nehmen und sich Richtung Bahnübergang zu bewegen. Es sprach sich schnell rum, dass wir weiter nach Landsberg laufen sollten bzw. auf jeden Fall hinter die Bahnlinie.

Das wollten wir drei aber auf keinen Fall. Wir mussten doch zurück zu unserem Erdloch, wo Schwester Elli und Oma auf uns warteten. Hinter der Bahnlinie gelang es uns, den großen Treck unbemerkt zu verlassen und im Wald zu verschwinden. Nach einigen Kilometern machten wir Rast, um zu überlegen, wie wir am günstigsten zu unserem Versteck im Wald kamen. Ein Glück, dass wir noch unsere beiden Räucherwürste hatten. Ein älteres Ehepaar (Bauern) aus Briesenhorst hatte sich uns angeschlossen. Sie wollten auch wieder zurück zu ihrem Haus. Wie wir uns noch so an unse-

rem Stück Wurst labten, kamen plötzlich – wie aus dem Nichts – fünf deutsche Soldaten auf uns zu. Sie hatten ihre Truppeneinheit verloren und wollten sich auf eigene Faust zur Oder durchschlagen. Opa hat ihnen gesagt, in welche Richtung, auf welche Wegweiser sie achten müssen und dass sie bald auf die Bahnlinie Landsberg–Soldin treffen werden.

Wir warteten, bis es stockdunkel war. Gegen 22.00 Uhr marschierten wir dann los. Es war uns klar, dass wir nicht den öffentlichen Bahnübergang nutzen konnten. Wir mussten quer durch den Wald über die Bahnlinie. Es war unser Vorteil, dass Opa die Waldgegend genau kannte. Opa und ich gingen immer vorneweg. Nach einiger Zeit merkten wir, dass wir dicht vor der Bahnlinie waren. Wir setzten uns hin und ich sollte erkunden, ob wir ohne Gefahr den Bahndamm überqueren konnten.

Es war eine Nacht, die ich bis heute nicht vergessen habe

Wir wurden aus unserem Dorf Riesnitz/Kr. Crossen am 5.2.45 von Haus und Hof vertrieben. Lebten mit mehreren Einwohnern des Dorfes (14 Pers.) im Alter von 15 bis 68 Jahren, darunter vier männliche, elf weibliche Personen, meine Schwester war gerade zwei Jahre alt, im Wald. Eines Tages trieben uns russische Soldaten in ein einzeln stehendes Haus nahe der Ortschaft Trebichow. Die männlichen Personen wurden in einen, die Frauen und das Kleinkind in einen anderen Raum gepfercht. Mehrere Soldaten bewachten uns. Als es dunkel wurde, kamen bis zum nächsten Morgen in kurzen Abständen immer wieder Rudel von Soldaten, die in betrunkenem Zustand in den Raum der Frauen eindrangen. Mit aller Brutalität wurden alle Frauen und Mädchen unzählige Male vergewaltigt. Das Weinen und Jammern der Frauen drang bis zum Morgen durch die Wand in unseren Raum. Es war eine Nacht, die ich bis heute nicht vergessen habe. Als am Morgen Ruhe einsetzte, stellten wir fest, dass die Bewacher auf ihren Stühlen (wohl volltrunken) fest schliefen. Lautlos schlichen wir uns aus dem Haus und gingen mindestens 3 km tief in den Wald, wo wir zwei Tage Ruhe hatten, bis sie uns wiederfanden.

Günter Puchert, Wittenburg

Ein Wunder, dass wir da lebend rauskamen

Ich war zehn Jahre alt, als wir am 4. Februar 1945 aus Schwochow/Kr. Pyritz (Hinterpommern) flüchten mussten. Unser Vater war im Krieg, und so musste sich unsere Mutter alleine mit uns drei Kindern auf die Flucht begeben. Nachts kamen die Russen mit Panzern in den Ort, es gab harte Kämpfe, denn die SS war auch im Ort, dazu bombardierten noch die Flugzeuge und wir mussten dazwischen die Flucht ergreifen mit vier Pferden und zwei Wagen.
Es war wie ein Wunder, dass wir dort trotz Beschuss lebend rauskamen. Was da eine Mutter so durchmacht, das habe ich nie vergessen. *Ilse Ahland, Zingst*

Mir fielen alle Indianerbücher, die ich gelesen hatte, ein. Lautlos, auf allen vieren näherte ich mich der Bahnlinie. Kein Laut war zu hören. Auf dem Bahndamm blieb ich einen Augenblick liegen. Ich wollte aber noch sehen, ob wir auf der anderen Seite weitergehen konnten. Als ich mich aufrichtete, stieß ich mit den Händen an Kisten oder andere Gegenstände. Ich merkte, dass hier etwas nicht stimmte, und wollte schnell zurück. Aber da kamen mir die anderen, natürlich aufrecht und polternd, auf dem Bahndamm schon entgegen. Opa hatte mein Erkundungsgang zu lange gedauert. Aber jetzt brach die Hölle los. Wie wir Wochen später erfuhren, waren wir mitten in ein russisches Munitionslager geraten. Die Russen hatten längs der Bahnlinie Munition und anderes Kriegsgerät gelagert. Die Russen (Wachtposten) schrien: „Stoy, sklo idgott (d.h.: Halt, wer da)!" Ich wusste, es wird dreimal gerufen, und wenn dann nicht die Parole gerufen wird, wird geschossen. Ich fasste meine Mutter an der Hand und lief mit ihr durch die Kistenstapel in den Wald. Die Russen schossen in die Richtung, in der sie den Überfall oder Geräusche vermuteten. Drei oder vier große Scheinwerfer strahlten in den Wald. Unser Glück war, dass im Wald meterhohes, dichtes Farnkraut stand. Immer wenn die Scheinwerfer uns beinahe erfasst hatten, warfen wir uns zu Boden.

Mein Großvater und die anderen beiden Leute waren verschwunden. Wir waren auseinandergekommen. Es wurde langsam etwas heller und ich fand – immer noch meine Mutter an der Hand – das Waldstück, in dem unser „Erdloch" lag. Im Morgengrauen fand ich unsere Höhle. Welch eine Freude, mein Großvater war schon eher da als ich. Er war aber wieder losgegangen und wollte uns suchen. Nach einiger Zeit kam er zurück, und so waren wir wieder glücklich vereint. Die beiden anderen älteren Leute waren und blieben verschollen.

Alle Bewohner unseres kleinen Lagers waren natürlich wach. Sie waren durch die Schießerei und die Lichtkegel der Scheinwerfer aufgeschreckt worden, ohne zu ahnen, dass wir die Ursache der Schießerei waren. Bei unserem Erkundungsgang haben wir erfahren, dass meine Tante, Erna Feldbinder, in ihrem Haus und Hof bleiben konnte. Sie hatte sogar noch ein paar Kühe im Stall. In den folgenden Tagen habe ich uns dann fast täglich etwas zu essen geholt.

Es muss Anfang März gewesen sein, vielleicht 7. oder 8.3.: Wir standen vormittags so gegen 11.00 Uhr auf unserer kleinen Lichtung, wir waren inzwischen so 16, 17 Personen, und ich wollte gerade zu meinem Verpflegungsgang aufbrechen – da waren wir auf einmal von russischen Soldaten umstellt. Sie schrien: „Rucki werch!" (Hände hoch!), und wir mussten uns alle mit erhobenen Händen auf einen Haufen aufstellen. Sie durchwühlten unsere Erdlöcher und warfen alles nach draußen. Dann nahmen sie alle Männer, außer meinem Großvater und unserem Bekannten, Franz Freudenberg, mit. Auch ich musste zu den Männern gehen, die gefangen genommen wurden. Meine Mutter weinte und rief immer wieder: „Er ist doch noch ein Kind!" Von dieser Stunde an war ich mit 13 Jahren Gefangener der Roten Armee.

„ Mit nur 13 Jahren war ich Gefangener der Roten Armee "

Am nächsten Morgen wurden dann einige von uns, auch ich, rausgeholt zum Kartoffelschälen. In dem großen Wohnhaus war eine Art Kommandantur untergebracht. Den ganzen Tag war ich bei dem russischen Koch beschäftigt, Fleisch schneiden, Zwiebeln pellen, auch beim Schlachten musste ich ihm helfen. In den anderen Räumen waren die Offiziere untergebracht. Der Koch band mir eine weiße Schürze um, und dann musste ich ihm helfen, das Essen zu den Offizieren zu bringen. Abends brachte er mir immer die schönsten Brathappen in unsere kleine Kammer. Einmal hatte ich wohl zu viel gegessen und musste brechen. Dabei habe ich seine Uniform beschmutzt. Erst schimpfte er, aber als er sah, welche Angst ich hatte, beruhigte er mich und sagte: „Nix Angst haben." Dabei fasste er in seine Uniformbluse und zeigte mir ein Bild von seinem Jungen. Er sah mir ähnlich und war auch so in meinem Alter. Vielleicht war er deshalb so gut zu mir.

Nach fünf oder sechs Tagen sollten wir aber verlegt werden. Ich stand allein zwischen dem Koch und der anderen Gruppe, die auf dem Hof schon abmarschbereit

angetreten war. Ich sah, wie der Koch mit dem Offizier diskutierte und auf mich zeigte. Aber der Offizier lehnte ab und ich musste zu den anderen in der Gruppe. Der russische Koch rannte noch in die Küche und brachte mir so eine Art Brotbeutel mit Brot, Speck und einem Stück gebratenem Fleisch. Unter den Augen der um-

stehenden russischen Soldaten und meinen Mitgefangenen umarmte er mich und gab mir einen Kuss auf den Mund. Jahrelang hatte ich mir dieses Gesicht – diesen guten Russen – eingeprägt. Aber mit der Zeit verblasste die Erinnerung. Wir sollten wohl in größere Auffanglager gebracht werden. Zunächst wurden wir nach

Dölzig, poln. Dolzk, einen Nachbarort von Briesenhorst, gebracht. Dort wurden wir für eine Nacht in einen großen Keller eingesperrt. In diesem Keller lagen schon andere Zivilgefangene. Der Älteste war 69 und ich mit 13 der Jüngste. Hier bekam ich die ersten Läuse. Am nächsten Tag zogen wir – natürlich immer unter Bewachung – Richtung Soldin, poln. Mysliborz. Ich kannte den Weg bzw. die Straße, weil ich als kleiner Junge mit meinem Opa des Öfteren nach Soldin mit dem Pferdefuhrwerk zum Ferkelmarkt gefahren bin. Im Stadtgebiet von Soldin versuchten Deutsche, die dort noch wohnten, uns etwas zum Essen zuzustecken. Wir sahen ja auch schon erbärmlich aus. Die Männer unrasiert, z.T. zerlumpt. Die Wachmannschaft riss es uns aus den Händen und zertrampelte das Brot mit ihren Stiefeln.

Gegen Abend machten wir auf einem großen Bauerngehöft halt. Wir wurden in dem leer stehenden Bauernhaus verteilt. Die Wachmannschaft griff eines von den umherstehenden Schafen und schlachtete es. In einer Kartoffelmiete lagen noch einige Kartoffeln und gegen Mitternacht war unser „Menü", Kartoffelsuppe mit Schafsfleisch, fertig. Inzwischen hatte ich ein großes

> *Er sagte „Du Hitlerjunge" und drohte, mich zu erschießen*

Weckglas gefunden, gesäubert und stand dann in der Warteschlange vor dem Kessel. Ich hatte Glück, ich erwischte einen großen Batzen Fleisch, der nicht mal durch die Weckglasöffnung passte. Ich nahm das Stück Fleisch in beide Hände, weil ein anderer Mitgefangener schon auf mein Weckglas wartete. Er hatte nichts gefunden. Am nächsten Morgen marschierten wir durch eine mir unbekannte Gegend. Gegen 17.00 Uhr waren wir in Berlinchen, poln. Berlinek, angekommen. Berlinchen war eine Kleinstadt. Auf einem großen Genossenschaftsgelände mit vielen Speichern, Lagerhallen usw. mussten wir vor dem Hauptgebäude stehen bleiben.

Wir bekamen hier zum ersten Mal wieder etwas zu essen. Acht Mann mussten sich einen Laib Brot teilen und jeder bekam einen Becher roten Tee. Danach wurden wir in die Kellerräume geführt. In einem kleineren Keller sahen wir einen total zusammengeschlagenen Mann kauern. Wie wir erst später erfuhren, war es ein Gutsinspektor aus der näheren Umgebung. Jeden Morgen mussten wir zum Zählappell auf dem Hof antreten. Hier sahen wir erst, dass wohl einige Hundert Gefangene auf dem Genossenschaftsgelände untergebracht wa-

In Feierstimmung. Russischer Soldat tanzt zur Musik aus dem Schifferklavier

ren. Für mich waren diese Zählappelle am schlimmsten. Zu den Russen, die diese Appelle durchführten, gehörte auch ein kleiner Russenjunge. Dieser Russenjunge hatte es hauptsächlich auf mich abgesehen. Er war einen Kopf kleiner als ich. Aber der Soldatenmantel, den man ihm gegeben hatte, reichte ihm bis auf die Zehenspitzen. Immer baute er sich vor mir auf, riss mich aus der Reihe raus und wollte sich mit mir prügeln. Er stand immer vor mir und sagte: „Du Hitlerjunge." Und drohte, mich zu erschießen. Die umstehenden Wachsoldaten amüsierten sich darüber, griffen aber nicht ein. Am 5. Tag wurden wir nach dem Zählappell nicht mehr in den Keller geführt. Es hatte den Anschein, als ob das Lager hier in Berlinchen aufgelöst werden sollte. Es hatte sich im Lager rumgesprochen, dass in Driesen, poln. Drezdenko, Züge mit Gefangenen zusammengestellt werden und dann ab nach Sibirien. Auf dem Genossenschaftshof wurden dann Kolonnen von 30 oder 40 Mann zusammengestellt und vier bis fünf Mann Wachsoldaten.

Eine Kolonne nach der anderen zog dann los. Ich hatte mich schon seit einiger Zeit am Ende des Zuges aufgehalten. Ich dachte: „Jetzt oder nie!" In einem Augenblick, als keiner von unseren Wachsoldaten zu sehen war, sprang ich durch ein Kellerfenster in ein leer stehendes Haus. In dem Gerümpel, das dort rumlag, versteckte ich mich. Ich zog Bretter, Matratzen u. a. über meinen Kopf. Mindestens zwei Stunden habe ich dort gelegen. Dann traute ich mich heraus. Von unserer Kolonne war weit und breit nichts zu sehen. Ich war frei. Ich wusste aber nicht, in welche Richtung ich gehen musste, um wieder nach Hause zu kommen. Aber dann traf ich einige andere Männer, denen es ebenfalls gelungen war, zu fliehen. Wir blieben den Tag noch zusammen. Der Hunger wurde immer größer. In der Feldmark entdeckten wir einige Bauerngehöfte. Wir hatten Glück. In einem Haus waren noch Deutsche. Sie hatten einige Kühe. Die Bauersfrau hat uns zum Abend eine schöne Milchsuppe gekocht.

Die Nacht über haben wir in der Scheune geschlafen. Obwohl wir uns im Stroh verkrochen haben, war es ganz schön kalt und die Läuse machten sich immer mehr bemerkbar. Am Morgen haben wir von der guten Bauersfrau noch einmal einen schönen Teller Suppe

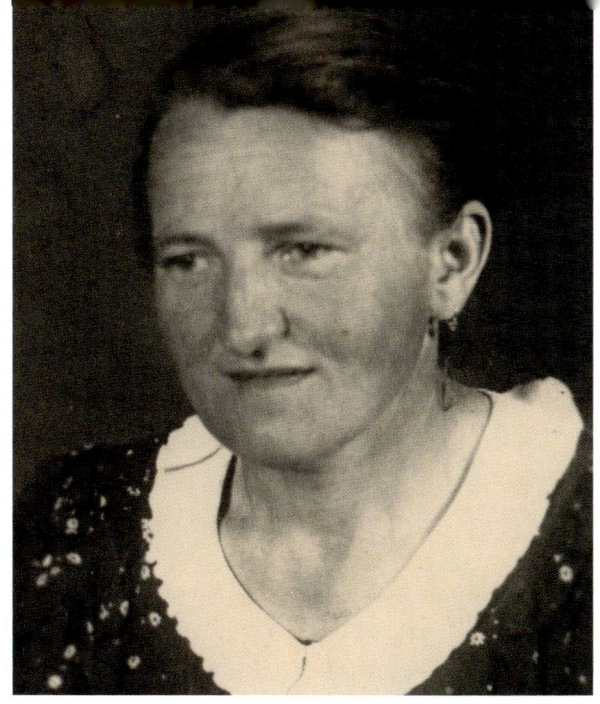

Erschossen: Erna Feldbinder, Siegfrieds Tante. Bei ihr fand seine Familie immer wieder Unterschlupf

bekommen und dann ging jeder in einer anderen Richtung davon. Wir wünschten uns noch viel Glück und dann war ich auf mich allein gestellt.

Am frühen Nachmittag war ich dann aber schon in der Nähe meiner Heimat angekommen. Das Dorf Fahlenwerder, poln. Sciechow, war mir schon bekannt. In den Häusern suchte ich nach etwas Essbarem und stieß dabei auf einen alten Mann. Er sagte mir, ich solle nicht die Hauptstraße weitergehen. Im Dorfzentrum sei die russische Kommandantur untergebracht. Ich ging dann quer über eine große Wiese zum gegenüberliegenden Wald. Mein nächstes Ziel war ja die Kiefernschonung, wo mich damals die Russen mitgenommen hatten und ich meine Angehörigen noch vermutete. Die Waldgegend wurde mir immer vertrauter. Hier hatten wir als Jungen oft Geländespiele, auch gegen andere Schulmannschaften, durchgeführt. Um zu unserem Versteck in der Kiefernschonung zu gelangen, musste ich aber über die Eisenbahnlinie Landsberg–Ludwigsruh–Sodin rüber. Ich wollte auf keinen Fall den öffentlichen Bahnübergang nutzen, sondern im Wald die Bahnlinie überqueren. Als ich dicht vor der Bahnlinie war, sah ich, wie auf der anderen Seite – neben der Bahnlinie verlief ein Waldweg – russische Soldaten mit ihren Jeeps und mit dem Fahrrad hin und her fuhren. Ich wartete einen Augenblick ab, in dem mir die „russischen Radfahrer" den Rücken kehrten und rannte so schnell ich konnte über den Bahndamm und verschwand im gegenüberliegenden Wald. Jetzt war es nicht mehr weit bis zu der Stelle, wo mich die Russen mitgenommen hatten. Als

Der Güterzug war übervoll mit Verwundeten

Ich bin ein Flüchtlingskind Jahrgang 1934 und komme aus einem Dorf bei Stargard in Pommern. Meine Eltern hatten dort einen Bauernhof, von dem die Familie lebte. Mein Vater wurde gleich 1939 zum Polenfeldzug eingezogen. Meine Urgroßmutter (85), meine Großtante (87), meine Großmutter (56) und meine Mutter (25) und ich (6) gingen im Januar/Februar 1945 auf die Flucht. Meine Urgroßmutter und meine Großtante gingen nicht mit. Es war ein Chaos. In den Straßengräben lagen die Trecks, die Menschen drängelten, dazwischen die Wehrmachtsfahrzeuge und die Soldaten, die verwundet von der Front zurückkamen, zerschlagen, und

dann die Tiefflieger immer und immer wieder. In Freienwalde/Pom. bekamen wir, meine Mutter, meine Großmutter und ich, den letzten dort abfahrenden Güterzug, übervoll mit verwundeten Soldaten. Wir durften auch nur mit, weil meine Mutter in Schwesterntracht war und versuchte zu helfen. Diese Fahrt mit diesem Zug habe ich nie vergessen. Man hörte nur Stöhnen und Schreien und auch Beten. Meine Großmutter war eine gläubige Frau, und wir haben, solange ich denken kann, immer wieder mal von zu Hause und der Flucht gesprochen. Wir sind nach langen Wirren in Schleswig-Holstein gelandet, und die Zeit dort war

fast genauso schlimm. In dieser Region war ja nichts zerstört, die Leute hatten ja ihr Hab und Gut behalten, aber wir Flüchtlinge waren einfach nur dreckiges Polackengesindel. Damals war ja noch alles nicht so frei und es hat schon mein Leben beeinflusst.

Mein Mann, Jahrgang 1936, musste im Februar 1945 mit seiner Tante Preußisch Eylau/Ostpreußen verlassen. Seine Mutter war tot, und sein Vater ist in Stalingrad vermisst. Er hat auch nie wieder was gehört. Sie sind bis Heiligenbeil (Ostpreußen), dann zu Fuß übers Frische Haff und dann immer weiter bis Glückstadt.

Brigitte Lorenz, Elmshorn

Das Foto zeigt die Hochzeit von Brigittes Tante im Jahr 1943

Der kleine Junge (l.) ist Siegfried Lorenz, Brigittes späterer Mann, mit Tante und Onkel, 1944

Noch dachte niemand an Flucht. Brigitte Lorenz (l.) mit ihrer Mutter im Sommer 1944

Eine sogenannte Kennkarte (r.) aus dem Deutschen Reich, in Jacobshagen (Westpommern) ausgestellt

ich nur noch einige Hundert Meter von der Stelle entfernt war, wunderte ich mich über die unheimliche Stille, die mich umgab. Ich ging dann aber doch weiter und sah dann vor unseren „Erdlöchern" umherliegende Kleidungsstücke, Schuhe, Taschen, Koffer u. a. Im ersten Moment dachte ich, die Russen hätten alle umgebracht. Ich fasste mir ein Herz und untersuchte unser „Erdloch". Aber zum Glück fand ich keine Leichen. Ich überlegte, was ich jetzt mache. Es begann in dieser dichten Kiefernschonung, langsam dunkel zu werden. Dann fiel mir ein, dass vielleicht meine Tante Erna weiterhin in ihrem Haus bleiben durfte.

Ich ging dann – mir natürlich vertraute Waldwege – Richtung Tante Ernas Haus und Hof. Am Waldrand führte ein Weg direkt zu Tante Ernas Haus. Am Waldrand hatten die Russen viele Unterstände gebaut, und vor den Unterständen herrschte reges Treiben. Ich blieb da und dort stehen, und die russischen Soldaten beachteten mich gar nicht. Es war mir auch so, als ob zwischen den Unterständen „Zivilisten" umherliefen. Bevor dieser Waldweg auf die befestigte Straße mündete, musste man aber an einem Schlagbaum vorbei, der von einem russischen Soldaten bewacht war. Das Haus von meiner Tante war nur noch ca. 100 m entfernt. Und dieser Schlagbaum mit dem russischen Wachposten wurde mir beinahe zum Verhängnis.

Der Posten ließ mich nicht durch. Neben dem Schlagbaum war das Nachbarhaus von meiner Tante, in dem wahrscheinlich die Wachmannschaft für den Schlagbaum untergebracht war. Jedenfalls nahm mich der Posten mit und führte mich zu dem Haus. Dann kamen die anderen Russen raus und irgendwie ein Vorgesetzter. Der Posten zeigte immer auf mich und wo ich hergekommen bin, ich versuchte mit einigen russischen Wortfetzen zu erklären: „Ich komm aus einem Arbeitslager, der Kapitän (russ. Offizier) hat zu mir gesagt, ich nach Hause (Domoy) zu Matka, zur Mama." Jetzt kamen mir zum ersten Mal die Tränen. Mein Glück war wohl, dass auf der anderen Straßenseite, vor dem Hoftor, mein Großvater stand und die ganze Szene mitbekam. Plötzlich erkannte er mich. Er kam über die Straße gerannt – dazwischen lag noch ein

Stück Acker – er umarmte mich, ließ mich gar nicht mehr los. Die Russen merkten wohl, dass das wirklich so war, wie ich ihnen versuchte zu erklären. Vor allem, weil mein Opa dazukam. Der Offizier winkte ab und rief „Dawai, dawai", was so viel hieß wie: Haut ab.

Mein Großvater und ich gingen dann langsam über den Acker und die Straße zu dem Haus meiner Tante. Meine Mutter war gerade auf dem Hof. Sie wollte ihren Augen nicht trauen, als sie mich mit Opa sah. Alle kamen aus dem Haus gestürzt und ließen mich gar nicht mehr los. Man hatte mich abgeschrieben. Ich war ja auch gut drei Wochen verschwunden. Das Erste, was ich tat, war, mich meiner sämtlichen Sachen zu entledigen. Ich war total verlaust. Ich glaube, acht Tage weiter, und die Läuse hätten mich aufgefressen. Wir haben die Sachen alle verbrannt.

Ende März, Anfang April war das Gebiet östlich der Oder bei Küstrin immer noch Aufmarschgebiet, Hinterland und Nachschubgebiet der sowjetischen Front. Hier war die Speerspitze der Sowjetarmee zum Sturm auf Berlin. Dementsprechend schlimm war die Lage der Zivilbevölkerung in diesem Gebiet. Besonders nachts zogen Russen in Gruppen oder zu zweit oder mehreren durch die Dörfer, plünderten und raubten und vergewaltigten die Frauen. Unsere einzige Waffe war das Schreien. Immer wieder hörte man an verschiedenen Stellen des Dorfes dieses Schreien. Dann wussten wir, dass die Russen wieder unterwegs waren. So war es auch eines Nachts kurz vor Mitternacht, als die Haustür bei meiner Tante aufgebrochen wurde. Vier oder fünf Russen drangen in das Haus ein, kamen in das große Zimmer, wo wir alle auf dem Fußboden lagen, auf Matratzen, Decken oder auf Stroh. Es waren wohl an die 20 Personen. Andere Flüchtlinge waren auch darunter. Die Russen suchten Frauen. Sie leuchteten mit ihren Taschenlampen und rissen die Frauen, die ihnen gefielen, vom Fußboden hoch. Auch meine Tante, die zu dem Zeitpunkt an Durchfall litt und sich wehrte, sollte mit. Weil sie nicht aufstand, zog sie der Sowjetsoldat mit der einen Hand hoch und schoss ihr mit der Pistole in den Kopf. Ich lag vielleicht 1,5 m weiter auf dem Fußboden und musste das mit ansehen. Sie

> **Ein Soldat schoss meiner Tante mit der Pistole in den Kopf**

hat noch drei oder vier Tage gelebt, hat aber das Bewusstsein nicht wiedererlangt. Es war eine furchtbare Nacht. Nach den Ereignissen verließen uns immer mehr Menschen (Flüchtlinge), die im Haus meiner Tante Unterschlupf gefunden hatten. Sie zogen in andere leer stehende Häuser oder wieder in Richtung ihrer alten Heimat bzw. weiter nach Westen.

Der Krieg näherte sich seinem Ende. Wir merkten es daran, dass kaum noch Russen in unserem Dorf waren. Wenn wir Kinder mit ihnen ins Gespräch kamen, sagten sie: „Der Krieg ist aus, Hitler kaputt." Überhaupt hielten wir Jungen uns oft bei den Russen auf. Die einfachen russischen Soldaten steckten uns oft heimlich etwas zu essen zu – Brot, Konserven u. Ä. Ich ergatterte einmal einen halben Eimer mit Salzheringen. Es war nicht so einfach, jeden Tag so halbwegs satt zu werden.

Im April, Anfang Mai wohnten wir immer noch im Haus meiner Tante. Keiner wusste, wie es weitergehen sollte. Eines Tages stand mein Vater in der Tür. Er war unversehrt aus dem Krieg heimgekommen. Nach dem Polenfeldzug war er ja von der Wehrmacht entlassen und dann dienstverpflichtet in der Forstwirtschaft tätig. Zuerst in Sachsen, in Hohenleipisch, und zuletzt 1944/45 in Torgelow, bei Ueckermünde. Als Harzmeister hat er vorwiegend mit polnischen und französischen Kriegsgefangenen gearbeitet. Mein Vater hat sich immer für die ihm untergebenen Gefangenen eingesetzt, dass sie einigermaßen menschenwürdig untergebracht waren, die Verpflegung gesichert war u. Ä. Als die Russen dann auch in Torgelow waren, wunderten sie sich, was das für

> ## Die russischen Soldaten steckten uns heimlich Essen zu

ein Deutscher war, der dort in den Baracken seiner ehemaligen Kriegsgefangenen auftauchte, ein- und ausging. Die polnischen Kriegsgefangenen klärten dann die Russen auf und sagten: „Das ist unser Meister!" Weil er seine untergebenen Gefangenen als Menschen behandelt hat, hat er von der russischen Kommandantur eine Art Passierschein mit Stempel und Unterschrift erhalten, und als er sich dann auf den Weg nach Hause machte und er oft von russischen Soldaten angehalten, kontrolliert wurde, zeigte er nur seinen Passierschein, sie klopften ihm auf die Schulter und sagten: „Karascho, Meister, du gehen nach Hause."

Mein Opa und eigentlich wir alle gingen oft zu unserem ehemaligen Zuhause, das ja kein Zuhause mehr war. Dort stand ja nur noch der Schweinestall mit der angrenzenden Futterküche. Dabei stellten wir fest, dass das Haus von unseren Nachbarn Drichels weiterhin leer stand und auch einigermaßen in gutem Zustand war, innen und außen. Stall und Scheune waren abgebrannt. Wir zogen deshalb mit unseren wenigen Habseligkeiten in dieses Haus. Aus den umliegenden Häusern suchten wir uns noch brauchbare Möbel und Haushaltsgegenstände und richteten uns, so gut es ging, häuslich ein. Wie wir täglich satt wurden, weiß ich heute nicht mehr. An Einzelheiten kann ich mich aber doch erinnern. Aus den Kartoffelmieten haben wir, solange es ging, die alten Kartoffeln bis in das späte Frühjahr zum Essen genommen. Das Schlimmste war, dass wir kein Salz hatten. Meine Mutter hat dann in der Nacht das Viehsalz, das waren solche „Lecksteine", die man den Kühen zum Lecken

Meine Mutter wurde von vielen Russen vergewaltig

Im letzten Sanitätszug, am 14. Januar, vorm Anrücken der Russen, flüchteten wir fünf Geschwister mit unserer Mutter aus der schönen Kleinstadt Schlochau/Pommern. In dem Zug waren viele verwundete Soldaten, Mütter und Kinder.

Der Zug wurde immer wieder angegriffen und beschossen von russischen Flugzeugen (Doppeldecker). Es gab viele Tote, die Kinder schrien. Die Fahrt endete vorm Bahnhof Schievelbein, die Gleise und der Bahnhof zerstört durch

Bomben. Die Oder konnten wir nicht mehr erreichen, kamen bei einem Bauern, Fam. Zeske, in Welep unter, hier erreichten uns dann am 18. Februar die Russen. Alle Frauen und Mädchen vergewaltigt, das geschah immer und

gab, deshalb der Name, zum Salzen der Speisen genommen. Ich hatte mich auf das Fangen von Wildkaninchen spezialisiert. Zum Glück gab es bei uns sehr viele Wildkaninchen. Mit einer Bügelfalle, die ich dann vor dem Eingang zum Kaninchenbau leicht mit Sand zugedeckt und mit Draht an dem nächsten Baum festmachte, habe ich so manchen Braten rangeholt. Rehe in der Schlinge zu fangen, ist mir nicht geglückt. Sie liefen immer in eine andere Richtung. Es war ja Wilddieberei. Aber in der damaligen Zeit war es wohl für uns legitim, sich einen Braten zu „besorgen".

Eines Nachmittags bin ich wieder losgezogen, um für den nächsten Tag für uns ein Pilzgericht zu suchen. Am Tage zuvor hatte es geregnet und warm war es auch. Dann wachsen die Pilze besonders gut. Es begann schon leicht dunkel zu werden, aber ich hatte eine besonders gute Stelle gefunden. Als ich mich noch so umschaute, sah ich plötzlich drei tote deutsche Soldaten am Waldboden liegen. Ich konnte mich vor Schreck nicht bewegen. Ich fasste mir dann doch ein Herz und ging dichter

heran. Sie lagen mit dem Gesicht auf dem Boden. Ich rannte dann mit meinem Pilzkorb nach Hause und erzählte es meinem Vater. Mein Vater und noch ein paar andere Männer haben dann die drei toten deutschen Soldaten zu unserem Friedhof gebracht und dort begraben. Sie waren durch Genickschuss getötet worden und hatten keine Erkennungsmarken bei sich.

Im Mai/Juni tauchten immer mehr polnische Familien in unserem Dorf auf. Ein polnischer Kriegsgefangener, der bei dem Großbauern Max Steinberg gearbeitet hat, wurde wahrscheinlich von den Russen als Bürgermeister eingesetzt. Er übernahm auch den Hof von Max Steinberg. Dieser Pole Walslaw... kannte die Struktur unseres Dorfs Briesenhorst genau. Er verteilte die noch intakten Bauernhöfe, wusste, wo die dazugehörenden Landflächen mit den Grenzen lagen. Die polnischen Familien, die z.T. mit eigenen Pferdegespannen und Planwagen ankamen, begannen verspätet mit der Frühjahrsbestellung, pflanzten noch Kartoffeln, Hackfrüchte usw.

...und lag blutüberströmt auf dem Fußboden

immer wieder, auch nachts. Wir schliefen mit unserer Mutter in einem Zimmer und hatten uns eingeschlossen, es kamen viele Russen, schossen das Türschloss kaputt, die Kugeln über unsere Köpfe hinweg, das Zimmer mussten wir fluchtartig verlassen, bis auf unsere Mutter, sie wurde von vielen Russen vergewaltigt und lag blutüberströmt auf dem Fußboden, den anderen Frauen erging es nicht anders, Tag für Tag und Woche für Woche. Herr Kuhlmann, der Onkel vom Bauern, erschossen. Im Herbst 1945 mussten wir den Bauernhof verlassen, vertrieben von Polen, endlich Weihnachten 1946 in Frankfurt/Oder, Deutschland, angekommen.

Bruno Behrendt, Stralsund

Für uns Jungen war diese Zeit eher eine abenteuerliche Zeit. Es gab keine Schule mehr, keine Lehre, wir stromerten in der Umgebung umher, sammelten überall herumliegende Waffen und Munition, Säbel, Dolche usw. Wir waren uns gar nicht bewusst, in welcher Gefahr wir uns befanden. Auf einem verlassenen Bauernhof haben wir uns vier oder fünf Pferde eingefan-

gen, dort eingestallt und wenn wir Lust hatten, sind wir in der Umgebung umhergeritten. Als ich einmal vom Pferd gefallen bin und keine Luft mehr bekam, war es mit meinem Interesse für die Reiterei vorbei. Ich habe mich nie wieder auf ein Pferd gesetzt. Der Sommer 1945 war sehr heiß. Im Briesensee, der gleich hinter unserer Schule lag, haben wir oft Seeschlachten durchge-

**Chaos im Kolberger Hafen.
Mehr als 70 000 Flüchtlinge wurden hier eingeschifft, ehe die
Stadt am 18. März von der Roten Armee eingenommen wurde**

Das Wenige, das wir hatten, nahmen uns die Polen

Wir waren bei Bekannten zusammengekommen und erwarteten die Russen. Da traten zwei Russen in das Zimmer und steuerten gerade zu auf eine junge Frau, neben der ich saß. Sie hielt ein Baby auf dem Schoß. Die Russen forderten sie zum Mitkommen auf. Die Frau wies auf das Baby. Da schoss der eine Russe der Frau in den Kopf. Sie war sofort tot. Schnell verschwanden die Russen. Blut tropfte auf die Hand des Babys und wurde größer. Da erst merkte ich, was passiert war. Noch heute sehe ich den sich vergrößernden Blutstropfen wie einen Albtraum.

Unsere Familie wurde im kalten November 1945 aus unserer Heimat Groß Jestin im Kreis Kolberg, heute Goscino, ausgesiedelt. Der Viehwaggon lag ca. 30 cm hoch voll Mist. Wie viel Leute da hineingepfercht wurden, kann ich nicht sagen. Abwechselnd konnte man sitzen, sonst musste man stehen. Laufend wurde der Zug angehalten. Das Wenige, was die Vertriebenen noch bis zum Zug gebracht hatten, wurde von Polen während der laufenden Halte des Zuges geklaut. Manche mussten sich fast nackt ausziehen. Immer wieder strömten Polen in die Waggons und fanden immer wieder noch

etwas Brauchbares, Papiere, Sparbücher, Geld, Fotoalben und natürlich Lebensmittel waren die Beute. Unsere Mutter hatte für ihre sechs Kinder von 3 bis 9 Jahren Brote mitgenommen. Ohne Erbarmen wurden sie weggenommen. In Demmin wurden wir erst in die Pferdeställe eingewiesen, dann auf die Dörfer verteilt. Bei Winterwetter auf einem offenen Kastenwagen eines dienstverpflichteten Bauern erfror ein Bruder. Kurz danach starben in dem Dorf der Onkel meiner Mutter und dann auch sie. Offizielle Todesursache: verhungert! Da saßen wir fünf Kinder allein da. *Horst Dassow, Tutow*

führt. Dazu haben wir uns von den Bauernhöfen „Brühtröge" – das waren solche länglichen Holztröge, die die Bauern zum Schweineschlachten, zum Abbrühen der Schweine benutzten – eingesammelt. Wir rammten uns dann gegenseitig mit unseren „Booten" – vorher haben wir uns tüchtig mit Modder eingeschmiert – und somit sahen wir richtig wie Piraten aus. Die meisten von uns konnten ja schwimmen – das war lebenswichtig, denn der See hatte von keiner Seite einen Strand. Aber einen hatten wir dabei, Alfred Lange, der konnte nicht schwimmen, hatte aber überhaupt keine Angst. Wenn der Kahn volllief oder umkippte, saß er rittlings drauf oder klammerte sich irgendwie am Rand fest. Mädchen hatten wir nicht dabei. Wenn sie uns nackte, verschmierte Gestalten sahen, sind sie immer weggelaufen.

So verging eine Woche, ein Monat nach dem anderen. In Briesenhorst tauchten immer mehr polnische Familien auf. Sie wurden wahrscheinlich von dem polnischen Bürgermeister in verlassene Bauerngehöfte eingewiesen. Auch bei unserem ehemaligen Nachbarn Marquard zog eine polnische Familie ein. Haus, Ställe und Scheune waren noch gut erhalten. Im Herbst musste ich dort tageweise arbeiten. Ich bekam dort immer gut zu essen. Manchmal haben sie mir auch etwas mit nach Hause mitgegeben. Es waren eigentlich recht nette Leute. Um uns Deutsche kümmerte sich eigentlich niemand. Im Dorf hatten die Polen das Sagen. Uns alle bedrückte dieser Zustand sehr. Wir kamen ja oft mit den anderen Deutschen, die noch im Ort waren oder aus den Nachbargemeinden, zusammen. Keiner wusste, wie das wohl weitergehen sollte.

Mitte November wurden wir plötzlich aufgefordert, uns innerhalb von drei bis vier Stunden mit etwas Handgepäck auf dem Dorfplatz einzufinden. Es hieß jetzt, wir werden ausgewiesen. Hier auf dem Dorfplatz haben wir erst gesehen, dass doch noch viele Deutsche in Briesenhorst waren. Eine ältere Frau, die in der Nähe vom Friedhof wohnte, wurde gewaltsam zum Dorfplatz getrieben. Sie wollte ihr Haus nicht verlassen. Einige von uns konnten aber doch in Briesenhorst bleiben. Zum Beispiel Annemarie Hübner, ein junges

> **„ Eine ältere Frau wurde gewaltsam zum Dorfplatz getrieben „**

Mädchen, hatte sich in einen Polen verliebt. Sie durfte mit ihren Eltern dableiben. Auch die Familie Hasseldorf in unserer unmittelbaren Nachbarschaft konnte in ihrem Haus bleiben. In ihrem Haus wohnte eine sehr religiöse polnische Familie.

Vom Dorfplatz wurden wir unter Bewachung nach Ludwigsruh – heute Lubiszyn – zur Bahnstation gebracht. Nach einigen Stunden kam ein Güterzug, in den mussten wir einsteigen – viele Waggons waren schon mit anderen deutschen Menschen belegt, aus anderen Dörfern – und dann wurden wir nach Landsberg A/W, unserer ehemaligen Kreisstadt, gebracht. In dem zugigen und zerstörten Bahnhofsgebäude kampierten wir eine Nacht. Zu essen oder zu trinken bekamen wir nichts. Jeder musste mit dem, was er bei sich hatte, leben. Am nächsten Tag wurden wir dann in einen langen Güterzug (Viehwaggons) „verladen". Es hatte sich unter uns rumgesprochen, dass wir nach Deutschland ausgewiesen werden sollten. Das Gebiet bis zur Oder sei jetzt polnisch. Diese Eisenbahnfahrt nach Deutschland, also westlich hinter der Oder, wurde zu einer Horrorfahrt. Wir waren drei Tage und Nächte unterwegs. Über Soldin, Pyritz, Stargard und südlich von Stettin, bei Scheune, gelangten wir in die damalige Sowjetische Besatzungszone. Stundenlang haben wir manchmal auf offener Strecke oder auf größeren Bahnhöfen gehalten. Immer, wenn wir irgendwo gehalten haben, versuchten die Frauen, etwas zu kochen. Schnell wurde irgendwie ein Feuer gemacht. Viele hatten so einen „Dreibock" mit, wo man den Kochtopf draufstellen konnte.

Ich kann mich erinnern, vor Stargard hielt der Zug bei einer Gartenkolonie. Wie üblich stiegen wir wieder aus, vertraten uns die Beine oder redeten einfach mit anderen Menschen aus den Waggons. Einige erkundigten sich bei dem polnischen Lokomotivführer, ob wir länger hielten. Er hat wohl zustimmend genickt. Wir hatten in der Gartenkolonie viele Obstbäume, Reste von Gemüse entdeckt. Auch Kartoffeln waren da und dort noch vorhanden. Wir liefen natürlich mit Beuteln bewaffnet hin und suchten nach Essbarem. Plötzlich heulte die Lokomotive und setzte sich langsam in Bewegung. Wir rannten so schnell wie möglich zu unserem Zug. Viele der älteren Männer warfen ihre gefüllten Beutel weg, um ja den Zug zu erreichen. Der Zug rangierte aber nur auf ein anderes Gleis. Wir stiegen wieder aus und rannten wieder hin zur Gartenkolonie. Die Männer, die ihre Beutel weggeworfen hatten, wollten sich die Beutel wiederholen. Wieder heulte die Lokomotive, fuhr langsam los und wurde immer schneller. Einige der Männer erreichten den Zug nicht mehr. Diesmal fuhr er wirklich los. Die Männer und ihre Angehörigen schrien und winkten, aber der Zug hielt nicht mehr an. Von Stargard bis zur

Oder sollte es nicht mehr weit sein. Es hieß jetzt, dass die Oder die Grenze zwischen Deutschland und Polen ist. Je näher wir der Oder kamen, umso öfter hielt der Zug. Wenn der Zug hielt, wurden wir von polnischen Zivilisten, aber auch von Männern in Uniform beschimpft, bedroht. Sie versuchten, die Waggontüren zu öffnen.

Kurz vor der Oder blieb der Zug stehen. Wir warteten stundenlang auf die Weiterfahrt. Dann verbreitete sich die Nachricht, dass wir nachts über die Grenze gebracht werden sollen. Tatsächlich fuhren wir gegen 23.00 Uhr los. Kurz vor dem Bahnhof Scheune wurde

Viele Soldaten, die nicht mehr weiterlaufen konnten,

Mein Name ist Rita Müller, geb. Reinkowski, und ich komme aus Danzig-Neufahrwasser. Wir haben den Russeneinmarsch zu Hause erlebt. Ich selbst war 17 Jahre alt. Mein Vater war bei der Bierbrauerei Richard Fischer in Danzig-Neufahrwasser beschäftigt und zu Hause, also nicht zur Wehrmacht eingezogen. Kurz bevor die Russen Danzig besetzten – das war im März 1945 – fuhren wir mit zwei deutschen Soldaten, die Pferdewagen hatten, in die Innenstadt Danzigs, um noch zu flüchten. Doch die Tiefflieger sprengten die Brücken und wir saßen fest. Mein Vater und mein 9-jähriger Bruder wurden von uns getrennt. Meine Mutter und mein kleiner Bruder – damals fünf Jahre – liefen in einen Luftschutzbunker in Danzig-Mitte, wo viele verwundete Soldaten lagen. Meine Mutter war von Bombensplittern verletzt und konnte ein paar Tage gar nicht sprechen. Zu essen gab es nichts – nur Zigaretten waren in Hülle und Fülle da. Meine Mutter hat dort angefangen zu rauchen, ich konnte es nicht und habe es bis heute nicht gelernt.

Rita Müller als 18-Jährige. Mit 17 war sie von mehreren russischen Soldaten vergewaltigt worden

unser Zug gestoppt. Wieder versuchten die Polen, im Schutze der Dunkelheit in die Waggons einzudringen, um uns auch das Letzte zu rauben. Mit Brechstangen und Äxten wollten sie die Türen öffnen. Immer versuchten wir mit allen Mitteln, das zu verhindern. Plötzlich peitschten Schüsse durch die Nacht. Es war die polnische Miliz, die uns zu Hilfe kam. Sie wollten wohl das Schlimmste verhindern. Nach einiger Zeit beruhigte sich die Lage und der Zug setzte sich wieder in Bewegung. Noch einmal hielt der Zug, wir nahmen an, dass die Lokomotivführer ausgetauscht wurden. Unser nächster Halt war dann auf deutschem Boden, in

Eggesin. Wir atmeten alle befreit auf. Wir kletterten aus unseren Waggons. Der Bahnsteig war schwarz von Menschen. Wir wurden vom Roten Kreuz und anderen Helfern mit warmen Getränken, Suppen und einem Stück Brot versorgt. Unser Zielbahnhof war Demmin. Hier war unsere „Zugreise" zu Ende. Hier wurden wir dann durch die Deutsche Verwaltung in Demmin bzw. auf die Dörfer des Kreises Demmin verteilt. Wir und noch einige Bekannte aus Briesenhorst wurden dann auf Leiterwagen über Völschow nach Daberkow transportiert. Daberkow wurde für viele Jahre unsere, meine zweite Heimat.   ■

...wurden vor unseren Augen einfach erschossen

Nach vielen Bombeneinschlägen kamen die Russen in den Bunker rein. Alles, was laufen konnte, musste raus. Ich war jung – 17 Jahre alt, keine Sexerfahrung, da ich bis dann noch mit keinem Mann was zu tun hatte. Man trennte mich von meiner Mutter und Bruder, hielt meiner Mutter die Pistole hin. Man vergewaltigte mich in einem fort. Am nächsten Morgen wurden junge Mädchen aufgegriffen und in eine Wohnung gesperrt. Man verschleppte uns nach Graudens in ein Wehrmachtsgefangenenlager. Tagelang waren wir unterwegs. Am Abend gab es dann was zu essen. Da stellten wir fest, dass auch viele Landser nach Graudens marschierten. Viele junge und auch ältere Männer haben sich erhängt. Wer nicht mehr laufen konnte, sollte eigentlich in einem Lkw mitgenommen werden. Doch viele, die nicht mehr konnten, wurden vor unseren Augen einfach erschossen. In Graudens waren wir vier Mädchen in einem Zimmer. Einmal am Tag gab es ein Stück Brot und Suppe. Auf dem Gefängnishof, wo wir einmal am Tag rausdurften, waren

russische Frauen, die uns beaufsichtigten. Man sagte uns, wir kommen nach Sibirien. Ich weiß nicht mehr, wie lange ich dort war, aber eines Tages hieß es „Panienka dawei dadomu", also nach Hause. Tagelang sind wir umhergeirrt und haben bei polnischen Bauern um Essen gebettelt und im Heu geschlafen. Viele Polen hatten Mitleid mit uns und haben uns auch was zu essen gegeben. Doch viele, die Hass auf Deutsche schürten, haben uns verraten und uns wieder an Russen ausgeliefert. Die uns dann wieder vergewaltigten.
Als ich wieder nach Hause kam nach Danzig-Neufahrwasser, waren meine Brüder und meine Mutter in unserem Haus. Meine Mutter war schon sehr krank. Wir erfuhren, dass mein Vater im Narvik-Lager Danzig, Paul-Beneke-Weg, gefangen gehalten wird. Wir haben ihn nie mehr gesehen und auch nichts von ihm gehört.
Dann kam der Tag, als wir von Polen aus unserem Haus vertrieben wurden. Wir durften nichts mitnehmen. Man brachte uns aufs Land, von wo die Deutschen lange

nach dem Westen geflohen waren. In den Räumen stank es, Wasser stand in den Kellern und Kadaver lagen überall.
Meine Mutter hatte wohl noch etwas, was sie einem Polen geben konnte, der brachte uns dann wieder nach Danzig-Lauenthal. Die Häuser waren kaputt, und es regnete überall rein. Ernährt haben wir uns von Kartoffeln und Gemüse, die wir auf den Feldern in der Nacht bei polnischen Bauern stehlen gegangen sind. Im Juni 1945 verstarb dann meine Mutter im Alter von 39 Jahren, und ich stand mit 17 Jahren mit zwei kleinen Brüdern (9 und 5) allein da. Eines Tages hieß es, Deutsche müssen Polen verlassen. Mein 9-jähriger Bruder war bei einem polnischen Bauern, ich konnte ihn nicht so schnell zurückholen. So bin ich mit dem kleinen Bruder von fünf Jahren im Viehwaggon zur DDR nach Stendal in ein Waisenhaus gekommen. Von dort haben sich dann Verwandte aus dem Westen gemeldet und uns dann die Zuzugsgenehmigung geschickt, sodass wir 1947 im Westen waren.

Rita Müller, Duisburg

Aus Scham haben wir nie mehr darüber gesprochen

ANNELIESE JENSEN, DÜSSELDORF

 **Ich bin eine der wenigen noch lebenden Zeitzeugen, bin 1927 in Reetz in der Neumark zwischen Pommern und Schlesien geboren.**

Es war Anfang Februar 1945, viele Bewohner unserer Stadt konnten noch rechtzeitig fliehen. Kaum hatte der letzte Zug den Bahnhof verlassen, überrollte uns Daheimgebliebene eine verdreckte, verlauste, übel riechende Horde Russen. Für die Frauen und Mädchen in unserer Stadt brach die Hölle aus. Gleich am ersten Abend fielen fünf dieser Gestalten über mich her, einer damals 17-Jährigen. Es war, als hätte man mich einem Rudel Wölfen zum Fraß vorgeworfen. Keiner der Familie konnte mir helfen, denn meiner Mutter (42), Schwestern (14 und 18 Jahre alt) erging es genauso. Dieses geschah nun fast täglich und wochenlang. Wie Freiwild liefen wir gejagt und gehetzt umher, immer auf der Suche nach einem Versteck. Erschießungen und Selbstmorde waren am Anfang an der Tagesordnung.

Ende Februar wurde mein Vater nach vielen blutigen Verhören für immer von uns getrennt, wir hörten nie wieder etwas von ihm. Meine älteste Schwester wurde dann im März nach Sibirien verschleppt, kam nach fast einem Jahr krank zurück. Die schweren Verletzungen, die ich durch die Vergewaltigungen erlitten hatte, konnten damals nicht behandelt werden. Erst einige Jahre später wurde ich durch eine Operation geheilt. Einige Frauen und Mädchen mussten Kinder zur Welt bringen oder bekamen Geschlechtskrankheiten. Aus Scham wurde nie mehr darüber gesprochen, auch nicht in der Familie. Es

> **Meine älteste Schwester wurde nach Sibirien verschleppt**

war und wird immer so sein, die Unschuldigen und Wehrlosen zahlen für die Verbrechen anderer!

Anfang Juli 1945 wurde uns bei einem Appell auf dem Marktplatz mitgeteilt, dass wir uns alle in 1–2 Stunden wieder auf dem Marktplatz einzufinden hätten. Alles, was auf Handkarren oder Taschen gepackt werden konnte, durften wir mitnehmen. Kranke wurden auf Pferdewagen befördert. So zogen wir über Dörfer, die dort noch lebenden Bewohner mussten sich unserem Treck anschließen. Begleitet wurden wir von polnischen Reitern mit Peitschen in den Händen, es war wie ein Viehtrieb! Abends auf Rastplätzen im Freien, zum Glück gab's keinen Regen, wurden schnell ein paar Steine zusammengetragen und die Mütter versuchten, den Kindern eine kleine warme Mahlzeit zuzubereiten. Nach ein paar Stunden Schlaf ging es weiter, wer am Straßenrand liegen blieb, war verloren. Nach einigen Tagen, wir hatten kein Zeitgefühl mehr, kamen wir an einer Holzbrücke über die Oder an. Hier gab es dann noch einmal die große Plünderung, wer versuchte, noch etwas von seinem Eigentum zu behalten, bekam die Peitsche zu spüren, so auch meine Mutter. Von dem daheim beladenen Handkarren blieb uns nicht mal ein Viertel. Obwohl wir doch schon Haus, Hof und die Heimat hergeben mussten. Dieses war dann die humane Ausweisung der Deutschen!

An der anderen Seite der Oder teilten sich dann die Menschen, jeder ging in eine andere Richtung. Wir selbst zogen nach Berlin, aber die Schwestern meiner Mutter durften und konnten uns nicht aufnehmen, also ging es zu Fuß weiter Richtung Mecklenburg. Wir lebten von dem, was wir auf Feld und Gärten fanden, oft wurde dann auf uns geschossen. Die Strapazen waren

Reetz in der Neumark. Die Stadt wurde 1945 völlig zerstört. Der Kreis markiert das Elternhaus von Anneliese Jensen

Zwei Jahre nach der Ankunft im Westen.
Anneliese Jensen im Alter von 21 Jahren (u.). Ihre Kennkarte, ausgestellt vom Reetzer Bürgermeister im April 1943 (r.)

sehr groß, kurz vor der Vertreibung waren wir an Typhus erkrankt und dadurch noch sehr geschwächt. Ab und zu fanden wir eine Scheune, wo wir uns reinigen und schlafen konnten. In einem kleinen Ort bei Feldberg fanden wir Unterkunft, ein winziges Zimmer mit einem breiten Bett, dieses teilten wir uns mit zwei Decken zu dritt. Endlich nach Wochen im Freien hatten wir wieder ein Dach über dem Kopf. Für ein kleines Stückchen Brot am Tag haben wir immer unter Bewachung hart und schwer gearbeitet. Hier fand uns dann auch meine Schwester, die krank aus Russland zurückkam, wieder. Im Januar 1946 durfte, wer Verwandte im Westen hatte, ausreisen. Wir erdachten Namen und Anschrift angeblicher Verwandter und so gelang die ersehnte Ausreise. Von Friedland ging es dann von Lager zu Lager, trotz Hungers und Kälte waren wir froh, ohne Angst im Nacken leben zu können. Endlich, im Frühjahr 1946, bekamen wir Arbeit und Unterkunft, dazu neuen Lebensmut. Durch Arbeit von früh bis spät konnten wir uns bald wieder ein kleines Zuhause schaffen. Obwohl wir hart am Wiederaufbau unseres Landes mithalfen, blieben wir lange Fremde im eigenen Land. ■

Flüchtlinge hofften auf Rückkehr

Mühevolles Vorankommen. Ein Wagenführer treibt seine ausgehungerten Pferde an, rechts liegen die Trümmer eines Wagens. Dahinter ein nicht enden wollender Treck aus Schlesien. Noch glauben die Flüchtlinge, nach Kriegsende wieder in ihre Heimat zurückkehren zu können

Rettung – nur noch zu Fuß aus Breslau

Aus Schlesien flohen 3,2 Millionen Deutsche ins Sudetenland, nach Sachsen, Thüringen und Bayern. Etwa 800 000 von ihnen überlebten Flucht und Vertreibung nicht

Auf schlesischem Gebiet gestaltete sich der Vormarsch der Roten Armee, die Mitte Januar 1945 auf breiter Front die beiden Gaue angriff, langsamer als etwa in Ostpreußen oder Pommern. Für die 4,7 Millionen damals in Nieder- und Oberschlesien lebenden Deutschen barg dies größere Chancen, über die Oder, aber auch in Richtung Böhmen und Mähren zu entkommen. Am 19. Januar begann die Flucht zwischen der schlesisch-brandenburgischen Grenze im Norden und dem kriegswichtigen Industriegebiet mit seinen Bergwerken um Kattowitz, Beuthen und Gleiwitz im äußersten Südosten.

In den östlich der Oder gelegenen Landkreisen Nieder- und Oberschlesiens zwischen Oppeln und Glogau retteten sich bis Ende Januar etwa 600 000 Menschen an das westliche Oderufer. Sie wurden mit der Eisenbahn, mit Kraftfahrzeugen und in weitaus geringerem Umfang als zum Beispiel in Ostpreußen mit Pferdefuhrwerken in die vorher festgelegten Aufnahmekreise evakuiert. Diese lagen relativ nahe an der Oder, glaubte man doch, die Rote Armee würde an dem Strom, zu dem sie bis Ende Januar vorgestoßen war, aufgehalten werden.

Im südostschlesischen Industriegebiet war den Beschäftigten die Flucht strikt untersagt worden. Mehr als eine halbe Million Männer und Frauen blieb deshalb zurück, als die Rote Armee in die Region vorstieß. So kam es, dass über Tage auf den Zechengeländen gekämpft, während unter Tage immer noch die Steinkohle gefördert wurde. Evakuiert wurden nur Mütter mit Kleinkindern und Greise. Nachdem der Zugverkehr auf den Hauptstrecken, die über Breslau führten, durch den russischen Vorstoß auf das westliche Oderufer zwischen Ohlau und Brieg unterbrochen worden war, geschah dies teilweise auch per Fußmarsch in das schlesisch-böhmische Grenzgebirge oder weiter in das Sudetenland.

Zum Zangenangriff auf Breslau war die Rote Armee am 8. Februar 1945 aus den Brückenköpfen am linken Oderufer bei Brieg und Steinau angetreten. Innerhalb weniger Tage hatten ihre Verbände den Kessel um die Hauptstadt Niederschlesiens geschlossen. In ihren Mauern befanden sich zu diesem Zeitpunkt noch etwa 200 000 der 500 000 Einwohner. Diese waren zwar bereits am 19. Januar aufgefordert worden, die Stadt zu verlassen. Da die Transportmittel nicht ausreichten, waren etwa hunderttausend Menschen zu Fuß geflohen. Der eisige Winter hatte jedoch viele dazu gezwungen, wieder umzukehren, sahen sie doch in Breslau bessere Überlebenschancen. Für viele von ihnen war das ein folgenschwerer Irrtum, denn der Kampf um das zur Festung erklärte Breslau sollte sich bis Kriegsende hinziehen und 40 000 Zivilisten das Leben kosten.

Mit der russischen Offensive zur Einschließung Breslaus war die Front weit auf das linke Oderufer vorgeschoben worden, an dem inzwischen die Bevölkerung aus einer 20-Kilometer-Zone evakuiert wurde. Bis Ende Februar hatten die russischen Verbände einen breiten Streifen zwischen den Mündungen von Glatzer und Görlitzer Neiße in die Oder besetzt.

Deutsches Reich (Schlesien) in den Grenzen von 1937

Deutsches Reich bis 1919
1938 an das Deutsche Reich

Grünberg
Glogau
Niederschlesien
Lüben
Bunzlau
Dresden
Liegnitz
Görlitz
Jauer
Oels
Breslau
Pitschen
Reichenberg
SCHLESIEN
Schweidnitz
Rosenberg
Oberschlesien
SUDETENLAND
Riesengebirge
Glatz
Neisse
Oppeln
Lamsdorf
Groß-Strelitz
Leobschütz
Tost
Altvatergebirge
Hindenburg
SUDETEN-
Gleiwitz
Beuthen
LAND
TSCHECHOSLOWAKEI
1939: Reichsprotektorat
POLEN
Neiße
Bober
Oder
Elbe

Obwohl Abertausende Flüchtlinge mitten in die Kampfhandlungen gerieten, gelang etwa drei Vierteln von ihnen die Flucht in Richtung Sachsen. Eine große Zahl auch dieser Menschen holten Tod und Verderben während der vernichtenden Bombenangriffe auf Dresden am 13./14. Februar 1945 ein.

Während der Monate März und April stabilisierte sich die deutsche Abwehrfront in Niederschlesien. In Oberschlesien hingegen durchbrachen die Sowjets die – nach Aufgabe des Industriegebietes – südlich von Oppeln bis nach Ratibor verlaufende deutsche Oder-Stellung. Überstürzt floh die westoberschlesische Bevölkerung in Richtung Böhmen und Mähren. Nicht wenige Trecks wurden dabei von den russischen Panzern überrollt. Gleichwohl gelang es 300 000 bis 400 000 Menschen zu entkommen.

In den letzten Wochen des Zweiten Weltkrieges besetzte die Rote Armee dann die an der Grenze zu Böhmen gelegenen Gebiete Niederschlesiens. Da die Bevölkerung schon seit Wochen durch die passierenden Trecks das Flüchtlingselend erlebt hatte, blieb ein nicht geringer Teil in ihrer Heimat und erlebte dort den Einmarsch der Roten Armee. Obgleich sie sich damit Willkür und Terror der sowjetischen und bald polnischen Besatzer aussetzten, blieb vielen dieser Menschen das noch schwerere Schicksal erspart, das diejenigen ereilte, die ins Sudetenland geflohen waren und dort Opfer der brutalen Austreibungen durch die Tschechen wurden.

Insgesamt hielten sich bei Kriegsende ungefähr 1,6 Millionen Flüchtlinge aus Schlesien in Böhmen und Mähren und dessen sudetendeutschen Randgebieten auf. Ebenso viele waren auf direktem Weg nach Sachsen, Thüringen und Bayern gekommen. Zurückgeblieben in Schlesien, in dem Anfang 1945 etwa 4,7 Millionen Deutsche gelebt hatten, waren 1,5 Millionen. Fast eine Million Schlesier sollte unmittelbar nach Kriegsende wieder in ihre Heimatorte zurückkehren, um nach der Flucht bald noch einmal das Los der Vertreibung ertragen zu müssen. Nicht überlebt hatten die Zeit von Januar 1945 bis Ende der 40er Jahre 800 000 Menschen.

Ich wurde immer wieder geholt, um Massengräber auszuheben

VON WALTER KRZAK, LEER

April 1944: Nach den ersten Bombenangriffen im Frühjahr wurde uns von der Partei und Schule angeboten, außerhalb von Breslau oder auf dem Lande die Schule zu besuchen. Da meine Großeltern mütterlicherseits im Kreis Oels einen Bauernhof besaßen, konnte ich das Angebot annehmen und dort weiter zur Schule gehen.

Es war gar nicht so einfach, sich dort „durchzuboxen". Da wir in der Breslauer Schule mit dem Unterrichtsstoff weiter waren als auf dem Dorf, war ich natürlich auch einer der Besten und wurde somit gleich als Streber abgestempelt. Erst nach einer deftigen Prügelei mit den Bauernjungen wurde ich in ihrer Mitte aufgenommen und anerkannt. Nach der Schule musste und wollte ich natürlich meinen Großeltern auf dem Bauernhof helfen. Dabei lernte ich auch viele praktische Sachen, die mir in meinem späteren Leben zugutekamen.

Im Spätherbst 1944 rückte die Kriegsfront immer näher, und wir mussten mit dem Volkssturm die Panzergräben ausschachten. Wie sich später aber zeigte, hat uns auch das nicht vor einem Angriff schützen können. In den Weihnachtsferien 1944 durfte ich dann meine Eltern in der Posener Straße besuchen. Da die Russen immer näher kamen, konnte ich nicht mehr zu meinen Großeltern zurück und blieb somit wieder in Breslau.

Am 10. Januar 1945 wurde Breslau dann zur Festung erklärt und die Frauen und Kinder wurden aufgefordert, die Festung zu verlassen. Die Männer, somit auch mein Vater, natürlich nicht, denn man brauchte sie ja für die Rüstungsarbeiten. Da meine Mutter sich nicht entschließen konnte, meinen Vater allein zu lassen, blieben wir dort.

> **Wir klauten Proviant aus den verlassenen Autos der Soldaten**

Doch am 25. Januar 1945, als wir schon Kanonendonner und die Einschläge hörten, konnte bzw. musste meine Mutter sich aufraffen, alleine schon der Kinder wegen, die Festung zu verlassen.

Nach kurzer Beratung mit meinem Vater stand fest: Rucksäcke auf den Buckel und ab zum Bahnhof. Die Züge waren schon randvoll, doch wir fanden noch ein Plätzchen. Noch auf dem Bahnhof wurden wir von Fliegern angegriffen, doch wir hatten Glück, der Zug wurde nicht getroffen. Nach unserem Zug – es war der letzte – wurde der Freiburger Bahnhof dichtgemacht.

Wir fuhren in Richtung Hirschberg. In der Nähe von Schweidnitz ging's dann nicht mehr weiter, uns wurde mitgeteilt, dass der Russe die Strecke erobert hätte. Da unsere Soldaten die Russen angriffen und sie somit zum Rückzug zwangen, konnten wir dann doch weiterfahren. Die Russen beschossen unseren Zug auf der Weiterfahrt. Obwohl wir alle auf dem Boden lagen, übereinander und durcheinander, starben bei diesem Angriff noch 28 Menschen. Wir fuhren weiter nach Hirschberg und ließen uns dann weiter nach Krummhübel bringen, in der Hoffnung, bei einem Onkel von meinem Vater Unterkunft zu finden. Aber dort hatte sich schon die ganze Familie Krzak versammelt (26 Personen), also entschlossen wir uns nach 14 Tagen zur Weiterfahrt in das Sudetenland. Von dort wollten wir weiter nach Bayern. Man riet uns aber, dort zu bleiben, da in Süddeutschland alles überfüllt wäre. Also blieben wir in Teschen-Bodenbach an der Elbe. Ich ging dort weiter zur Schule und arbeitete nebenbei bei einem Totengräber.

Den großen Angriff auf Dresden erlebten wir aus der Ferne mit, wir sahen und hörten die Flieger von Süden kommen. Flüchtende Soldaten erzählten uns von

Inmitten von Rauch und Trümmern. Jeder trägt, was er mit bloßen Händen tragen kann

Die schreiende Frau lag in den Wehen. Es gab eine Frühgeburt

Hier möchte ich einen sehr eindrucksvollen Bericht des damaligen Chefarztes des St.-Josefs-Krankenhauses aus Breslau wiedergeben, der einen Flüchtlingstreck auf der Flucht als Transportarzt begleitete. Auf diesem Transport starb auch seine Frau. Ich habe dem, was folgt, nichts hinzugefügt, aber auch nichts weggelassen, hier nun seine Worte: „Es war Nacht, ich wurde in einen Waggon gerufen, in dem irgendwo eine schreiende Frau lag. Über Gepäckhaufen, Kloseteimer und auf dem Boden liegende und kauernde Menschen hinweg versuchte ich im Dunkeln zu dieser hilfesuchenden Frau zu kommen. Eine alte Frau lag mir im Weg, sie wollte mir nicht Platz machen – sie war tot. Die schreiende Frau, sie lag in den Wehen, es gab eine Frühgeburt. Sie hatte sehr starke Blutungen. Bei dem Versuch, sie in eine bessere Lage zu bringen, entdeckte ich, dass sie am Boden festgefroren war, an ihrem eigenen Blut. Auf einem kleinen Spirituskocher bereitete ich aus Eisstückchen und Schnee heißes Wasser, damit bekam ich die Frau frei. Außer einer Injektionsspritze und einem blutstillenden Mittel hatte ich nichts, was zu einem solchen Eingriff gehörte, nicht einmal Watte. Ich entfernte die Frucht, konnte auch die Blutung zum Stillstand bringen, und das war bereits alles, was ich für diese Frau tun konnte. Auf diesem Transport erfror ich mir beide Füße, so, wie vier Fünftel aller Menschen auf diesem Transport Erfrierungen davontrugen. In den Waggons herrschte ein fürchterlicher Gestank. Die meisten Kinder hatten Durchfall, weil sie gefrorenes Brot oder Schnee essen mussten. Kaffee, Tee oder Milch war in den Flaschen gefroren. Die Mütter versuchten, die Flaschen zwischen ihren Oberschenkeln aufzutauen, um den Durst ihrer Kinder stillen zu können. Die Kinder dieses Transportes, der aus ca. 1600 Menschen bestand, waren zwischen drei Monaten und zwölf Jahren alt. 600 dieser unglücklichen Menschen waren über 60 Jahre alt."

Wolfgang Sacher, Hagen

den Gräueltaten der Partisanen, die in unsere Richtung marschierten. Wir klauten uns Proviant aus den verlassenen Autos der flüchtenden Soldaten.

Anfang Mai 1945 standen dann die Russen und Partisanen vor unserer Tür und plünderten uns aus.

Nach Kriegsende mussten wir alle am 15. Mai zurück in die Heimat. Nach langen 350 km kamen wir Ende Mai in Breslau an. Da unser Haus ausgebrannt war, gingen wir zur Schwester meiner Mutter in die Ottostraße im Odertorviertel. Sie war immer noch auf der Flucht, aber dafür hatte mein Vater sich dort sein Lager aufgeschlagen. Gott sei Dank, denn wir hatten schon Schlimmes befürchtet. Jetzt waren wir wieder zusammen.

In der Hoffnung, noch einige Sachen von uns zu finden, ging ich des Öfteren in die Posener Straße und

suchte in den Ruinen. Dabei erfuhr ich auch die neue Adresse von Harry Hausmann, mit dem ich mich dann des Öfteren noch traf. Wir wohnten bis Juni 1946 in Breslau. Während dieser Zeit besuchte ich nicht mehr die Schule. Ich arbeitete bei einem Glaser und in einer Maschinenfabrik, um etwas Geld zu verdienen. Zwischenzeitlich wurde ich immer wieder geholt, um die Massengräber auszuheben, die mitten in der Stadt waren. Jetzt sollten sie auf die Friedhöfe verlagert werden.

Mein Vater arbeitete während dieser Zeit bei einem Bäcker und meine Mutter in der Küche eines Restaurants. So hatten wir wenigstens immer zu essen.

Anfang Juni '46 wurden alle Deutschen aufgefordert, Breslau zu verlassen. Also hieß es für uns wieder mal, unser Säcklein zu schnüren und auf nach Deutschland.

Sieben Tage dauerte die Reise bis zum Grenzübergang Görlitz, weil uns ständig die Lokomotive weggenommen wurde. Am 01.07.46 gingen wir über die Grenze, vorher gab es noch die große „Entlausung". Dann konnten wir endlich weiter durch die DDR bis zum Auffanglager Marienthal am 02.07.46. Von dort ging es am 03.07.46 weiter in Richtung Ostfriesland nach Aurich. Am 04.07.46 wurden wir in ein Gasthaus in Nortmoor/ Kreis Leer in einem Tanzsaal einquartiert, wo wir bis zum 10.07.46 blieben. Jetzt wurden alle Flüchtlinge den dort sesshaften Bauern zugeteilt. Wir hatten Glück und kamen zu sehr freundlichen Bauersleuten. Wir bekamen eine kleine Stube für vier Personen. Ein Jahr später bekamen wir dann bei einem anderen Bauern, dem ich dann auch bei seiner Arbeit half, eine kleine Wohnung. ∎

Sie sind über das Mädchen hergefallen wie wilde Tiere

VON INGE C.

Im August 1930 wurde ich in Breslau geboren. Wir waren fünf Kinder, im Februar 1945 wurde noch eine Schwester geboren. Dadurch sind wir an einer Evakuierung vorbeigekommen. Doch damals wussten wir noch nicht, was noch alles auf uns zukommen würde.

1945 wurden die Bombardierungen immer schlimmer. Ich musste morgens fünf Uhr antreten zum Arbeiten. Es waren auch viele ältere Leute dabei. Für unsere Soldaten mussten wir Schützengräben ausheben. 80 cm breit, einen Meter tief. Nach einem Angriff war ich zweimal verschüttet. Keine Ahnung, wie ich damals nach Hause kam. Ich war zwei Tage nicht ganz bei Sinnen und lag im Bett. Dann kamen zwei von der SS und befahlen, dass ich am nächsten Tag wieder arbeiten müsste, was ich auch tat.

Breslau wurde zur Festung erklärt. Angriffe mit Phosphorbomben. Es war grauenhaft. Doch es sollte noch schlimmer kommen. Wegen der schlimmen Angriffe mussten wir in den Kohlenkeller ziehen. Da hatten wir unsere Betten aufgestellt. Der Krieg war aus, die Russen kamen. Sie haben uns alles, aber auch alles genommen. Fahrräder, viele konnten gar nicht fahren. Alle Uhren wurden abgenommen. Aber es kam noch schlimmer. Zwei Russen kamen in den Keller. Sie sagten: „Wir nicht fick, fick, wir Patrouille." Es war keine halbe Stunde vorbei, da waren sie wieder da. Und nun mussten wir das Schlimmste erleben. Sie fielen über uns her, es war grausam. Wer sich gewehrt oder geschrien hat, wurde grausam zusammengeschlagen.

Ich wollte nicht mehr leben. Wir sind in einen anderen Keller gezogen, aber es ist nicht besser geworden. Da haben ich und eine Freundin Schlimmes erlebt. Wir

> *Ihren Körper haben wir in Papier gewickelt und vergraben*

sind in die kaputten Häuser und haben nach Essbarem gesucht. Wir hatten Hunger, es gab ja nichts zu essen. Mehl, Graupen, Haferflocken – alles, was man essen konnte, haben wir mitgenommen. In einer Wohnung nebenan war eine 12-Jährige, die auch Essen suchte. Auf einmal hörten wir Schritte, in unserer Panik krochen meine Freundin und ich unter das Bett. Da waren auch schon drei Russen in der Wohnung. Einer fiel über das Mädchen her, sie konnte sich nicht mehr verstecken. Wir unter dem Bett konnten alles beobachten. Wir haben uns vor Angst in die Hose gemacht. Dann mussten wir sehen, wie die Russen dem Mädchen alle Kleider runterrissen. Sie sind über sie hergefallen wie wilde Tiere. Als sie nicht aufhörte zu schreien, schlug der Russe mit der MP dem Mädchen ins Gesicht und sie blutete ganz schlimm. Plötzlich war sie ganz still und bewegte sich nicht mehr. Als die Russen genug hatten, nahm der eine das Mädchen am Arm und der andere an den Beinen und warfen sie dann aus dem Fenster in den Hof. Die Russen hauten dann ab, nahmen aber noch vieles aus der Wohnung mit. Als sich nichts mehr rührte, kamen wir langsam unter dem Bett vor. Wir hatten wahnsinnige Angst, aber die Russen waren weg. Wir sind dann in den Hof, und da haben wir die Tote gefunden. Wir haben ihren Körper in Papier und Kleiderfetzen gewickelt und unter Trümmern vergraben. Ich weiß heute noch nicht, wie ich das verkraftet habe. Dann kam der November 1945. Die Russen kamen und holten die Deutschen aus ihren Kellern. Sie durften nur wenig mitnehmen. Es wurde ein sehr langer Treck. Meine Mutter und die kleinen Geschwister konnten im Keller bleiben. Wir Mädchen und Jungs mussten an die Seite treten und mussten warten, bis sie uns weitere Befehle gaben. Die

Leute marschierten alle zum Bahnhof. Dann kam ein russischer Lkw, auf den mussten wir Jungen und Mädchen rauf. Wir hatten das Glück, an der Ladeklappe zu stehen. Es war hundekalt. Wir zwei Mädchen und zwei Jungs sind dann während der Fahrt über die Ladeklappe gesprungen. Wir haben uns in Büschen versteckt und sind dann dem Treck gefolgt.

Am Bahnhof stand ein langer Zug mit Viehwagen. Dort trafen wir dann die Eltern von meiner Freundin. Sie nahmen mich mit als ihre Tochter. Vor den Viehwagen war als Erster ein Personenwagen, aber alle Fenster waren kaputt und ohne Scheiben. Aber wir waren froh, dass wir da reinkonnten. Man konnte sich kaum bewegen, so voll war der Wagen. Zwei Jungs und wir zwei Mädels sind nach draußen, wo der Eingang war. Ich habe eine Decke erbettelt, die wir draußen festgemacht haben. Dann kam die Lok, es konnte endlich losgehen. Es war Nacht, und die Kälte war grausam. Während der Fahrt kam ein Russe von draußen, hob die Decke und guckte rein. Wir waren froh, als er wieder verschwand. Doch ein paar Minuten später kamen zwei Russen. Der eine fiel über meine Freundin her, der andere schlug die Jungs zusammen. Dann fiel er über mich her. Ich schrie, kratzte, spuckte und trat nach ihm. Er schlug mir die Faust ins Gesicht, das rechte Auge war zu. Dann packte er mich mit der einen Hand am Hintern, mit der anderen hinten am Nacken, hob mich hoch und hielt mich am Kopf aus dem fahrenden Zug. Ich hörte die Masten rauschen und dachte, hoffentlich ist der Kopf bald ab. Dann hob er mich hoch und zurück in den Waggon. Dann musste ich alles Schlimme über mich ergehen lassen. Ich hatte keine Kraft mehr, mich zu wehren. In Zittau mussten wir halb tot den Zug verlassen. ■

Wir mussten uns zum Erschießen aufstellen

Vom Großvater aus den Trümmern geborgen: das Bild, das Angelika Ücok (links) mit ihrem Lieblingshund zeigt

Wir wohnten sieben Kilometer von Breslau entfernt. Ich war Weihnachten gerade sechs Jahre alt geworden. Nur in Kurzform meine schrecklichsten Erlebnisse. Infolge der Fliegerangriffe kann ich bis heute kein Flugzeug besteigen. Im Januar kamen die Russen. Und wir gingen bei Eis und Schnee, die Stalinorgel dröhnte in der Ferne, auf einen Treck und wir zogen von Ort zu Ort. Wir standen dabei, als meine Mutter und Tanten vergewaltigt wurden. Einmal auf dem Treck am Mittag stürmte ein betrunkener Russe mit einer Kalaschnikow in den Raum, und wir mussten uns zum Erschießen aufstellen. Wir beteten laut, und im letzten Moment kam ein Offizier rein und schlug ihm das Gewehr hoch, und die Schüsse gingen alle in die Luft, und er wurde mitgenommen. Ein Trauma war für mich, als die Russen meinen Schäferhund erschießen wollten. Sie schossen in das Maul, aber mein Hund hatte überlebt mit gespaltener Zunge. Wir haben so unendlich viel Schreckliches erlebt. Aber es gab auch Russen, die uns ein Stück Brot geschenkt haben zum Überleben. Im Juni 1947 sind wir erst aus Breslau evakuiert worden. Ein Horror! Ich kann einfach nicht vergessen.

Angelika Ücok, Hannover

Flucht durch die Flammen.
Eine Frau rettet sich aus dem
brennenden Breslau

Ein Russen-Auto brachte uns über die deutsche Grenze

VON M. LARISCH, BOCHUM

Ich heiße Magda Larisch, geborene Kruppa. Dies sind die Erlebnisse meiner Familie auf der Flucht aus Tost/Oberschlesien im Jahre 1945: Am 21. Januar besetzten russische Kampftruppen unser geliebtes Heimatstädtchen. Somit hielt Angst und Schrecken seinen Einzug! Vergewaltigungen, Plünderungen, Erschießungen waren an der Tagesordnung.

Alle Männer im Alter zwischen 16 bis 50 Jahren mussten sich melden und wurden nach Russland zivil interniert. Auch mein Bruder Günther war dabei. Leider kam er von dort nicht mehr zurück und soll am 6. September 1946 auf dem Gebiet der Sowjetunion verstorben sein. Vater hielten wir ein halbes Jahr versteckt. Verzweifelt hofften wir, dass unser Oberschlesien deutsch bleiben möge. Aber es kam anders. Die Deutschen wurden zusammengetrieben und ausgewiesen.

So haben wir dann am 10. Oktober 1945 (Vater, Mutter und ich) unsere geliebte Heimat mit einem Koffer, in der Annahme, nur für kurze Zeit, verlassen. Von der Groß-Strehlitzer-Straße ging es mit einem angehaltenen Russen-Auto in Richtung Breslau. Dort nach einer angstvollen Fahrt angekommen, waren wir dem Zusammenbruch nahe, denn es wimmelte voll von fremdsprachigen Menschen, die uns gierig anstarrten. In diesem Trümmerhaufen wussten wir nicht weiter. Ein deutsches Ehepaar sah unsere Ratlosigkeit und sprach uns an. Sie nahmen uns über Nacht in ihre Wohnung mit. Nächsten Tag ging es durch die Trümmer zur Autobahn. Den Kofferinhalt haben wir in einen Sack getan, um nicht aufzufallen, und diesen trugen Vater und ich abwechselnd. An der Autobahn

> *Polnische Miliz wollte uns die Schuhe wegnehmen*

angekommen, hofften wir weiterzukommen. Aber wir hatten kein Glück und mussten in einem zerschossenen Haus die Nacht auf dem Fußboden verbringen. Am zweiten Tag versuchten wir wieder unser Glück. Durch die schlechte Verständigung nahm uns ein Russen-Auto mit, und wir landeten in Landshut statt in Deutschland. Dort zurückgebliebene Deutsche nahmen uns über Nacht auf. Sie sagten, sie helfen gern, da sie auch nicht wüssten, wie lange sie noch da sein dürften. Nächsten Tag mussten wir versuchen, wieder nach Breslau zu kommen. Wir hatten auch Glück, und ein Russe nahm uns für eine Mundharmonika zurück nach Breslau. Er freute sich über dieses kleine Instrument so sehr. Wieder von der Autobahn nahm uns ein Russe nach seiner Bestätigung, nach Deutschland zu fahren, für eine Uhr mit. Er fuhr aber nur bis zur nächsten Ausfahrt und hat uns stehen lassen. Ganz verzweifelt wussten wir nicht weiter. Wir wieder zurück zur Autobahn. Da kam ein Auto und hielt bei uns an. Hohe russische Offiziere fragten uns, was wir auf der Autobahn zu suchen hätten. Wir erklärten ihnen mit Händen und Füßen unser Missgeschick. Sehr böse auf das Benehmen der eigenen Soldaten, hielten sie für uns ein Russen-Auto an und dieses brachte uns bis Sorau in Schlesien. Dort warteten schon mehrere Flüchtlinge auf der Straße.

Plötzlich tauchte polnische Miliz mit roten Armbinden und Gewehren auf. Die sahen uns nur an und sprachen miteinander. Vater verstand sie, sie sagten, dass sie Verstärkung holen würden und uns das sowieso schon armselige Gepäck und die Schuhe von den Füßen nehmen wollten. So flüchteten wir in das nächstgelegene Dorf, das völlig von der Bevölkerung verlassen war. Dort verschanzten wir uns in ein Bauernhaus und schliefen auf Stroh. Nachts haben sie uns überall gesucht und Gott sei Dank nicht gefunden. Sie gingen an den Fenstern vorbei und leuchteten alles ab. Wir wagten nicht zu atmen.

Am Morgen fanden wir auf dem Misthaufen Kartoffeln. Voller Freude über den kostbaren Fund, kochten wir sie auch gleich. Dazu tranken wir Pfefferminztee. Nun hatten wir nach langer Zeit wieder etwas im Magen, denn zu essen bekamen wir nirgendwo etwas. So versuchten wir wieder unser Glück, weiter zur Grenze zu kommen. Kein Auto blieb stehen, denn das Militär hatte den Befehl, niemanden über die Grenze nach Deutschland zu nehmen.

> **Auf dem Weg bekamen wir ein paar kräftige Fußtritte**

Plötzlich sahen wir in der Ferne eine parkende Kolonne russischer Lastautos. Wir nichts wie hin. Aber keiner wollte uns mitnehmen. Wir waren ja vogelfrei ohne jegliche Papiere. Der Russe des letzten Autos hatte nach langem Bitten und Betteln Mitleid mit uns und ließ uns aufsteigen. Er sagte uns aber gleich, sollte es an der Grenze nicht klappen, so kann er nichts dafür, und gab uns die letzte Uhr, die wir ihm für das Mitnehmen gaben, zurück. Wir setzten uns auf den Laster, und

er deckte uns mit einer Plane zu. Nun ging die aufregende Fahrt los. Nach einer Zeit gab der Soldat uns ein Klopfzeichen, dass der kritische Augenblick gekommen ist, wir sind in Forst am Schlagbaum angelangt. Die Kolonne hielt, und die Autos wurden kontrolliert. Die Zöllner gingen an den Autos entlang und riefen „Hallo, ist da jemand?" in deutscher und polnischer Sprache. Unser Herz klopfte zum Zerspringen. In dem Moment fuhr das Auto an und wir waren nach wenigen Sekunden in Deutschland. Der Russe freute sich mit uns über dieses Glück. In der Stadt Cottbus setzte er uns ab. Wir meldeten uns sofort im Flüchtlingslager. Dort sahen wir das große Elend. Frauen und Kinder halb verhungert und verlaust. Für Vater ergab sich die Aussicht, nach Berlin zum Wiederaufbau zu kommen, aber ohne Familie, da keine Wohnmöglichkeit vorhanden war. Wir drei wollten uns auf keinen Fall trennen. So machten wir uns am nächsten Tag auf eigene Faust auf und gingen zum Bahnhof, um nach Jena in Thüringen zu Bekannten zu fahren, die früher einmal in Tost wohnten. Unterwegs bekamen wir ein paar kräftige Fußtritte, da wir vor sechs Uhr die Straße betraten. So standen wir im überfüllten Zug in Richtung Jena. In Halle/Saale blieben

Es gab auch Russen, die Familien gerettet haben

Nicht alle Russen haben Männer, Frauen, Kinder erschlagen, erschossen oder vergewaltigt, sondern es gab auch Russen, die Familien gerettet haben und junge Mädchen vor Vergewaltigungen geschützt haben.

Wir waren eine Familie mit zwölf Kindern, sechs Jungen und sechs Mädchen, alleine mit unserer Mutter und unserer Oma. Auf der Flucht von Neisse, Oberschlesien, ins Sudetenland, Böhmisch-Laipa. Von dort ging es zurück nach Neisse. Hier trafen wir auf polnische und russische Sol-

daten. Die polnischen Soldaten wollten sofort meine Schwestern und Mutter vergewaltigen. Das bekam rein zufällig ein russischer Lagerkommandant mit. Sein Name war Michel Tschaikowsky, ein naher Verwandter des russischen Komponisten. Er rettete die jungen Mädchen und meine Mutter aus den Händen der polnischen Soldaten.

Ab diesem Moment standen wir unter seinem persönlichen Schutz. Er beschützte uns nicht nur, sondern durch ihn bekamen wir auch zu essen. Er war

für uns ein russischer Engel. Es war wie ein Märchen, zu Weihnachten 1945 bekamen wir von dem sehr menschlichen Russen sogar eine Gans, Rotkohl und Klöße. Dem russischen Offizier Michel und seinen Leuten verdanken wir alle, dass wir gesund und ohne körperliche Schäden den Westen erreichen konnten. Warum die russischen Soldaten dies für uns getan haben, bleibt für unsere Familie ein Geheimnis. War es die Menschlichkeit – ganz bestimmt?!?

Helmut Schneider, Münster

wir liegen, da die Lok defekt war. Im Wartesaal übernachteten wir auf dem Fußboden. Nächsten Tag ging es weiter nach Jena. Im Zug sah ich alte Leute vor Erschöpfung sterben. In Jena angekommen, bekamen wir nach langem Hin und Her ein möbliertes Zimmer im Vorort Winzerla bei einem Bauern im ersten Stock. Dort waren zwei alte Betten, ein Tisch, drei Stühle, ein Schrank, ein Ofen, Wasser mussten wir in der Bauernküche holen. Teller, Tassen, Topf, Besteck für drei Personen gab man uns aus Mitleid, da wir ja außer Hunger nichts besaßen. Ich war so mager, dass ich mich hinter einem Besenstiel verstecken konnte.

Aus der Bauernküche stiegen die aromatischen Düfte von gutem Braten, Brot und Kuchen zu uns herauf, und diese herzlosen Geizkragen haben nichts abgegeben. Am Abend in den Betten ließ jeder für sich den Tränen freien Lauf und träumte jede Nacht von einem gefüllten Magen. Von den Trümmern sammelten wir alte Töpfe und verschiedene zerbeulte Gebrauchsgegenstände, um einen neuen Hausstand zu gründen. Es war eine schwere Zeit.

Vater bekam bei den Jenaer Stadtwerken Arbeit. Nach einem Jahr bekamen wir dann eine sehr schöne Wohnung über den Büros der Stadtwerke. Vaters Arbeitskollegen halfen uns, wo es nur ging. Von einem

bekamen wir ein Bett, von anderen einen Tisch, dann Stühle usw. Ich selbst beaufsichtigte halbtags ein Kind bei einem Kolonialwaren-Geschäftsehepaar. Da bekam ich ein paar Kröten und jeden Abend zwei belegte Brote zum Mitnehmen. Die teilte ich dann zu Hause mit den Eltern in drei Teile und so hatten wir zusätzlich etwas auf den hohlen Zahn. Später arbeitete ich in einer Tabakwarengroßhandlung. Ich wurde als eine von 20 Mitarbeitern eingestellt und als letzte entlassen. Der Chef hat mich gleich an eine Druckerei weiterempfohlen. Dort hatte ich das Ausgeben der Drucksachen unter mir und die anderen Mädchen einzuteilen und zu beschäftigen. Nebenbei nahm ich Abendkurse für Steno und Schreibmaschine. Als ich so weit war, bewarb ich mich bei einer bekannten Weltfirma und kam auch an. So hatte ich meinen neuen Arbeitsplatz im 19. Stock in der Abteilung Löhne und Gehälter. Mir gefiel es gut. Langsam ging es uns besser. Gab es mal etwas Nettes zu kaufen, so richteten wir uns die Wohnung nach und nach ein. Dort fand ich liebe neue Arbeitskolleginnen. Nur ich blieb eine Stubenhockerin und hatte an nichts Interesse, denn mit den Jahren meldete sich das Heimweh.

Zu dieser Zeit erfuhren wir dann auch vom Tod meines Bruders, der uns schwer traf. ∎

Im Viehwagen kuschelten wir uns aneinander

Es war Ende Februar 1945, mein kleiner Bruder wurde am 18.01.1945 noch in Penzig geboren. Der älteste Bruder war gerade 14 Jahre alt, dazwischen sind noch sechs Geschwister und ich darunter. Wir mussten Penzig verlassen. Wir waren im Flüchtlingstransport in Richtung Westen, es war ein stinkender Viehwagen, in einer Ecke hatte der Große Stroh zusammengescharrt und wir kuschelten uns aneinander. In Plauen wurde der Zug angehalten und alle mussten raus. Mutti suchte eine Schwesternstation oder Leute, die ihr

Badewasser für ihre kleinen Kinder gaben. Während des Badens von Günther ging auf einmal Fliegeralarm los und Mutti verstaute hektisch ihre Kinder wieder im Kinderwagen und rannte los zum Rest ihrer Kinder.
Dort angekommen, stand ein schwarz gekleideter großer Mann vor Eberhard und forderte ihn auf, im Nebengebäude Aufräumungsarbeiten zu tätigen. Eberhard aber sträubte sich, Mutti hatte ihm den Auftrag erteilt, auf seine Geschwister und Sachen zu achten. Der Mann hob das

Gewehr und richtete es auf Eberhard, da sprang Mutti zwischen das Gewehr und Eberhard – heute sagt man zu diesen Männern Kettenhunde, denn sie hatten auf der Brust so ein silbernes Schild an Ketten befestigt! Bevor diese Angelegenheit eskalierte, trat ein hohes Tier vor und schickte den Kettenhund weg. Meine Mutti und meine Geschwister sind alle gesund nach Auflösung des Flüchtlingstransportes im Allgäu die Strecke zurück nach Neusalza-Spremberg gefahren.

Christine Streckel, Hoyerswerda

Uns wurde gesagt, wir können in ein paar Tagen wieder heim

VON MARTINA RADTKE, GÖTTINGEN

Es war im Jahr 1945. Wir hatten Krieg seit 1.9.1939. Nun wurde es immer schlimmer. Die russische Front war ganz in unserer Nähe. Wir hatten Tag und Nacht Fliegeralarm und hatten große Angst. Anfang März 1945 bekamen wir die Aufforderung, Langendorf/Kr. Gleiwitz so schnell wie möglich zu verlassen.

Wir Kinder waren sehr aufgeregt, als unsere Mutter anfing, die Sachen zu packen. Wir waren fünf Geschwister, zwei Jungen und drei Mädchen. Jeder von uns bekam einen Rucksack, den unsere Mutter einige Tage vorher genäht hatte. Wir packten Unterwäsche, Nachtzeug und Strümpfe ein. Jeder durfte ein Spielzeug mitnehmen. Ich packte meine große Schildkrötpuppe ein. Mutter rollte Federbetten, Decken, Wäsche, Kleidung und Schuhe zusammen. Alles kam in große Säcke. Sparbücher, Papiere, Fotos und andere kleine Sachen kamen in einen großen Koffer. Lebensmittel und Geschirr wurden in den Kinderwagen gepackt. Die letzte Nacht schliefen wir alle in der warmen Küche auf dem Fußboden. Mutter hatte die Matratzen auf die Erde gelegt und wir haben uns alle zusammengekuschelt, da war die Angst nicht so groß.

Am nächsten Morgen mussten wir sehr früh aufstehen. Es war noch stockdunkel. Unsere Sachen wurden auf den Handwagen gepackt. Wir nahmen unsere Rucksäcke auf den Rücken und gingen aus unserer Wohnung. Es wurde keine Tür verschlossen, damit die Soldaten oder andere Leute nicht die Türen kaputt machten, wenn sie in unsere Wohnung gingen. Uns wurde gesagt, wir können in ein paar Tagen wieder heim, dann ist der Krieg vorbei. Die Leute aus dem Dorf waren mit ihren Pferdewagen, Handwagen und Karren auf der Straße. Unser Vermieter stand auch mit dem Pferdewagen auf der Straße. Nur ein paar ältere Leute blieben im Dorf und kümmerten sich um die Tiere, die Kühe mussten gemolken werden, und das ganze Kleinvieh musste gefüttert werden.

Nun setzte sich der Treck in Bewegung. Meine Schwester Adelheid, neun Jahre, und ich, zehn Jahre, zogen den Handwagen, Mutter schob den Kinderwagen. Walter (6) und Luzia (5) durften bei Peikert auf dem Pferdewagen sitzen.

Unsere Flucht ging durch Ziegenhals nach Niklasdorf bis Sandhäbel, Richtung Tschechei. Wir hatten unterwegs große Angst. Es wurde sehr viel geschossen. Langendorf und Ziegenhals lagen ein bisschen tiefer als die anderen Orte, da flogen die Geschosse über uns hinweg in eine Sandgrube im Nachbarort. Wir zogen jedes Mal den Kopf ein, wenn wir ein Zischen hörten, da war das Geschoss aber schon vorbei. In Sandhäbel bekamen wir ein Zimmer, zusammen mit einem älteren Ehepaar, 55–60 Jahre alt. In dem Raum stand ein Bett, ein Tisch, zwei Stühle und ein Ofen. Es war sehr kalt und es lag noch Schnee. Frau Hübscher nahm das Bett und die Stühle in Beschlag. Wir saßen und schliefen auf dem Fußboden im Stroh. Wir waren sehr schüchtern und trauten uns nicht, viel zu sagen, aber wenn wir mal lachten und uns was erzählten, schimpfte Frau Hübscher, wir sollen still sein, es ist Krieg. Jeden Tag hatte die Frau etwas anderes zu meckern. Nach einer Woche konnte unsere Mutter es nicht mehr mit anhören. Wir nahmen unsere Sachen und gingen einfach weg bis Freiwaldau.

Große Sorgen machte sich unsere Mutter um unseren Bruder Helmut, er war 15 Jahre alt. Mutter hatte ihn vor unserer Flucht bei meiner Tante im Nachbar-

> *Meine Schwester Adelheid und ich zogen den Handwagen*

Familienidyll im Krieg.
Rita Mietzke auf dem Schoß ihrer Mutter (o.),
umrahmt von ihrem Vater und Onkel in Uniform.
Und auf der Gartenbank (l.)

Der Arzt hatte gemeint: „Das Kind bekommen Sie nicht mehr durch."

Meine Mutter und meine Großmutter flüchteten mit mir im Januar 1945 aus dem Raum Breslau/Oels in Richtung Tschechei. Meine Mutter weigerte sich – aus einem Instinkt heraus – mit den allgemeinen Zügen nach Norden bzw. Dresden mitzufahren. Wären wir nach Dresden gekommen, hätten wir auch zu den Opfern dieser Bombardierung gehört. Unterwegs quer durch die Tschechei wurde ich schwer krank und war bereits am Sterben. Meine Großmutter, eine tiefgläubige Frau, rief mich im letzten (Lebens-)Moment und ließ nicht locker. So bemühte ich mich plötzlich wieder, doch zu leben, obwohl der Arzt gemeint hatte: „Das Kind bekommen Sie nicht mehr durch." Wir kamen an die bayerische Grenze und in den hintersten Bayerischen Wald. Dort in der wunderbaren Natur kam die Lebensenergie nach einem elenden Jahr plötzlich ganz zurück. Allerdings ging es mir genauso, ich wuchs im Alter von fünf bis sieben Jahren fast nicht, ich überlebte nur. „Des Kind is einfach ned gwachsn", sagten die Einheimischen. Ich bin dann im Westen aufgewachsen, in Bayern und Baden-Württ., war in der Schweiz und habe einen norddeutschen Mann. Die Zeiten wurden besser, man fühlte sich als junger Mensch westdeutsch, aber doch nie so ganz zugehörig, sondern immer als „eigene Rasse". Erst vor ca. zehn Jahren war es mir möglich, überhaupt einmal in Ansätzen und selbst suchend, ein wenig darüber sprechen zu können. *Rita Mietzke*

Sonderbefehl
für die deutsche Bevölkerung der Stadt Bad Salzbrunn einschliesslich Ortsteil Sandberg.

Laut Befehl der Polnischen Regierung wird befohlen:

1. Am 14. Juli 1945 ab 6 bis 9 Uhr wird eine Umsiedlung der deutschen Bevölkerung stattfinden.

2. Die deutsche Bevölkerung wird in das Gebiet westlich des Flusses Neiße umgesiedelt.

3. Jeder Deutsche darf höchstens 20 kg Reisegepäck mitnehmen.

4. Kein Transport (Wagen, Ochsen, Pferde, Kühe usw.) wird erlaubt.

5. Das ganze lebendige und tote Inventar in unbeschädigtem Zustande bleibt als Eigentum der Polnischen Regierung.

6. Die letzte Umsiedlungsfrist läuft am 14. Juli 10 Uhr ab.

7. Nichtausführung des Befehls wird mit schärfsten Strafen verfolgt, einschließlich Waffengebrauch.

8. Auch mit Waffengebrauch wird verhindert Sabotage u. Plünderung.

9. Sammelplatz an der Straße Bhf. Bad Salzbrunn-Adelsbacher Weg in einer Marschkolonne zu 4 Personen. Spitze der Kolonne 20 Meter vor der Ortschaft Adelsbach.

10. Diejenigen Deutschen, die im Besitz der Nichtevakuierungsbescheinigungen sind, dürfen die Wohnung mit ihren Angehörigen in der Zeit von 5 bis 14 Uhr nicht verlassen.

11. Alle Wohnungen in der Stadt müssen offen bleiben, die Wohnungs- und Hausschlüssel müssen nach außen gesteckt werden.

Bad Salzbrunn, 14. Juli 1945, 6 Uhr.

Abschnittskommandant
(-) Zinkowski
Oberstleutnant.

Anweisungen für die Aussiedlung. Sonderbefehl für die deutsche Bevölkerung der Stadt Salzbrunn einschließlich des Ortsteils Sandberg

ort versteckt. Helmut musste im Februar 1945 zu den Soldaten, das mussten alle Jungen ab 15 Jahren. Er bekam Heimweh und ist nach zwei Wochen einfach weggelaufen. Bei uns zu Hause konnte er nicht bleiben, weil er von der SS und der Militärpolizei gesucht wurde. Wenn sie ihn gefunden hätten, wäre er wegen Fahnenflucht hart bestraft oder erschossen worden. Dann wurde auch Gierstorf ausgewiesen und meine Tante kam mit ihren Kindern und meinem Bruder nach Sandhäbel. Unsere Nachbarn wussten, wo wir waren, und schickten Helmut nach Freiwaldau – da haben wir uns wiedergetroffen. Wir wurden öfter von der Militärpolizei kontrolliert. Mutter sagte immer, Helmut ist 14 Jahre, da ließen sie uns in Ruhe.

In Freiwaldau waren wir in einer Schule mit vielen anderen Flüchtlingen untergebracht. Wir schliefen auf dem Fußboden, auf Stroh. Wir waren ganz zufrieden und dachten, ein paar Tage noch, dann ist der Krieg zu Ende und wir können wieder nach Hause. Leider war es nicht

so, und wir mussten nach zwei Wochen weiter, weil andere Flüchtlinge kamen und kein Platz war. Wir gingen zum Bahnhof und fuhren mit dem Zug nach Prag.

In Prag kamen wir wieder mit vielen anderen in ein Sammellager. Es war eine große Schule. Dort blieben wir wieder zwei oder drei Wochen. Für uns Kinder vom Land war es in der Stadt sehr aufregend. Wir sahen zum ersten Mal eine Straßenbahn, die wir gleich ausprobierten. Für eine Krone (= 10 Pfennig) konnte man von einer bis zur anderen Endstation fahren, und das machten wir öfter mal am Tag. Mittagessen bekamen wir aus einer Großküche, die für alle Flüchtlinge jeden Tag kochte. Es gab jeden Tag das gleiche Essen – Graupensuppe mit Fleischwurststückchen darin. Wir konnten keine Graupensuppe mehr sehen. Da fuhren wir öfter in ein großes Kaufhaus, da konnte man auch Mittag essen. Das war nicht sehr teuer, und wir hatten immer Geld zum Bezahlen. Zurück fuhren wir wieder mit der Straßenbahn. Es ging über die Moldaubrücke etwas bergab um eine große Kurve, da fuhr die Bahn immer sehr langsam, da sprangen mein großer Bruder und ich immer ab. Wir machten uns nicht die Mühe, von der nächsten Haltestelle ein Stück zurückzugehen. Natürlich durfte unsere Mutter davon nichts wissen, sonst hätten wir großen Ärger bekommen.

Nach einiger Zeit wollten wir weg aus Prag. Wir wollten nach Bayern. Die Fahrt dauerte eine ganze Woche. Wir hatten dauernd Fliegeralarm und mussten immer wieder aus dem Zug. Wir liefen auf freies Feld oder manchmal auch in den Wald. Wenn wir wieder einsteigen konnten, pfiff die Lokomotive – dann ging es wieder ein paar Kilometer weiter bis zum nächsten Alarm. Endlich hatten wir Schwanendorf in Bayern erreicht. Wir dachten, dass wir am Ziel waren, aber wir durften nicht in dem Bahnhof bleiben. Wir mussten zurück – acht Kilometer – in einen kleinen Ort. In Schwanendorf wurden am Abend drei andere Flüchtlingszüge und zwei Lazarettzüge mit verwundeten Soldaten erwartet, da war für uns kein Platz. Das war unser größtes Glück. In der Nacht war der schlimmste Bombenangriff, den wir je erlebt haben. In Schwanendorf blieb kein Stein auf dem anderen. Wir haben aus der Ferne alles mit angesehen. Die Nacht war taghell von den Christbäumen und Bomben, die vom Himmel fielen. Die ganze Stadt brannte. Aus den Eisenbahnzügen konnten sich fünf Soldaten und eine Familie mit ein paar Kindern retten, alle anderen waren tot. Aus Angst vor weiteren Angriffen sind wir aus dem Zug ausgestiegen und zu Fuß weitergegangen. Wir wollten einfach nach Hause, schlimmer konnte es da auch nicht sein.

> **Wir kamen bis vor Prag – da durften wir nicht weiter**

Wir wollten durch die Tschechei, das war der kürzeste Weg nach Hause. Angst hatten wir auch vor den Tieffliegern, die haben aber meistens nur auf Soldaten und ihre Fahrzeuge geschossen. Wir kamen bis kurz vor Prag, da durften wir nicht weiter. Wir kamen in ein Lager – es war eine große Turnhalle. Da waren schon sehr viele Leute. Wir trafen dort auch zwei Familien aus unserem Dorf, Frau Kluger mit zwei Jungen, Herr und Frau Kessler mit vier Kindern. Wir konnten uns in der Tschechei frei bewegen, in den Ort gehen, einkaufen usw. Die Leute waren freundlich und gaben uns

Süßigkeiten. Aber nur bis zum 8. Mai, da war Waffenstillstand, für uns Deutsche war der Krieg verloren. Die Leute, die uns tags zuvor beschenkten, bewarfen uns nun mit Steinen. Wir durften nicht mehr aus dem Lager und wurden von Tschechen und Russen bewacht. Nach einer Woche wurden jeden Tag 15 Personen aus dem Lager entlassen. Familie Kessler, die Klugers und wir durften das Lager zusammen verlassen.

Wir sollten die Tschechei auf schnellstem Weg verlassen – aber zu Fuß.

Von unserem Vater hatten wir schon lange kein Lebenszeichen erhalten. Er war seit 1940 bei den Soldaten, die letzte Zeit irgendwo in Russland. Wir durften nur eine bestimmte Strecke gehen, also auf vielen Umwegen Richtung Heimat. Unterwegs wurden wir von Russen und Tschechen ausgeplündert. Alles, was gefiel, nahmen sie uns weg – auch meine große Puppe. Meine Mutter nahm sie dem Mann aus der Hand und ließ die

Auch wir haben Sterbende am Straßenrand liegen gesehen. Aber wir durften nicht stehen bleiben

Ich war 6,3 Jahre alt, als die Flucht begann. Mein Vater hatte ein steifes Bein und eine steife Hüfte, er brauchte nicht zum Militär. Der Fluchtwagen, ein großer Planwagen, war schon drei Monate fertig. Ein russischer Kommandant sagte meinem Vater genau, wann er losfahren musste. Die zweite Nacht, gegen 19 Uhr, waren wir auf einem Landgut, in der Früh um vier Uhr raus - weiter, dass wir über die Oder-Neiße-Brücke kamen, denn die wurde um sieben Uhr in der Früh gesprengt. Dann immer weiter, 15-25 Grad minus, zwei Meter Schnee, fünf Pferde hatte mein Vater mit, vier Stück vor dem Wagen, ein Stück zum Wechseln. Ca. 40 Prozent des Weges bin ich gelau-

fen. Hemmschuh unterlegt, später dann die Wagenbremse bedienen. Gesessen habe ich mit meinem Vater auf Hafersäcken - Futter für die Pferde.
Wir hatten einen ca. 62 ha großen Hof. Meine Eltern waren im September 1934 nach Groß-Strelitz bei Oppeln gesiedelt. Einige Tage nach Beginn der Flucht kamen wir in einen Treck. Mein Vater zog mit vier Pferden vorweg am Treck vorbei, ca. drei Kilometer an der Spitze vom Treck standen russische MP, wollten meinen Vater und mich erschießen. Mein Vater sprach etwas auf Russisch, da konnten wir weiterfahren. Zwei Tage später ist der gesamte Treck von Tieffliegern niedergemacht worden.

Auch wir haben Tote und Sterbende am Straßenrand liegen gesehen, aber wir durften nicht stehen bleiben, immer weiter, Angst um ein Nachtlager.
Dann endlich, nach langer Reise, ca. 1500 Kilometer, angelangt im Heimatdorf meiner Eltern. Von Seiten meiner Eltern - auch zwei große Bauern -, dann war der Krieg aus. Für meine Eltern war aber, weil sie ausbezahlt waren, kein Platz - in keinem Haus. Ein Schulfreund meines Vaters, welcher zwei Häuser hatte, gab meinem Vater eins davon zum Ausbauen. Mein Vater ist mit 67 Jahren teils an seelischer Grausamkeit gestorben.

Franz Mues, Kelheim

Lamsdorf – das war ein schreckliches Lager. Da sind viele umgebracht worden

Unsere Vertreibung aus Neisse/Schlesien. Am 10. März 1945 flohen wir drei Geschwister und unsere Mutter in Richtung Sudetenland. Kamen aber nicht weit: bis Mährisch-Schönberg. Einige Zeit Aufenthalt in einer Schule. Dann wieder weiter Richtung Bayern. Doch plötzlich halt: Nichts geht mehr, der Russe ist da. Ich habe dann einen Handwagen organisiert, und unsere Mutter sagte, wir gehen zurück nach Hause. Das war ein großer Fehler. Nachts haben wir uns versteckt vor den Russen, am Tage haben wir gebettelt um Essen. Unterwegs, kurz vor Lamsdorf – das war ein schreckliches Lager, da sind viele umgebracht worden –, da haben sie uns den 15-jährigen Jungen weggenommen, der mit uns zurück nach Hause wollte. Weiter ging es bis kurz vor Glatz, ich musste, da ich die Ältere war (14 Jahre alt), wieder Unterkunft suchen. Unterwegs nahmen mich die Russen mit. Über die Erlebnisse der Zeit möchte ich nicht schreiben. Uns zwei Mädchen und zwei Männern ist es gelungen zu fliehen. Am Tage haben wir uns versteckt und nachts sind wir gewandert. Als ich nach Tagen in Neisse ankam – der Schreck: Die Stadt kaputt, ausgebrannt. Habe meine Mutter und meine Geschwister wiedergefunden. Dann kamen das Leid und die Not bei den Polen.

Im Jahr 1946 wurden wir vertrieben, jeder mit einem Rucksack oder Koffer, mehr durften wir nicht mitnehmen. Angekommen sind wir nach Wochen in Friedland und wurden dann in die Umgebung verteilt. Wir kamen nach Essehof bei Braunschweig. Gewohnt haben wir in der Waschküche neben dem Schweinestall.

Christa Pape, Braunschweig

Im heimatlichen Garten. Christa Pape (r.) mit Mutter Ida, mit Schwester Edeltraut und Bruder Helmut 1944

Puppe auf die Straße fallen. Sie trat ein paar Mal drauf, bis sie ganz kaputt war. Der Mann war sehr wütend, aber er traute sich nicht, meine Mutter anzugreifen.

Frau Kessler wurde von einem Russen ein paar Meter von uns an den Straßenrand gezogen und vergewaltigt. Zwei ihrer kleinen Kinder knieten neben der Mutter im Gras, ihr Mann, die anderen Kinder, die Klugers und wir mussten auf der Straße stehen bleiben und wurden von etwa 15 Tschechen so lange bewacht. In der Zwischenzeit hatten die Tschechen unsere ganzen Sachen auf die Straße geworfen. Als der Russe wieder zurückkam, durften wir ein paar Sachen auf den Wagen laden und schnell weitergehen. Viel mussten wir liegen lassen. Es war sehr schade um die Fotos, die man leider nicht mehr ersetzen konnte. Ich muss noch sagen, dass ich schon seit ein paar Wochen krank war. Ich hatte Gelbsucht und war sehr schwach zum Laufen. Wenn ich wieder umfiel, was öfters geschah, wurde ich auf den Handwagen gesetzt und meine Geschwister zogen mich.

Spät am Abend kamen wir vor eine große Stadt. Wir hatten aber Angst, in die Stadt zu gehen. Es wurde trotz Waffenstillstands noch viel geschossen. Also gingen wir von der Straße auf ein großes Feld. Das Getreide war etwa 10 cm hoch. Da legten wir uns hin und schliefen. Es war sehr kalt. Am anderen Morgen gingen wir in die Stadt. Dort war ein Durchgangslager. Dort durften wir uns zwei Tage ausruhen. Dann brachten uns die Russen mit Lastautos über die Grenze nach Deutschland, irgendwo an die Elbe.

Da kamen wir auf einen Kohlelastkahn. Mit dem Schiff fuhren wir die ganze Nacht. Am nächsten Morgen mussten wir wieder vom Schiff. Wir gingen zum Bahnhof und fuhren mit dem Zug bis Dresden. Dresdner Neustadt war Endstation. Wir gingen vom Bahnhof durch die Trümmer von Dresden zu einem Sammellager – eine Schule, die schon sehr voll belegt war.

Wir kamen in einen Klassenraum, da stand ein einziges Bett. Das bekam ich, ich war durch die Gelbsucht sehr geschwächt und hatte noch ein großes Geschwür am Oberschenkel, das von einem Arzt aufgeschnitten wurde. Einige Leute haben sich aufgeregt, dass ich im Bett liegen durfte, alle anderen auf dem Fußboden. Der Arzt kam jeden Tag und versorgte mein Bein und achtete darauf, dass mir keiner das Bett wegnahm. Als es mir etwas besser ging, schliefen meine beiden kleinen Geschwister mit mir zusammen im Bett.

Die Leute in Dresden waren sehr nett zu uns. Sie holten uns Kinder öfters zum Mittagessen. Ich wurde jeden Tag von der gleichen Familie geholt. Zu meinem Geburtstag am 30. Mai bekam ich von den Leuten eine Tüte Kekse und ein paar Blümchen geschenkt. Ich war sehr glücklich und habe die Kekse mit meinen Geschwistern geteilt. Das war in der Zeit, wo es nichts gab, eine große Freude für uns. Es kamen neue Flüchtlinge, und wir mussten weiter, weil kein Platz für so viele Menschen war. Ein paar Russen kamen mit großen Lastautos. Da mussten wir mit vielen anderen einsteigen und wurden einige Stunden in Richtung Görlitz gefahren. Als die Russen keine Lust mehr hatten, mussten wir wieder aussteigen und zu Fuß weitergehen. Wir waren froh, dass wir wieder laufen konnten. Wir sind während der Fahrt vor Angst bald gestorben, so einen Fahrstil hatten die Soldaten. Wir gingen bis zum Abend und suchten nach einer Schlafgelegenheit. Wir kamen an einen Ort, da war ein großer Park mit einem Schloss. Dort bekamen wir ein großes Zimmer ohne Möbel, die waren von den Russen geplündert und abtransportiert worden. Wir schliefen auf dem Fußboden. Am nächsten Morgen durften wir im Park eine kleine Feuerstelle machen. Unsere Mutter kochte uns Mehlsuppe aus Wasser und Schrot. Wir waren immer hungrig und aßen alles, was wir bekamen. Dann backten wir Kartoffelpuffer für die nächsten zwei Tage und packten alles für unseren weiteren Fußmarsch ein.

Einmal schliefen wir in einer stillgelegten Ziegelei im Brennofen. Wir waren immer froh, wenn wir nachts ein Dach über uns hatten. Unterwegs gingen wir bei den Bauern betteln. Manche gaben uns ein Stück trocken Brot oder andere Mittagessen, das wir aber gleich am Ort essen mussten. Unser großer Bruder tat uns leid, er bekam nicht oft was und traute sich nicht, um etwas zu bitten. Meine Schwester Adelheid und ich

> *Wir wurden einige Stunden in Richtung Görlitz gefahren*

bettelten für alle. Einmal bekamen wir Kartoffelbrei zum Mittag. Meine Schwester steckte schnell eine Hand voll Brei in die Schürzentasche für Helmut, so bekam er auch manchmal etwas vom Mittagessen.

Wir gingen jeden Tag 25–30 Kilometer, dann machten wir Pause. Nächsten Tag ging es wieder weiter. Wir waren am Abend immer todmüde und schliefen überall, wo etwas Platz war. Einmal in einer Schule, im Bücherregal – der Fußboden war schon voll belegt mit anderen Leuten. Am nächsten Morgen konnte ich nicht gerade stehen. Ein andermal in einem Gasthaus in der Gaststube auf Tischen. Meine Mutter saß die ganze Nacht auf einem Stuhl. Nur Helmut lag im Stroh auf dem Fußboden und war am nächsten Morgen voll von Kleiderläusen. Mutter steckte die Kleidung von Helmut in einen großen Topf mit kochendem Wasser, damit die Läuse kaputtgingen.

Endlich kamen wir nach Görlitz. Da blieben wir auch ein paar Tage. Wir bekamen mit anderen Leuten ein Zimmer im „Braunen Hirsch". Dann ging es weiter über die Neiße nach Ludwigsdorf, das ist polnisches Gebiet. Wir blieben ein paar Tage in einem leer stehenden Haus. Dann ging es weiter Richtung Lauban. Leider weiß ich nicht die Namen von den Orten, wo wir durchgegangen sind. Nur an wenige kann ich mich erinnern. Fragen kann ich keinen, meine Mutter und Helmut sind schon einige Jahre tot und meine Schwestern sind jünger und können sich an vieles nicht mehr erinnern. Wir kamen bis Lauban, dann ging es weiter bis Greifenberg. Wir wollten ja immer noch nach Hause – nach Langendorf. Es kamen aber viele Flüchtlinge, die in die andere Richtung gingen. Alle sagten immer wieder, wir sollen nicht nach Hause gehen, es ist dort sehr schlimm. Die Deutschen werden alle weggejagt und zu essen gibt es auch nichts. In Greifenberg musste meine kleine Schwester zum Arzt. Sie hatte ein dickes Geschwür am Kopf, vorn an der Stirn, wo der Mittelscheitel von ihren Zöpfen war. Der Arzt hat das Geschwür ohne Betäubung aufgeschnitten. Es gab nichts zur Betäubung, es war sehr schlimm. Der Arzt hat meiner Mutter gesagt, sie soll eine Wohnung mieten und nicht mit uns weitergehen. Das haben wir dann

" *Wir bekamen mit anderen ein Zimmer im ‚Braunen Hirsch'* "

auch getan. Heidel hatte in den Beinen Wasser. Bis an die Knie waren sie ganz dick, wenn sie irgendwo gegenkam, plazte die Haut, Wasser lief raus, und es bildete sich Schorf. Es dauerte lange, bis es abheilte. Ich war auch krank, meine Mutter sagte, dass ich und Luzia Typhus hatten. Wir hatten in Friedersdorf bei einem kleinen Bauern eine Wohnung bekommten. Dort wohnten wir ab dem 2. September 1945. Luzia wurde am 2. September sechs Jahre alt, darum habe ich mir den Tag gemerkt. Luzia musste noch drei Mal am Kopf geschnitten werden. Es heilte immer wieder zu, wurde ganz dick und war voller Eiter. Von Friedersdorf bis Greifenberg sind es 3–4 Kilometer. Wir setzten Luzia in den Kinderwagen und fuhren zum Arzt. Es war immer sehr schlimm, sie hielt sich am Wagen fest und schrie die halbe Stadt zusammen, wenn wir beim Arzt angekommen waren. Es tat uns allen so leid, wir haben bald mitgeweint, aber Luzia musste doch wieder gesund werden.

Bei Familie Hoberg hatten wir endlich ein gutes Zuhause gefunden. Wir hatten wieder Betten zum Schlafen, auch einen Tisch, Stühle, Geschirr, eben alles, was man im Haushalt braucht. Wir bekamen Kartoffeln, Milch, Mehl, Eier, Gemüse und konnten uns endlich wieder jeden Tag satt essen. Im Januar kam eine polnische Familie – die wollten unsere Wohnung, und wir mussten ausziehen – aber nur 100 Meter weiter in ein kleines altes Haus.

Da wohnte eine alte Frau, die im Bett lag und gepflegt werden musste, und eine junge Frau, die jeden Tag nach Greifenberg zur Arbeit fuhr. Meine Mutter übernahm die Pflege der alten Frau, dafür konnten wir dort wohnen.

Mutter war die einzige Deutsche im Ort, die auch Polnisch sprechen konnte, sie wurde sehr oft von Deutschen oder auch Polen geholt und musste alles übersetzen. Manchmal war es für Mutter nicht leicht, sie musste auch Streit schlichten. Bezahlt wurde Mutter immer mit Lebensmitteln, mal ein Korb Kartoffeln, mal Butter, Eier oder Mehl, auch Brot oder ein Stück Fleisch, so hatten wir immer was zum Essen.

Vorkriegszeiten.
Das Rathaus der
niederschlesischen
Metropole Breslau

Nicht mehr „sein" Breslau, sondern eine polnische Stadt

Für uns Kinder (geb. 1939, 1941) waren die Flucht und Vertreibung kein Thema. Wir lebten unser Leben nach dem Krieg in Seidmannsdorf bei Coburg, in Coburg, in Köln, in Aachen, in Mannheim, in Hamburg, in Oldenburg, wieder in Hamburg, in Hannover und jetzt wieder in Hamburg.

Dieser Wechsel ist für uns heute ganz normal, weil letztlich alles freiwillig geschieht. Mein Vater konnte den unfreiwilligen Verlust der Heimat nach Flucht und Vertreibung ohne Wiederkehr, während er als Soldat fernab im Krieg war, nie überwinden. Erst nachdem wir 1975 zum ersten Mal wieder Breslau besucht hatten und mein Vater endgültig feststellen musste, dass dies nicht mehr „sein" Breslau, sondern das polnische Wroclaw war, kam er zur Ruhe.

R. und D. Ksoll, Hamburg

In den Straßen Dresdens lagen Leichenberge

Auf der Flucht aus Görlitz/Schlesien erzählten Mitreisende meinen Eltern und anderen Leuten in einem Flüchtlingszug, der nach Leipzig fuhr, dass die Russen Frauen nackt ausgezogen hatten und an die Scheunentore der Höfe genagelt hatten, ähnlich wie man das mit Jesus getan hatte. Dann vergewaltigte die ganze Kompanie der Russen diese armen Frauen. Die meisten starben und wurden anschließend auf einen Haufen geworfen. Auf der Fahrt mit dem Zug von Görlitz hielt der Zug öfters auf freier Strecke, um die Menschen in den nahen Wald zu las-

sen, weil russische Jagdflieger den Zug angegriffen hatten. Da der Wald etwa 200 bis 300 Meter von den Gleisen entfernt war, konnten sich sehr viele Flüchtlinge nicht mehr retten. Sie wurden von den Bordwaffen der Flieger auf der vor dem Wald liegenden Wiese zusammengeschossen und starben im Kugelhagel der MGs. Es waren immer zwei russische Flieger beteiligt. Während der eine von vorne anflog und schoss, drehte der zweite herum und kam von hinten. So war ein Entkommen auf der Wiese nicht mehr möglich. Eigentlich war der sicherste Platz immer noch im

Zug, aber das hat vor dem Angriff keiner gewusst. Die Sterbenden und Toten wurden liegen gelassen, keiner konnte ihnen mehr helfen.

Von Leipzig ging ein anderer Zug nach Dresden. Wir kamen einen Tag nach dem großen Bomberangriff auf Dresden dort an. Es qualmte, roch nach verkohltem Fleisch, überall Trümmer. In den Straßen lagen bereits aufgeschichtete Leichenberge mit toten Zivilisten, die alle noch rauchten. Wir konnten später mit dem Zug nach Halle weiterfahren zu Verwandten.

Heinz R. Lange, Bruchköbel

Durch den eisigen Winterwald: Wer zu schwach zum Laufen war, durfte auf dem Fuhrwerk mitfahren. Doch manchmal war genau das zu viel für einen alten Wagen

Als der Russe vor Gleiwitz stand, mussten wir fliehen

VON REINHOLD STANGNER JR., BERLIN

Diesen Brief schrieb Marie Imiella-Stangner an Martha Stangner am 12. November 1945. Sie schildert darin die furchtbaren Ereignisse, die sie auf der Flucht erlebte.

Geliebte Martel!

Die erste Nachricht von unseren lieben Verwandten aus dem einst so schönen Berlin. Habe Deinen Brief mit großer Freude, aber die Augen voller Tränen erhalten. Liebste Martel, auch ich schreibe Dir den Brief mit zitternder Hand, mit fieberndem Herzen und heiße Tränen in den Augen benetzen diesen mit großer Trauer geschriebenen Brief.

Meinen großen Schmerz und bitteres Leid, das mich so hart getroffen hat, will ich Dir jetzt mitteilen: Mein Johann, mein Sohn Rudi, der schwarze, Papas Ebenbild, sowie Mutter weilen nicht mehr in unserer Mitte, sie hat das harte und grausame Schicksal, nämlich der Tod, von unserer Seite gerissen, sie wurden alle totgeschossen in meiner Wohnung. Den Hergang will ich Dir jetzt schildern. Wir wurden am 23. Januar abends 20 Uhr aus Schönwald, Kr. Gleiwitz, evakuiert. Haben am Sonntag noch deutsche Soldaten als Einquartierung bekommen, mussten aber abends schon wieder weg und Montagabend mussten wir dasselbe Los teilen. Es war eine klare und kalte Mondnacht, die Artillerie hat schon geballert von allernächster Nähe, dass einem so bange ums Herz wurde. Mutter ist jedes Mal kreidebleich und sagte immer, wie lange werden wir noch zu leben haben. Sie hat es schon geahnt, die Ärmste. Ihr ganzes Leben war nur Mühe und Arbeit für die Ihren. Da haben wir noch die zweite Nacht gewartet. Mutter war

> **Johann meinte, wir fahren in den Tod, dann kehrten wir um**

noch am Tage bei Anni und Kläri in der Stadt. Anni hat schon alles gepackt gehabt, war reisefertig, hat sich von Kläri unter großem Weinen und Schluchzen verabschiedet und es war das letzte Mal für immer gewesen. Wenn Anni dieses geahnt hätte, was kommt, hätte sie doch Mutter bei sich behalten. Mutter kam dann abends 19 Uhr nach Hause, wir waren schon reisefertig. Mutter hatte ihr Gepäck schon am Tage gepackt gehabt. Und nun sollte es losgehen Richtung Rabitor, dann gingen wir zu unserem Bauern, der sollte die Jungs, die Mutter und das Gepäck mitnehmen. Der Bauer wollte aber nicht – nun, was jetzt: Im Dorfe selbst sind schon die ersten Wagen gerollt; ein wirres Durcheinander gab es, ich kann schon an diese Stunde nicht mehr denken. Johann und ich, wir wollten auf Rädern fahren. Nun mit einem Mal kam die Parole, dass sich die Lage gebessert hat und der Feind sich zurückzieht, da haben wir uns in aller Ruhe schlafen gelegt. Aber am frühen Morgen, o Graus, da fing das große Leid für uns an. Wir mussten nun mit aller Gewalt unsere geliebte Heimat verlassen, denn der Russe stand schon vor Gleiwitz. Jetzt war es aber die allerhöchste Zeit. Die Mutter und die Jungens sind am Dienstag früh um neun Uhr mit dem Bauernwagen mitgefahren. Johann und ich, wir fuhren auf Rädern. Dann ging es bei hartem Frost und vielem Schnee bis Stanitz kurz vor Rauden. Dann hat der Bauer haltgemacht, das Pferd ging nicht mehr weiter, weil es nicht beschlagen war. Da ging Johann ein Quartier besorgen und wir haben da übernachtet. Am nächsten Morgen – war doch so ein kalter Wintermorgen – da sagte der kränkliche Bauer, er mag nicht mehr weiter mit und will nach Hause zurückfahren. Wer eben mitfahren will, der soll mitkommen. Was blieb nun anderes übrig, als auch mitzufahren. Johann und Mutter wollten nicht. Johann meinte, wir fahren in den Tod. Aber dann fasste ich den Entschluss, und wir fuhren nach Hause zurück. Da war alles noch in bester Ordnung. Ja, aber, o Graus, am zweiten Tag nach der Rückkehr, das war am 25. Januar mittags um 12.30 Uhr, kamen die ersten Panzerspitzen von Gleiwitz nach Schönwald rein. Nachher kam gleich die kämpfende Infanterie und unter diese gesellten sich so viele Partisanen in Zivil. Dann kamen große Autos – und in großen Scharen kamen sie zu uns nach hinten. Zum Nachbarn, wo der blinde Mann war, kamen sie zuerst. Wir waren nur in den zwei Häusern geblieben, die anderen in drei Häusern waren geflüchtet. Zu uns kamen ungefähr 60 Russen rein. Sie haben uns gefragt, ob wir Polen oder Deutsche sind. Wir haben gesagt Polen, da haben sie persönlich nichts weiter gemacht;

> *Die Panzerspitzen kamen von Gleiwitz nach Schönwald*

bloß die Möbel haben sie uns alle demoliert, umgeworfen und sämtliche wertvolle Sachen haben sie mitgenommen, von Reinhold und Rudolf die ganzen Sachen. Wir mussten alle in der Küche sitzen. Gerade Heinz und Willi waren draußen und Mutter beim Nachbarn. Dann haben sie weiter alles ausgeräumt. Johann saß mit seiner Pfeife am Ofen, Rudi war anscheinend im Klosett draußen und ich selber musste den Soldaten im Keller leuchten, denn das elektrische Licht sowie Radio war alles kaputt geschlagen. Wo ich dann mit zwei Soldaten im Keller war, wollten sie mich vergewaltigen. Ich entkam aus ihren Händen. Johann hörte mein Schreien von unten, befreite mich und wollte mich dann oben einschließen, lief dann noch in die Küche und sagte zu Hans, ich gehe jetzt zu unserem Bauern runter und sage ihm, dass wir kommen. Unterwegs traf ich dann Mutter, die vom Nachbarn kam. Sie

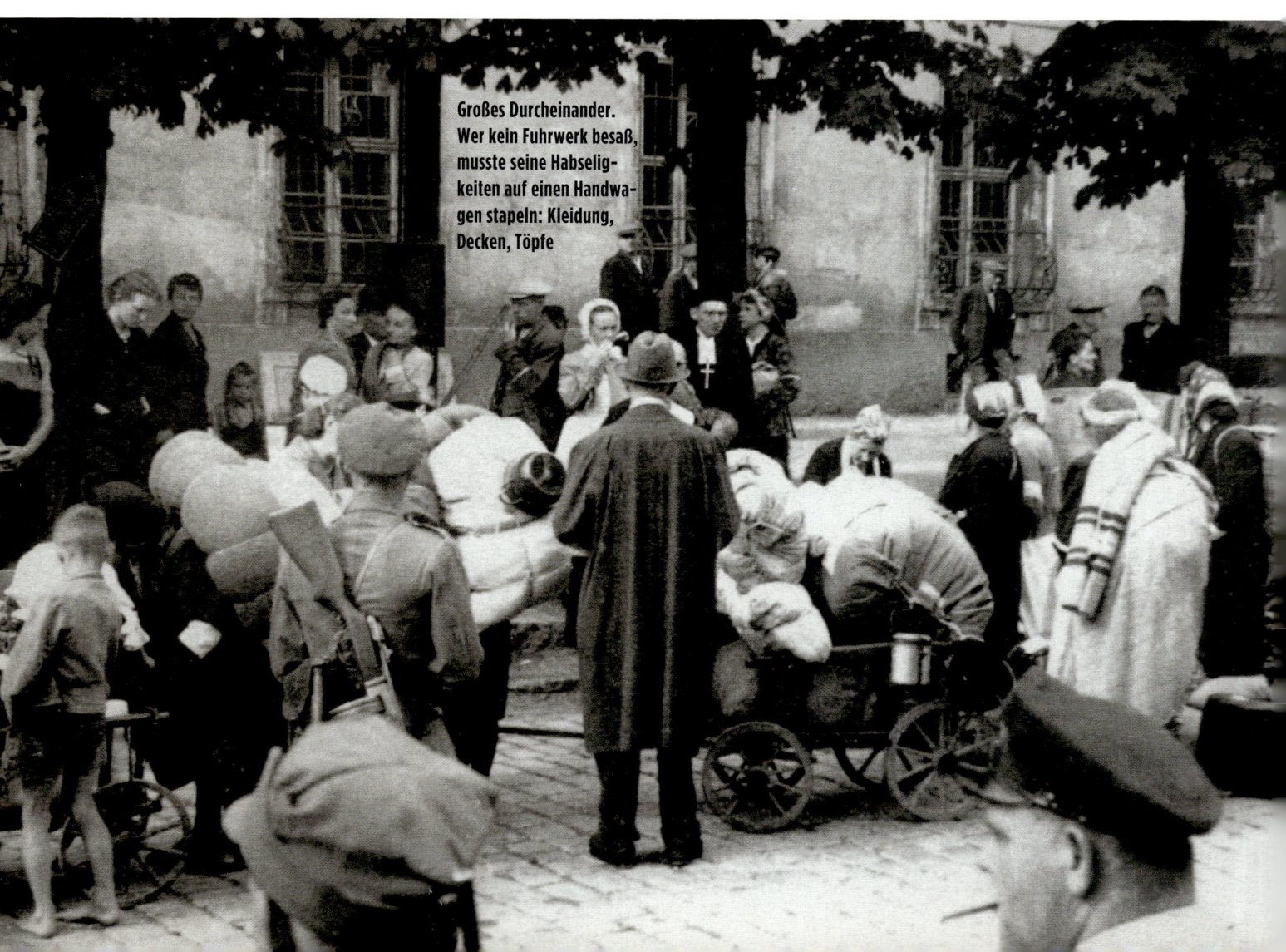

Großes Durcheinander. Wer kein Fuhrwerk besaß, musste seine Habseligkeiten auf einen Handwagen stapeln: Kleidung, Decken, Töpfe

frug mich, wo ich hingehe, ich sagte ihr, zum Bauern runter, bin schnell runtergelaufen. Heinz und Willi waren auch schon dort. Es sind keine zwei Stunden vergangen, wo ich zurücklief. Da habe ich die Nachbarsfamilie schon unterwegs getroffen und die sagten mir, es wären jetzt eben von uns fünf Zivilpartisanen rausgekommen, hätten großes Gepäck gehabt. Zum Nachbarn kamen sie nicht mehr rein. Bin dann mit Windeseile und großer Angst gelaufen, war dann mutterseelenallein da hinten und wo ich dann ins Haus reinkam, standen alle Türen offen, alles demoliert, geplündert und weiter zur Küche, o großer Schreck, o Graus, auf dem Fußboden lang ausgestreckt, auf dem Bauche liegend, Johann und Mutter. Hans fast totgeschlagen, der ganze Hinterkopf mit dem Kolben zerhauen. In der Ecke der junge Nachbar Goletz und ein Mann aus Gleiwitz. Er kam von Warthegau über Troppau, wollte zu seiner Frau und seinen vier Töchtern nach Gleiwitz. Rudi lag im Flur auf dem Kellerdeckel im guten Mantel schon angezogen, wollte mir anscheinend nachlaufen, hat vielleicht das Schreien und das Schießen von drinnen gehört, ist reingelaufen und da wurde er totgeschlagen, denn einen Schuss an ihm hat man nicht gemerkt. Es war ganz blau im Gesicht und hatte die Hände gekrampft sowie die Füße. Diese Mordgesellen haben mit einer Maschinenpistole geschossen, denn die Küche war voller Patronen, alles durchgeschossen, Decke, Büfett, Schränke, was nur war, und das Blut lief vom Hans bis an die Türschwelle. Es war ein schrecklicher Anblick, so viel Leichen von den teuren Lieben zu verlieren. Ich bin vor Schmerz bei den Leichen zusammengebrochen und war mutterseelenallein zu Haus, zufällig kamen keine Russen gerade. Als ich wieder so richtig zur Besinnung kam, musste ich alles stehn und liegen lassen und zusehen, dass ich aus dem Totenhaus kam. Unter großem Weinen und Schreien lief ich zum Bauern zurück, wo meine Jungs waren. ■

An der Schlesiertalsperre vorbei in die Sudeten

Geboren 1934 in Kreisau/Kreis Schweidnitz habe ich auf einem Bauernhof mit zwei Brüdern meine Kindheit und mit Mutter und Oma das Kriegsende erlebt. Als der Kanonendonner kam und Breslau zur Festung erklärt wurde, sind wir am 11.02.1945, zehn Uhr, mit Gespann und Planwagen auf Treck gegangen. An der Schlesiertalsperre vorbei über die Sudeten, Braunau, Königgrätz bis nach Raditschko/Sadska an der Elbe. Hier belegten wir ein leer stehendes kleines Häuschen. Zwei Tage nach Roosevelts Tod gingen wir auf Treck in Richtung Heimat. Es kursierte die Information bei den Tschechen, sie würden abgestraft, wenn sie Reichsdeutschen Unterschlupf gewährt hätten. Da keine Gespanne mehr vorhanden waren, wurden wir von den Tschechen fortgeführt. So sind wir bis Pardubice und in die übervolle Schule einquartiert worden. An einem Samstag kam im Hausfunk der Schule die Meldung, alle Deutschen mit Handgepäck und Dokumenten fertig machen für die Weiterfahrt nach Österreich, mit deutschen Wehrmachtsautos. Ungefähr 60 km vor Brünn ging unser überfülltes Auto kaputt. Der sudetendeutsche Wehrmachtsfahrer hatte uns eines Tages heimlich verlassen. Drei Nächte haben wir hier gestanden und sind nicht müde geworden, die vorbeifahrenden Autos anzurufen: Nehmt uns mit! Am späten Nachmittag russische Musik und Gejohle mit total betrunkenen russischen Soldaten im Panjewagen, die auf unser Auto stürmten. Sie verlangten Uhren, und wer Ringe an der Hand trug, die wurden abgenommen. Unser Dokumentenkoffer vom Vater gepackt, mit Sparkassenbüchern und Hitlerpfadmesser mit Emblem. Einer der betrunkenen russischen Soldaten hatte es in der Hand, brüllte Faschist und wollte auf unsere Mutter einstechen. Wir sind von dem Auto gesprungen und in ein Getreidefeld gerannt. Hier haben wir – Mutter und drei Kinder – frierend die Nacht verbracht. Von hier sind wir in Richtung Österreich getippelt, mit vielen, vielen anderen Deutschen. Mit Zwischenstationen über gesprengte Brücken bis Brünn. Hier kam am nächsten Tag die Parole auf: Alle Deutschen gehen in die Heimat zurück. Ganz schlimm war, dass mit Eintritt der Dämmerung die Vergewaltigungen der jungen Mädchen und Frauen einsetzten. Auf dem Heimweg lagen in den Waldstraßen abgekämpfte, meist ältere Menschen, die uns anflehten: „Nehmt uns mit!" Meine Mutter sagte oft: „Jungs, guckt nicht hin!"

Johannes Schöpe, Waldbardau/Grimma

Viele Soldaten begleiteten die Kolonne auch zu Fuß

VON KLAUS ZABEL, AUGSBURG

Diese Seiten schildern, wie meine Mutter 1945 vor den vorrückenden Russen mit ihrer Mutter und den Geschwistern aus Klapkau/Kr. Lüben flüchten musste. Meine Mutter hatte uns Kindern immer wieder von ihrer Flucht erzählt. Jedes Mal brach sie dabei in Tränen aus und stockte in ihrer Erzählung. Ich habe sie oft gebeten, diese Geschichte doch mal aufzuschreiben, um sie auch für die Urenkel authentisch erzählen zu können.

Nach langem Drängen hatte sie dies dann auch mal getan. In Kurzfassung, handschriftlich und auf zwei Blättern tat sie das im Alter von 76 Jahren. Sie notierte ihr Leben in Stichpunkten. Durch ihre Erzählungen bei unseren Treffen machte ich mich dann daran, ebendiese Stichpunkte zu vervollständigen, um ihr Leben so wiederzugeben, wie sie es schilderte:

Am 28.1.1945, es war gerade Mittag und wir wollten essen. Es war ein kalter und nebeliger Januartag. Bei uns im Ort waren schon die ganze Zeit sehr viele Flüchtlinge von über der Oder angekommen. Zur Oder waren es nur 10 km und alle sagten, die auf dem Vormarsch befindlichen Russen kommen niemals über die Oder. Es krachte immer wieder fürchterlich laut. Schon Tage vorher konnte man bei klarer Nacht das Aufblitzen der Kanonen am Himmel sehen und dann den weit entfernten Donner hören. Auch Flugzeuge hörte man. Im Tiefflug sausten sie Tag und Nacht mit lautem Getöse in Richtung Oder. Wir Kinder im Dorf konnten an diesem Vormittag sogar einen Luftkampf sehen. Mehrere Flugzeuge kurvten und sausten am Himmel hin und

> ❞ *Wir Kinder im Dorf konnten einen Luftkampf sehen* ❞

her. Wir konnten sogar das Hämmern der Maschinengewehre hören. Wir ahnten da noch nicht, dass wir das Hämmern noch öfter hören würden. Bei diesem Luftkampf stürzten drei Flugzeuge ganz in unserer Nähe ab, zwei deutsche und ein russisches! Wir wollten nach dem Essen hinrennen und uns die abgeschossenen Flieger ansehen. Aber es kam anders. Nach dem Essen kamen dann viele deutsche Soldaten durch unseren Ort. Sie führten auch schweres Gerät mit sich. Kettenfahrzeuge, ein paar Panzer und Lastwagen. Einige Laster waren beladen mit Verwundeten, die noch sitzen oder mit Krücken stehen konnten, eng gedrängt klammerten sie sich an den Aufbau, um nicht herunterzufallen. Auf anderen Lastern lagen die Verwundeten im wilden Durcheinander. Manche hatten Binden um den Kopf. Ich konnte deutlich erkennen, dass die Binden mit Blut getränkt waren. Einen konnte ich erkennen, der hatte nur noch ein Bein. Ein dicker vom Blut rot getränkter Klumpen war um seinen Stumpf gewickelt.

Mutter und ich standen am Straßenrand und sahen das Elend an uns vorüberziehen. Viele der Soldaten begleiteten die Kolonne auch zu Fuß. Einer von ihnen kam auf uns zu. Ich hatte Angst und klammerte mich um Mutters Hüfte. Der Soldat stand nun vor uns, er hatte sein Gewehr vorne unter dem Bauch hängen. Auf dem Rücken hatte er einen großen schmutzigen mit Schlamm verdreckten Rucksack. Seine ebenfalls schmutzige Uniform war schon an einigen Stellen zerrissen und wieder geflickt worden. Sein Gesicht war faltig. Seine Augen schienen irgendwie teilnahmslos und müde zu wirken.

Sie waren auf dem Rückzug! Seinen Atem konnte man vor Kälte sehen. Er schrie uns an: „Was macht ihr denn noch hier? Macht, dass ihr fortkommt, der Russe

Die Droschke sollte mit. Ein Flüchtlingstreck aus Schlesien kommt nur langsam voran

Mein jüngster Bruder durfte auf dem Pferdewagen sitzen. Wir mussten laufen, Tag für Tag

Ich habe die Flucht mit fünf Geschwistern und meiner Mutter mitgemacht. Am 25. Januar 1945 morgens um sieben Uhr wurde an die Türen gedonnert, bis zehn Uhr muss alles geräumt sein. Ich bekam einen Schock und stand (13 1/2 Jahre) wie eine Marmorsäule da. Meine Mutter musste uns sechs Kinder, auch mich, anziehen. Mein jüngster Bruder war zwei Jahre, ich die Älteste. Dann ging es los, bei eisiger Kälte und hohem Schnee. Dick angezogen. Mein jüngster Bruder konnte auf dem Pferdewagen sitzen. Wir mussten laufen, Tag für Tag, von früh bis abends. Quartiere auf Stroh, selten was zu essen. Ab und zu gab es mal Betten. Auch bei guten Menschen mal warmes Essen. Einmal hat ein Dorf die Haustüren verschlossen. Da mussten wir bei strömendem Regen zwei Kilometer zurück. Täglich hörten wir Sirenen. So ging es acht Wochen lang. Am 18. oder 28. März waren wir dann in Oberfranken/Kreis Coburg gelandet. Empfangen worden als Zigeuner, geht hin, wo ihr hergekommen seid.

Ich wäre lieber in meiner Heimat als hier, wo wir noch immer nicht richtig zu Hause sind. All dieses Elend, die Millionen Toten. Alles, alles ist furchtbar. So etwas ist nicht wiedergutzumachen. Diese Flucht war ein Schock. Ich komme aus Niederschlesien, aus dem Kreis Glogau.

Waltraud Späth, Werneck

steht schon vor dem Ort!" Mutter: „Der Russe? Aber ... die Oder, der Russe kommt doch nicht über die Oder??" Der Soldat wiederholte: „Mensch, macht, dass ihr fortkommt! Der Russe ist schon längst drüber."

Wir waren unvorbereitet, geschockt. Es hieß ja immer: Der Russe kommt nicht über die Oder.

Nun waren sie da. Das Krachen der Kanonen rückte näher! Mutter stieß mich zur Seite und rannte los. Sie rannte zum Stall und zerrte die Pferde, Karla und Lotte, gleichzeitig in den Hof. Sie schrie mich an: „Schnell, hilf mir, los schnell, Friedel, komm schnell." Ich stand immer noch am Straßenrand und blickte in Richtung Stall. Der Soldat war schon weitergegangen. Ich hörte Mutter, konnte aber nicht begreifen, was passiert war. Erst als Mutter mich noch mal anschrie, rannte ich los und half ihr, die Pferde vor den Karren zu spannen. Wir haben ein paar Sack Hafer, etwas Heu, unsere Betten und etwas Kleidung auf den Wagen geworfen. Wir wollten weg, in Richtung Westen. Den Nachbarn erging es genauso. Es ging alles so schnell. Klaus wurde noch in die Betten eingewickelt, er war gerade mal zwei Monate alt und ich, ich war noch keine 15 Jahre. Ich half einer Nachbarin beim Beladen. Sie sagte: „Warte noch, bitte, wir müssen noch einige wichtige Sachen mitnehmen."

Ich habe ein gutes Herrenfahrrad, sämtliche Papiere, einen Fotoapparat und ein Fernglas auf den Karren gelegt. Mutter war längst schon weg mit meinen Brüdern. Werner, er war elf Jahre, und Klaus. Wir, die Nachbarin

Wir kamen spätnachts in Braunau bei Tante Anna an

und ich, fuhren eine halbe Stunde später weg. Das Krachen der aufschlagenden und fürchterlich explodierenden Granaten wurde immer heftiger und lauter.

Wagen an Wagen, alle begaben sich auf die Flucht. Richtung Liegnitz. Weg von den Russen, vor den Russen her. Die Nachbarin trieb immer wieder die Pferde an, nur so schafften wir es, die Flüchtlinge zu überholen, um Mutter einzuholen und wiederzufinden. Die meisten aus unserem Ort waren unter ihnen.

Es wurde schon dunkel, es krachte immer mehr. Leider waren Mutter und unsere Nachbarn nicht unter denen, die wir überholten. Keine Mutter, kein Werner und kein Klaus! Es wurde dunkel und es schneite. So hatten wir beide uns entschlossen, bei Brauchitschdorf doch in Richtung Kotzenau zu gehen, weil uns die Weiterfahrt nach Liegnitz durch Soldaten verboten wurde. Die Straße nach Liegnitz war verstopft mit Wehrmachtssoldaten, die auf dem Rückzug waren. Abends gesellte sich dann ein junger Mann zu uns – in Zivil, aber man merkte ihm an, dass er wohl heimlich die Wehrmacht verlassen hatte! Fahnenflucht! Fahnenflüchtige wurden mit dem Tod bestraft, sofort erschossen, erbarmungslos. Wenn die den bei uns erwischen, wir wären mit dran! Dieser junge Mann wurde schnell zu einer Last. Er war sehr ängstlich und jammerte sehr viel. Er verschwand dann auch so schnell, wie er auftauchte. Wir kamen spätnachts in Braunau bei Tante Anna an, Vaters Schwester. Wir hatten Hunger und waren völlig durchnässt vom vielen

Der Vater und viele Männer aus der Stadt Beuther

Im Januar hat der Russe unsere Stadt Beuthen in Oberschlesien eingenommen. Es gab Plünderungen, Vergewaltigungen usw. Als es sich auf unser Wohnviertel verlagerte, haben wir unserer Schwester (18 Jahre) und drei weiteren Frauen aus unserem Block ein Versteck eingerichtet in unserer Wohnung. Wir hatten drei Zimmer, sodass wir das eine

Zimmer mit einem gefüllten Kleiderschrank vor der Tür zustellten und dahinter die Frauen, bis nach ein paar Tagen wieder Ruhe eingekehrt war. Das alles haben wir überwunden, aber nachher war alles noch schlimmer. Wir wurden von den Polen vertrieben und wussten nicht, wohin. Der Vater und viele Männer aus der Stadt Beuthen wurden nach

Russland verschleppt, sodass wir mit Mutter und acht Kindern alleinstanden, der Jüngste acht Monate, die Älteste 19 Jahre. Ich war damals 14 Jahre. Um fünf Uhr früh kamen polnische Soldaten an die Wohnungstür und innerhalb von 30 Minuten mussten wir die Wohnung verlassen, wenn nicht, dann zeigte er uns die Pistole. Unten vor der Haustür

Schnee. Tante Anna hatte sich etwas früher und besser auf die Flucht vorbereiten können. Wir beschlossen, unsere Flucht zu dritt fortzusetzen, und zwar nach Seebnitz, zu Mutters Bruder. Gleich in der Früh, nach etwas Essen und in trockenen Kleidern ging es los. Wir hofften, dass Mutter dort sein könnte.

Die Straßen waren immer voller, so viele Menschen auf der Flucht, so viele Menschen in Panik und Angst. Pferde, die nicht mehr die voll bepackten Wagen ziehen konnten, Pferde die vor Erschöpfung zusammenbrachen, wurden ausgespannt. Man überließ sie am Straßenrand ihrem Schicksal. Viele waren schon tot, sie wurden überrollt von zurückweichenden Wehrmachtsfahrzeugen. Soldaten zerrten die Tierkadaver zum Straßenrand. Es waren viele Soldaten und viele Kadaver, sehr viele. Meine Mutter war auch nicht bei ihrem Bruder in Seebnitz. Kein Bruder da, Mutter auch nicht zu finden. Und ich mit der Nachbarin und Tante Anna weiter, weiter nach Bunzlau.

Erst am dritten Tag fanden wir durch Zufall meine Mutter und meine Geschwister wieder, kurz vor Bunzlau. Sie waren inmitten einer endlos erscheinenden Schlange aus Flüchtlingskarren und Soldaten. Die Soldaten wurden in immer größer werdender Anzahl die Begleiter der Flüchtlinge. Wir machten uns gemeinsam auf den Weg nach Bautzen–Dresden. Wir hatten noch Pferde, viele waren unterwegs mit Leiterwagen, voll beladen. Auf dem Rücken schwere Rucksäcke. Das Ziehen und Schieben der Karren war sehr anstrengend, man sah die Qual in den Gesichtern der Leute. Immer

mehr Pferde, die vor Erschöpfung starben, lagen am Straßenrand. Zwischen den Pferdekadavern am Straßenrand sah ich immer mehr tote Menschen, überwiegend alte und schwache Leute. Die wurden einfach dort abgelegt und wenn sie nicht schon tot waren, wurden sie zum Sterben zurückgelassen. Aber auch viele verwundete Soldaten, die einfach nicht mehr weiterkonnten oder weiterwollten. Sie saßen zwischen den Toten. Einer auf einem toten Pferd. Sie warteten auf den Tod. Am Straßenrand standen eine ältere Frau und ein älterer Mann mit zwei kleinen Kindern,

Sie bettelten uns an: „Bitte nehmt uns doch mit, ihr könnt uns doch nicht hierlassen. Bitte, ihr habt doch noch Platz." Es war ein fürchterlicher Anblick. Wir konnten aber niemanden mehr mitnehmen. Wir schafften am Tag so schon nur höchstens 30–40 km. Das passierte uns noch öfter auf unserer Flucht, dass uns Leute aufforderten, sie mitzunehmen. Aber es ging nicht.

Irgendwo nach Bautzen, weit vor Dresden, waren von Weitem Flugzeuge zu sehen, die Soldaten riefen: „Amis, das sind Amis!" Man sah sehr gut den weißen Stern an den Flügeln. Es war auf einem geraden Stück Straße, die von einem kleinen Wäldchen heraus- und nach ca. zwei Kilometern wieder in einen Wald hineinführte. Am Straßenrand standen hin und wieder Büsche und vereinzelt Bäume. Hinter den Büschen und Bäumen waren schneebedeckte Felder und Wiesen zu sehen. Wir haben den Fliegern noch gewinkt, weil wir dachten: Jetzt sind wir in Sicherheit, in Sicherheit vor dem Russen! Viele der Flüchtlinge erzählten uns, was die Russen mit

wurden nach Russland verschleppt

standen schon die Soldaten und bewachten uns. Die ganze Straße wurde evakuiert. Es war die Hermann-Göring-Siedlung. Wir wurden zum Fußmarsch gezwungen, ob alt, krank oder Kind - das war denen egal. An jeder Ecke der Strecke waren zwei Soldaten mit Maschinengewehren. Die Strecke war so vier Kilometer lang, durch die Stadt bis zum

Theaterplatz, wo wir in den Saal verfrachtet wurden. Nachts um 23–24 Uhr wurden wir zum Güterbahnhof getrieben, wo ein Güterzug bereitstand und in diesen Güterwagen wurden wir hineingepresst und die Türen wurden verriegelt. Die alten Güterwagen hatten noch solche Bremshäuschen und darin befanden sich die polnischen Soldaten,

Wachsoldaten. Wir wurden fünf Tage hin und her gefahren und keiner wusste, wohin. Bis wir dann Bautzen erreicht haben und auf die Straße gesetzt worden sind. Meine Mutter und acht Kinder, das kann man sich nicht vorstellen. Hunger, Läuse, Krankheiten und vieles mehr.

Erich Stellmach, Meunashaff

den Deutschen, die zurückgeblieben sind, und denen, die sie eingeholt haben, gemacht haben. Sie vergewaltigten Frauen, Mädchen, Kinder und töteten sie danach. Deshalb waren wir heilfroh, endlich amerikanische Flugzeuge zu sehen. Wir winkten, alle winkten. Die Flieger donnerten von der Seite kommend im Tiefflug über uns hinweg, zogen eine weite Schleife und flogen uns dann von vorne an. Und alle winkten immer noch. Doch dann eröffneten sie das Feuer, sie schossen mit ihren Maschinengewehren auf uns, auf die ganze lange Flüchtlingsschlange. Wir hörten das laute Hämmern der Bordkanonen. Die Ersten, die zur Seite springen konnten, waren die Soldaten. Bis die Menschen von ihren Pferdewagen springen konnten und versuchten, irgendwo an der Seite Schutz zu finden, waren die Flieger schon im Tiefflug über uns hinweggedonnert und flogen weiter. Weg von uns. Sie verschwanden. Sie hinterließen eine Spur der Verwüstung. Viele waren tot. Tote Menschen, tote Pferde. Zerfetzt von den MGs der Flugzeuge. Diese Art von Angriffen wiederholte sich noch mehrmals während unserer Flucht. Wie durch ein Wunder blieben wir verschont. An kleineren Lichtungen, an denen wir vorbeikamen, sah man am Waldrand häufig riesige Mengen an fein säuberlich gestapelten Munitionskisten. Manche Stapel waren so hoch wie ein zweistöckiges Haus und so lang wie drei Häuser. Von der Wehrmacht zurückgelassen? Oder wurden sie für die Verteidigung gegen die vorrückenden Russen hier abgelegt? Wir wussten es nicht. Zuerst dachten wir, dass das Scheunen oder so was waren. Ein Soldat sagte, dass es Munitionskisten seien. Wenn die von den angreifenden Fliegern getroffen worden wären.

Um uns in der Zeit der Flucht am Leben zu erhalten, mussten wir betteln gehen, betteln nach Essen und nach Futter für die Pferde. Klaus brauchte dringend Milch und ein Bad. Er war schon sehr wund. Selten bekamen wir was, oft wurden wir verjagt, beschimpft und sogar bedroht. Während Mutter sich um Futter, um Heu und auch mal um eine Unterkunft für eine Nacht kümmerte, zogen Werner und ich los zum Betteln. Brot und Butter, vielleicht mal etwas Speck. Die Ausbeute

> *Wir waren heilfroh, endlich amerikanische Flugzeuge zu sehen*

war stets mager. Das Rote Kreuz hatte entlang der Flüchtlingsrouten ab und zu eine Suppenküche stehen. Dort wurde Mehlsuppe und trocken Brot verteilt. Es lag auch immer ein Buch aus, in dem alphabetisch eingetragen war, wer wen sucht oder vermisst. So hatten manche ihre Angehörigen wiedergefunden. Manchmal hatte Mutter auch Glück, und wir konnten in einer Scheune übernachten. Wir bekamen zu essen und Klaus konnte gebadet werden. Jetzt waren wir nicht nur vor den Russen auf der Flucht, sondern auch vor den amerikanischen Fliegern. Je mehr wir Richtung Westen fuhren, umso häufiger kamen die amerikanischen Tiefflieger und Bomber. Panikartig versuchten wir dann immer, unter den Bäumen und in den Gräben neben der Straße Schutz zu finden. Die Alten und Schwachen blieben auf den Wägen zurück. Viele starben im Kugelhagel der Flieger. Mutter entschloss sich dann, eine nicht so sehr befahrene Route zu wählen.

Ganz schlimm war es vor Dresden. Wir standen am 13. Februar 1945 auf einer Straße, so etwa 15 km vor Dresden. Es war eine kalte Nacht, es war dunkel, aber klares Wetter. Sterne waren zu sehen, der Mond schien.

Wir hörten ein Brummen, es wurde immer lauter. Gleichzeitig konnte man das Heulen der Sirenen aus Dresden deutlich hören. Es war ein fürchterliches Brummen. Flugzeuge tauchten am Himmel auf. Hunderte von Flugzeugen. Es waren Bomber, die Dresden anflogen. Plötzlich wurde es hell, sehr hell. Mit einem fürchterlichen Pfeifen, das ich niemals vergessen werde, warfen die Bomber ihre todbringende Fracht über Dresden ab. Der Horizont färbte sich in ein flackerndes Rot. Am Himmel über Dresden sah man auch viele sogenannte Tannenbäume. Das waren viele Leuchtkugeln, die im Fall aussahen wie ein beleuchteter Tannenbaum. Sie markierten das Ziel für die nachfolgenden Bomberverbände. Kurz danach stank es nach Rauch und verbranntem Fleisch. Es waren Menschen, die in den Flammen verbrannten und grauenvoll starben. Die Stadt brannte lichterloh. Der Himmel über Dresden war hell erleuchtet. Wir wussten, dass Dresden eine Stadt mit vielen Kulturschätzen und vielen Museen ist. Die Leute

Mein Schwager hatte einen Lkw organisiert

Ende Januar/Anfang Februar 1945. Wir mussten weg. Am besten gleich. Wir begannen sofort zu packen. Niemand war vorbereitet. Niemand wollte es wahrhaben, jeder schob den Gedanken, fliehen zu müssen, weit von sich. Bis zum letzten Augenblick. Bis jetzt. Ich füllte zwei Koffer mit Wäsche, Wäsche für meine Tochter, Kleidung und Schuhe für sie. Seit ich aus Breslau, meiner Stadt, hierhergezogen war, stand meine gute Schweinslederhandtasche wie immer reisebereit. Ich griff nach ihr, stopfte noch persönliche Dokumente, Schmuck und Fotos hinein. Was noch? Hatte ich das Wichtigste mit? Es blieb mir keine Zeit zum Nachdenken, von allen Seiten redete man auf mich ein. Vor allem meine Mutter wurde stündlich nervöser und war in ihrer Ratlosigkeit leider keine praktische Hilfe.

Unterdessen hatte mein Schwager, der in Lamsdorf zurückbleiben und später nachkommen wollte, einen Lkw der örtlichen Molkerei organisiert, in dem sich bereits eine Kiste mit Butter befand. Körbe mit Lebensmitteln, Koffer, Decken, gebündelte Federbetten wurden hastig hineingeschoben. Es war Abend geworden und der Chauffeur drängte zur Abfahrt. Er habe Blut und Wasser geschwitzt, so gestand er uns, als er uns in Waldenburg auslud. Aus Furcht vor russischen Panzern hatte er den wesentlich gefährlicheren Weg über die Berge gewählt. Weiter konnte er uns nun nicht bringen. Von Waldenburg aus versuchten wir mit all unserem Gepäck weiterzukommen. Es war eisig kalt. Die Trecks unterwegs waren überfüllt und konnten uns nicht mitnehmen. Wir sahen zusammengebrochene Fahrzeuge. Leute, die ihre am Boden festgefrorene Habe wegzuzerren versuchten, und Frauen mit Steckkissen im Arm, ihre erfrorenen Babys darin.

Sieben Personen mit Gepäck, das war einfach zu viel. Es blieb uns nichts anderes übrig, als die Gruppe zu verkleinern. Die Schwägerin meiner Schwester samt Haushälterin und drei riesigen Reisekörben versuchten, sich fortan getrennt von uns durchzuschlagen. Auf dem Görlitzer Bahnhof lief mir ein Sanitätsarzt entgegen und bedrängte mich förmlich, mitzukommen. „Ich habe genug Platz für Sie, mit Gepäck und allem. Kommen Sie doch mit mir." „Wohin fahren Sie denn?" „Ich muss meine Verwundeten nach Dresden bringen." Seltsamerweise sträubte sich etwas in mir dagegen, ich lehnte sein Angebot ab und redete mich heraus. Es war der 13. Februar, viele Tage später in Meißen sahen wir die Leichenteile in der Elbe schwimmen. Koffer mit abgerissenen Händen, die die Griffe umklammert hielten, einzelne Arme, Stiefel mit halben Beinen. Das Grauen selbst. Wir waren dem Inferno entkommen, ohne es zu wissen.

Hannelore Kuron Zürcher,
Stein am Rhein/Schweiz

erzählten uns: Wenn ihr in Sicherheit gehen wollt, dann müsst ihr nach Dresden gehen. Das wird bestimmt nicht bombardiert. So wollten wir diesem Rat folgen und uns ebenfalls, wie so viele andere Flüchtlinge, in Sicherheit bringen. Wir wussten, dass die Stadt bereits voll ist, und nun stand die Stadt in Flammen. Der Gestank war unerträglich. Die Bomber hatten Phosphor auf die Stadt geschmissen. Phosphorbomben, die am Boden zerplatzten und alles, was damit in Berührung kam, in Brand setzten. Phosphor brennt auch auf Wasser, kann auch nicht gelöscht werden. Der Himmel leuchtete und flackerte. So viele Flüchtlinge in der Stadt und immer wieder Hunderte von Bombern, die mit einem fürchterlichen und ohrenbetäubenden Brummen über uns nach Dresden flogen, um dort ihre Bomben auf die Stadt zu schmeißen. Auch diese Bomber setzten wieder ihre Leuchtkugeln, die wie beleuchtete Weihnachtsbäume aussahen, über Dresden

ab. Hatten die einen ihre Bomben geschmissen, kamen schon die nächsten geflogen. Das ging die ganze Nacht und am Tag darauf bis ungefähr Mittag so weiter. Wie wir später erfuhren, flogen die Engländer bei Nacht und die Amerikaner am Tag nach Dresden.

Wir sind dann um Dresden herumgefahren und wollten bei Meißen die Elbe überqueren. Deutsche Soldaten, die die Brücke bewachten, wollten uns nicht mehr über die Brücke lassen. Sie hatten den Befehl erhalten, die Brücke auf jeden Fall zu sprengen. Wir hatten das Glück, dass sich in unserem Treck eine Menge Soldaten auf dem Rückzug befanden. Aus diesem Grund warteten die Soldaten noch mit dem Sprengen der Brücke und so konnten wir uns noch durchmogeln. Um schneller über die Brücke zu kommen, hatte der Herr Janke hinter seinem Pferdekarren noch eine Kutsche eines Bekannten gehängt. Dessen Pferde konnten kurz vorher nicht mehr weiter. In der Kutsche saßen

Befehl!

an alle Kreise links der Oder ausschließlich der Festungen Glogau und Breslau.

In allen Dörfern und Städten, die von Frauen und Kindern geräumt werden, bleiben alle Männer an ihrer Arbeit und auf ihrem jeweiligen Posten.

Die Kreisbauernführer und Ortsbauernführer insbesondere haben die Aufgabe, dafür zu sorgen, daß das Vieh weitergefüttert wird.

In der Umgebung auftauchende Feindpanzer berechtigen niemanden dazu, seinen Posten zu verlassen.

Männer, die Frauen und Kinder begleitet haben, kehren unverzüglich in ihre Heimatorte zurück.

Daß wir Frauen und Kinder in Sicherheit bringen, ist nicht gleichbedeutend mit der Aufgabe unserer Gemeinden. Im Gegenteil: weil wir nicht mehr mit der direkten Sorge um unsere Frauen und Kinder belastet sind, werden wir unsere Heimat und damit unsere Angehörigen umso verbissener und entschlossener verteidigen.

Hanke, Gauleiter und Reichsverteidigungskommissar
Festung Breslau, den 27. Januar 1945.

Der Räumungsbefehl vom Januar 1945: Männer sollten zurückbleiben und ihre Familien allein ziehen lassen

Den Befehl riss ich von einer Scheunenwand ab

Ich übersende Ihnen die Farbkopie eines „Befehls" vom 27. Januar 1945, den ich verbotenerweise – denn darauf stand die Todesstrafe, was mir aber damals nicht bewusst war – als 17-Jähriger in Eichberg bei Bunzlau, auf der Zwischenstation auf unserer Flucht aus Breslau, von einer Scheunenwand abriss. Wir – meine Mutter, meine Großeltern und ich – wurden

später in einen „Flüchtlingstreck" (Pferdefuhrwerke) eingegliedert und gen Westen in Marsch gesetzt. Wir erlebten den ersten Angriff auf Dresden als Zuschauer.

Da fast alle Pferde zu erschöpft waren, erreichten wir „diese Nacht" nicht unser Planziel Dresden und nahmen Quartier im Freien oberhalb Dresdens im Gebiet der Dresdener Heide. Was in dieser Nacht wohl unser Glück war!

Trotzdem war das Inferno sicht- und hörbar, so als ob wir mittendrin wären!

Herbert Harazim, Hannover

nun die Oma Janke und Klaus, mein kleiner Bruder. Kurz nach der Brücke mussten wir mehreren, kaum einen Tag alten Bombenkratern ausweichen. Beim Ausweichen eines Kraters kam der Karren von H. Janke zu sehr in Schräglage und die Kutsche löste sich aus der Befestigung. Die Kutsche raste rücklings im Zickzackkurs den Hang in Richtung Elbe hinunter. Ein Soldat, der das sah, reagierte am schnellsten. Er rannte hinterher und konnte einen Knüppel, den er wohl dabeihatte, in die Speichen der Kutsche stecken. Die Räder blockierten und die Kutsche wurde langsamer. Kurz bevor die Kutsche drohte über einen Abgrund in die Elbe zu stürzen, konnte der Soldat die Deichsel greifen und die Kutsche mit Hilfe von anderen herbeigeeilten Soldaten zum Stehen bringen. Klaus und Oma Janke waren gerettet. Wir sind dann weiter über Chemnitz und Zwickau nach Ebersbrunn bei Zwickau. Es war Ende März, bei dem Bauern Möckel hatten wir ein Zimmer. Obwohl wir hart für ihn gearbeitet hatten, bekamen wir keinen Lohn. Hatten aber zu essen und eine Unterkunft. Wir mussten für ihn die Feld- und die Stallarbeit machen. Gleich beim ersten Mal auf dem Feld, beim Kartoffelpflanzen, wurden wir von Tieffliegern angegriffen und beschossen. Da eine Bahnbrücke und eine Böschung in der Nähe waren, hatten wir einen einigermaßen sicheren Unterschlupf. Wir rannten so schnell wir konnten dort hin und versteckten uns an der Bahnunterführung. Diese Angriffe fanden immer häufiger statt. Manchmal rannten wir schon los, obwohl man den Flieger nur hören, aber noch gar nicht sehen konnte. Ein anderes Mal blieben wir und schafften es dann gerade noch so. Da schlugen dann schon die Kugeln kurz hinter uns in die frisch gesetzten Kartoffeln. Komischerweise regte sich keiner mehr auf, nur der Bauer Möckel riss seine Faust immer in den Himmel und drohte dem abziehenden Flugzeug.

Unsere Pferde waren sehr lobenswert, sie waren beide in den letzten Tagen trächtig. Sie haben uns während der langen und sehr strapaziösen Flucht nicht ein einziges Mal im Stich gelassen. Gute Pferde. Nicht einmal der Bauer, für den wir ohne Lohn auf den Feldern schufteten, gab uns Futter für die Pferde.

Die Pferde haben uns auf der Flucht nicht im Stich gelassen

Einmal, während der Flucht nach Bautzen, waren beide Pferde krank. Sie hatten vereiterte und geschwollene Mandeln. Sie bekamen kaum Luft. Ein Tierarzt war nicht vorhanden. Da hat sich Mutter selbst helfen müssen. Zwei Männer rissen den Pferden nacheinander die Mäuler auf und Mutter schnitt mit einem Rasiermesser die vereiterten Mandeln auf. Der Eiter schoss nur so heraus. Die Pferde waren dann auch bald wieder gesund. So war es unser Glück, dass beide Stuten gesunde Fohlen zur Welt brachten. Mutter tauschte erst eins und dann auch das zweite Fohlen gegen Futter ein. Nur so konnten wir die beiden Stuten am Leben erhalten.

Mitte April, nach harten Gefechten um die Städte Schneeberg und Kirchberg bei Zwickau, mit heftigem Kanonenfeuer und vielen Flugzeugen, zogen dann die Amerikaner in Ebersbrunn ein. Wir konnten deutlich das Abschießen und das Einschlagen der Kanonen und Granaten hören. Manchmal etwas näher, ein anderes Mal etwas weiter weg. Aber immer fürchterlich laut. Auch die amerikanischen Tiefflieger, die die deutschen Reihen bombardierten, flogen über uns in Richtung Schneeberg. Die Orte lagen ja auch nur wenige Kilometer von uns entfernt. Dann wurde es ruhig. Man hörte dann nicht einen Schuss mehr. Als der Ami dann zu uns in den Ort kam, gingen wir eigentlich gleich auf die Straße. Die Amis haben Kaugummi und Bonbons an uns Kinder verteilt. Im Anschluss dann trieben die Amis Hunderte von gefangenen deutschen Soldaten durch den Ort. Gefangene, die die Schlacht um Schneeberg und Kirchberg verloren hatten und aufgeben mussten. Zerlumpt und ungepflegt, mit den Händen über den Kopf zusammengefaltet, wurden sie nun durch unseren Ort getrieben. Wie Vieh. Immer wieder stießen die begleitenden amerikanischen Soldaten mit ihren Gewehrspitzen auf die müden und wohl sehr hungrigen deutschen Soldaten ein. Darunter auch viele Verwundete und Schwache. Wie wir später erfuhren, waren die Amis nur deshalb so böse zu den Gefangenen, weil durch die heftige Gegenwehr der Deutschen während des Gefechtes um Schneeberg und Kirchberg noch 16 amerikanische Soldaten gefallen waren.

Aber beide Seiten taten nur ihre Pflicht????? ■

Allerorten Improvisation. Flüchtlinge warten nach ihrer Betreuung im Lager Bebra am Bahnsteig auf eine Transportmöglichkeit

Meine Mutter war mit sieben Kindern unterwegs

Ich selbst habe die Flucht zwei Mal miterlebt. Die erste Flucht war von Seichau-Jauer/Schlesien in Richtung Königgrätz und die zweite Flucht von Seichau in Richtung Görlitz.

Meine Mutter war mit sieben Kindern und einem kleinen Leiterwagen, einem Koffer – denn mehr durften wir nicht mitnehmen – unterwegs. Unterwegs wurden wir von den Russen zurückgejagt. In Königgrätz wurden wir von Männern gehetzt, verprügelt und von den Tschechen wurden wir angespuckt.

Ich war sieben Jahre alt, aber ich kann vieles bis heute nicht vergessen. Wieder zurück nach Seichau/Schlesien, den ganzen Weg per Fuß, kam uns der Russe wieder entgegen – wieder Plünderungen, Frauen wurden vergewaltigt. Es war sehr schrecklich. Im Februar, als man Breslau zerstörte und der Russe immer näher rückte, sind wir das zweite Mal raus. Der Russe kam mit seinen Panzern ins Dorf. Wieder wurden Frauen vergewaltigt, aber das Schlimmste kam noch hinterher, da wurden wir dann von den Polen vertrieben. Frauen wurden in Keller verschleppt und wieder missbraucht. Wir wurden in Richtung Görlitz verjagt, wieder nur mit einem Handwagen und nur das Nötigste durfte darauf. Wir mussten wieder laufen und am Dorfausgang wurde uns das letzte Hab und Gut weggenommen. Einige Bauern im Dorf wurden erschossen, weil sie sich weigerten, das Dorf zu verlassen. In Görlitz wurden wir noch einmal gefilzt, dort nahm man meiner Mutter unsere Geburtsurkunden weg und schmiss sie in die Neiße. Wir haben bis heute keine Geburtsurkunden, denn sie sind nirgends zu finden.

Ich selbst bin heut 69 Jahre alt und habe das Dorf nach 62 Jahren wiedergesehen. Einiges ist noch so, wie ich es kenne, z. B. das Rittergut, auf dem wir wohnten, steht zum Teil noch, aber mit einigen Veränderungen, und das Schloss ist eine Ruine. Es war schon sehr komisch, wieder in diesem Dorf zu stehen nach so vielen Jahren, denn die Erinnerungen kamen wieder. Das Schloss von Graf Manfred von Richthofen war so schön und nun ist alles zerstört.

Manfred Berger, Dresden

Vater kam zum Volkssturm an die Oderfront

Wie es bekannt wurde, dass die Rote Armee an der Reichsgrenze steht, musste mein Vater Ende '44 zum Volkssturm an die Oderfront. Hier in Stangenhain/Kr. Görlitz kamen schon wochenlang Flüchtlingstrecks aus dem Osten vorüber und übernachteten bei uns. Ende Januar '45 lagen meine Großeltern eines Morgens tot im Bett. Meine Mutter meinte, wegen der Aufregung, dass der Sohn an die Front musste. Auch erzählte mir meine Mutter, dass im Februar '45 kurz vor der Flucht, zwischen 13. und 14. Februar '45, der Nachthimmel im Westen Richtung Görlitz hellrot erleuchtet und ein leichtes Grollen zu hören war. Meine Mutter dachte, Görlitz werde bombardiert. Dabei war es Dresden, das 100 km entfernt lag. Zur gleichen Zeit legte zwischen Stangenhain und Karlsdorf die Wehrmacht einen Verteidigungswall, Panzergräben und 8,8-cm-Flak ging in Stellung. Laut Zeitzeugen tobte am 25. Februar 1945 einer der vielen Panzerkämpfe entlang dieser Front. Danach wurden 19 russische und vier abgeschossene deutsche Panzer gezählt. Der Russe wurde 25 km bis Lauban zurückgedrängt und wurde bis kurz vor Kriegsende gehalten. Der Ort Karlsdorf wurde durch diese Kämpfe dem Erdboden gleichgemacht, man sieht heute nur noch Erdhügel. Der Russe brach Mitte April 1945 nördlich von Görlitz bei Penzig über die Neiße in Richtung Bautzen vor. Es gab Männer, die weiter sahen als Parteibefehle und auf eigene Faust ihre Vorbereitungen trafen – so wie Wirtschaftsführer Martin John vom Gut Stangenhain. Er ist einer dieser Männer, die schon einige Tage vor dem Räumungsbefehl taten, was ihnen unvermeidlich erschien. Sie sollten die Treckwagen im Innenhof oder am Hinterhaus beladen. Wenn das die Kreisleitung erfahren hätte, ohne Räumungsbefehl, hätte man wieder abladen müssen. In den Nächten vor der Flucht sah man im Osten schon das Leuchten, Aufblitzen und das Donnern der Granaten. Die Front kam näher.

Am 16. Februar 1945 war es dann so weit, die Kreisleitung gab bekannt, dass um 17 Uhr der Treck zur Abfahrt bereitstehe. Der Treck verließ Stangenhain mit 104 Personen, laut Treckführer Helmut Bräuer. Darunter befanden sich 19 Ausländer, acht Bombenevakuierte, zwölf Personen aus Moys, Görlitz, Schönberg und Hermsdorf. Drei Personen zweigten in Reinholdshain bei Glauchau ab und blieben in Ostdeutschland, eine Person wurde auf der Flucht geboren.

Helmut Schmidt, Creussen

Endlich erreichten wir Dresden. Hier staute sich alles

VON BRIGITTE ROOS, STUTTGART

Es war ein bitterkalter Januar 1945. Wir hatten minus 23 Grad Kälte. Meine Mutter hatte den letzten Hasen geschlachtet. Es war unser letztes Festmahl, denn der Russe stand nur noch 23 km von Heydebreck entfernt. Mein Vater war zum Werkschutz abgeordnet in die Oberschlesischen Hydrierwerke.

Mittags kam mein Vater mit dem Motorrad nach Saarau, Kr. Schweidnitz, und befahl uns, sofort alles zu packen, denn der Russe war schon unmittelbar vor der Stadt. Am Bahnhof angekommen, bot sich uns ein chaotischer Anblick. Es wimmelte von Menschen. Sie standen schon auf Trittbrettern der Waggons und auf dem Dach des letzten Zuges, der noch vor den Russen herauskam.

Fast undenkbar, da noch hineinzukommen. Wir Kinder waren damals sieben und zehn Jahre alt. Irgendwie kam mein Vater in den Zug und zog uns durch ein Abteilfenster hinein. Da saßen wir nun auf den Körben

und Koffern, aber mein Vater musste wieder zurück ins Werk. Die Abteile (Züge) waren ungeheizt und wir froren jämmerlich. Immer wieder wurde angehalten, weil irgendwelche Zugstrecken kaputt waren, und wir wurden umgeleitet. Wenn wir auf die Zugtoilette wollten, mussten wir über einen toten Mann steigen, den man dort hingelegt hatte. Endlich kamen wir nach Dresden. Hier staute sich alles. Züge mit Flüchtlingen (hauptsächlich Frauen, Kinder und alte Menschen) und auch Züge mit schwer verwundeten Soldaten, die von der Ostfront zurückgebracht wurden. Das Rote Kreuz verteilte warme Suppe an den Zügen. Endlich ein paar warme Schlucke nach langer Zeit. Meine Füße spürte ich schon lange nicht mehr, die Kälte war mir egal.

Dann hieß es, alles rein in die Züge und raus aus Dresden. Plötzlich hielt der Zug mitten in einem Waldstück nahe Dresden und wir hörten schon das monotone Brummen der Flugzeuge. Sofort hieß es: „Alle Lichter aus, alles abdunkeln!" Das Brummen ging endlos lange, und wir hatten große Angst! Nach einiger Zeit sahen wir einen sehr hellen Lichtschein – da, wo Dresden lag.

Hier versteckten wir uns von Februar bis März '45

Hinter diesem Loch waren wir mit sechs Mädchen von 15–20 Jahren eingemauert. 6–8 Ziegelsteine konnte man nach innen wegnehmen, wenn es Essen gab. Nachts bekamen wir von unseren Müttern etwas zu essen. Sie mussten sich auch am Tage verstecken. Es war in dem Loch sehr kalt, und wir hatten große Angst. Gewaschen haben wir uns einmal in der Woche, in

einer Schüssel, im selben Wasser. Nachts das Essen hochbringen war sehr schwierig. Filzläuse waren unsere Begleiter. In diesem Versteck waren wir von Februar bis Mai 1945, in dem schlesischen Dörfchen Seedorf an der Oder, 30 km von Breslau entfernt. Breslau war bis Mai Festung und die Russen hatten die deutsche Front überrollt.
Magdalena Wörtendieck, Wallenhorst

Vier Monate lang lebten sechs Mädchen in diesem Loch

Irgendjemand sagte: „Dresden brennt!"

Der Gedanke war schrecklich, denn da waren ja all die Züge mit den Kindern, Frauen, Alten und verwundeten Soldaten. Als es hell wurde, ging die Fahrt weiter Richtung Westen, bis wir schließlich in Passau ankamen. Hier wurden wir nach dem Aussteigen eingeteilt in verschiedene Orte, wo uns ein Zimmer zugewiesen wurde. Ein Bauer mit Pferdefuhrwerk musste eine ganze Ladung mit Flüchtlingen mitnehmen, und mein Bruder und ich saßen ganz oben auf Koffern und Kisten. Wie gesagt, es war minus 23 Grad kalt. Als wir über eine Brücke fuhren, kippte das Fuhrwerk um und wir fielen alle runter. Es war ein Riesengeschrei und dann kann ich mich an nichts mehr erinnern. Irgendwie sind wir dann auf einem Bauernhof angekommen und ein Bauer musste uns ein Zimmer geben. Das Zimmer war ungeheizt und später brachte uns die Bäuerin kalte Milch. Wir haben uns alle drei in das einzige Bett verkrochen, das dastand, und haben bitterlich geweint, aber wir waren froh, dass wir mit dem Leben davongekommen sind.

Von meinem Vater haben wir erfahren, dass er in Gefangenschaft gekommen ist. Er kam dann später frei und hat uns über den Suchdienst gefunden. Er war sehr mager und alt geworden und hat nicht viel gesprochen. Ich bin nun 68 Jahre alt, aber je älter ich werde, desto lebendiger werden die Erinnerungen an diese schreckliche Zeit, und ich hoffe, dass unsere Enkelkinder nie mehr so etwas mitmachen müssen! ■

Die Polen trieben uns über die Autobahn

Familie Rode wurde wie alle Bielauer, die nach der Flucht am 9. Februar 1945 im Mai 1945 wieder zurück nach Bielau getreckt sind, am 28. Juni 1945 durch die Polen über die Autobahn in Richtung Ostzone getrieben. Dieser Treck dauerte etwa eine Woche. In Muskau wurden viele, unter anderem auch Familie Rode, nachdem ihnen alles weggenommen worden war, in die Ostzone getrieben. Einige Bielauer, u.a. auch die Stieglers, wurden von den Polen zur Arbeit interniert. Familie Rode, Mutter Rode und Bruno, sind dann bei Cottbus verhungert aufgefunden worden. Brunos kleine Tochter wurde gerettet und in einem Waisenhaus aufgenommen. Danach lebte sie bei Pflegeeltern. Die Mutter der Kleinen (Rode, Brunos Frau) war im Februar 1945 in Haynau im Krankenhaus und ist von dort nach Westen evakuiert worden. 1950 wurden Tochter und Mutter durch den Kindersuchdienst des Roten Kreuzes wieder zusammengeführt.

Meta Rübeling, Unna

Flucht von Schedlau am 23.1.1945

23.1.	Grottkau	4.3.	Braunsberg
24.	Münsterberg	5.	"
25.	Hemmersdorf 1. Tag	6.	Vohenstrauß
1.2.	Wiesau 2 Tage	7.	Nabenberg d. bischof
	Braunau 3 Tg	8.	"
5.	Jodisch	9.	Pfreimd
7.	Nachod (eine)	12	
8.	Zemer b. Josefstadt	13	Regenstauf
9.	Königsgrätz	14	Hagelstadt
10.	Hoesikeitz	15	Unsbach
11.	Jitschin 3 Tg	16	Vicht
14.	Sobotka	17	Vatersdorf
15.			
16	Auba		
17.	Wedlitz		
18.	Zahorzan 2 Tg		
19			
20	Glaskewitz		
21	Petscherad 2 Tg		
23	Holetid		
24	Tschernitz		
25	"		
26	Golleskau		
27	Liebkowitz		
28	Telsch		
1.3	Tepl		
2	Bruck, Kt Dachau		

Stationen der Flucht des Schedlauer Trecks unter der Leitung von Treckführer Jähnel. Verfasst wurde die Liste von Adolf Sanning, er bewahrte sie auf und nach seinem Tod erhielt die Liste Käthe Klewin

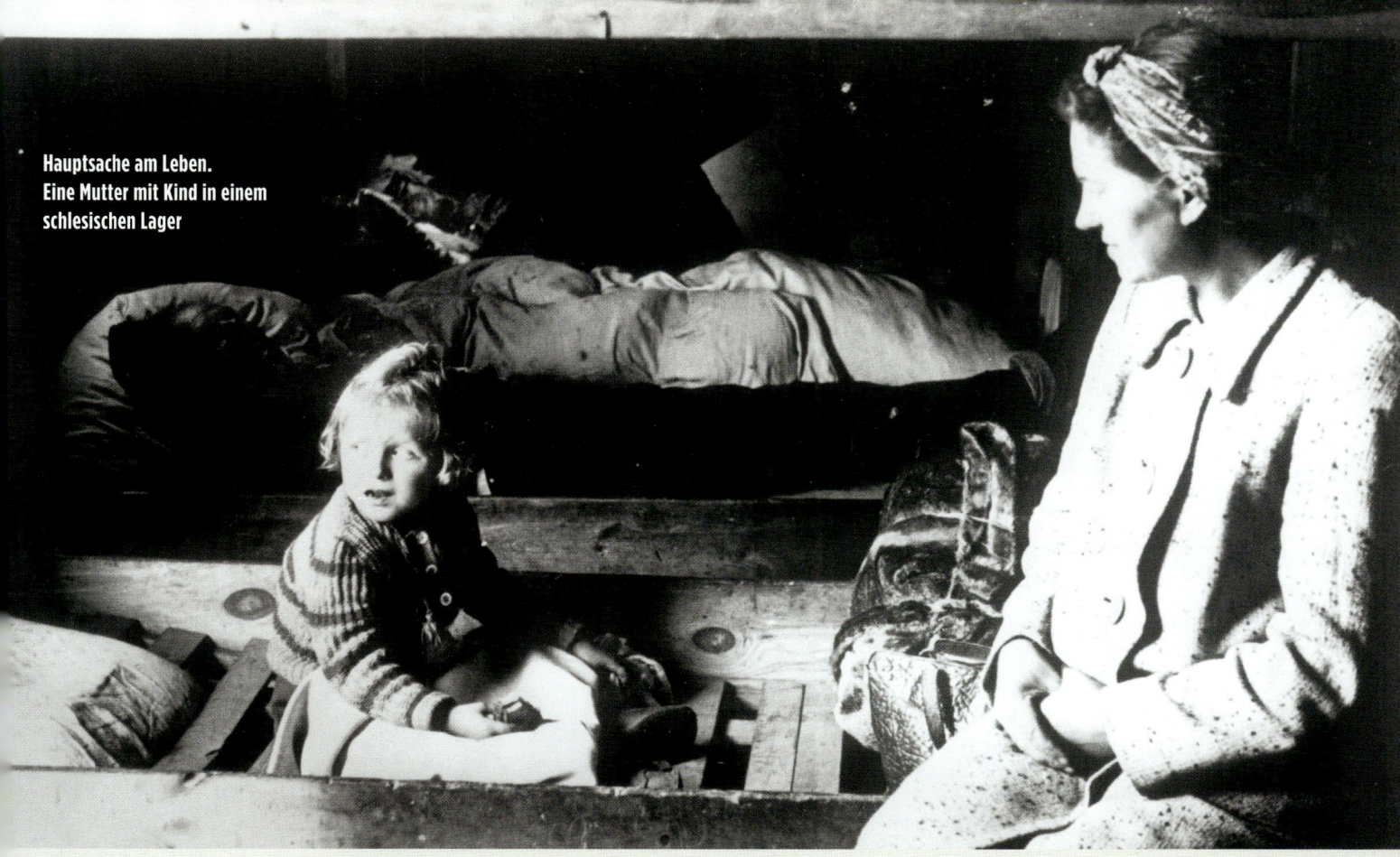

Hauptsache am Leben.
Eine Mutter mit Kind in einem
schlesischen Lager

Schwester Liesbet überlebte den Krieg, Onkel Karl kam im Lager Lamsdorf um

Ich bin 75 Jahre alt, am 29. Februar 1932 in Schedlau, dem heutigen Szydtowiec Sl., geboren. Als sechstes von neun Kindern wuchs ich im Elternhaus einfach und geborgen auf. Meine Jugendzeit wurde am 4. September 1941 durch den Tod meines Vaters jäh beendet. Er war Landwirt, und meine Mutter hatte nun alle Hände voll zu tun mit Haus, Hof, Acker und dem Vieh und uns Kindern.

Ja, am 23. Januar 1945 mussten wir Schedlau verlassen, wie uns allen zumute war, als wir zum Hoftor hinausfuhren, kann und möchte ich nicht beschreiben, all das, was wir zurücklassen mussten. Das Vieh in den Ställen. Und unseren Hund namens Prinz, er hatte sich versteckt. Er war lange Jahre unser treuer, lieber Haus- und Hofhund und liebte alle meine Geschwister. Er bekam unser aller Traurigkeit

zu spüren und wollte weiterhin ein treuer Haus- und Hofhund sein. Und so mussten wir ohne ihn vom Hofe. Wohin? Wohin? Den ersten Tag ging es bis Grottkau. Am anderen Tag ging's weiter bis Münsterberg und am dritten Tag erreichten wir Hemmersdorf. Wir waren nun 100 km zu Fuß gelaufen, immer neben unserem Wagen.

Die Soldaten hatten sich bei uns im Auszugshaus einquartiert und uns sehr viel beim Packen geholfen. Und sie konnten ein paar Betten in kleine Rollen drücken, so hatten Muttel, Gretel, Adolf und unser Jüngster Hans-Günther – sechs Jahre – sich im Wagen gegen die fürchterliche Kälte etwas schützen können. Vor uns im Wagen fuhren Langes mit Frau Klein und ihren drei Kindern. Die Zwillinge, paar Tage waren sie nur geworden, dann sind sie

erfroren. Frau Klein kam aus dem Rheinland wegen der Luftangriffe auf die Städte nach Schedlau, und da mussten auch sie und ihre süßen Kleinen sterben. Warum? Wozu? Und aus Schedlau flüchteten die Kahlerts nach Dresden. Und Hildegard Kahlert schrieb ein oder zwei Tage vor ihrem Tode an Cousin Fritz Kahlert bei der Wehrmacht:
In Dresden kamen um: Hulda Kahlert, die Mutter, eine Schwester der Mutter, Auguste Lehmann. Des Weiteren fanden den Tod: Hermann und Martha Kahlert aus Dresden, die Eltern von Fritz, eine Tante Lena Kahlert und Gerda Kahlert, geb. 14. Juli 1928 in Schedlau. Der Brief ist ein Zeitdokument ohnegleichen, denn die darin erwähnte Schwester Liesbet hat den Krieg überlebt, Onkel Karl kam in Lamsdorf um.

Käthe Klewin, Gehrden

Mit Klopfzeichen machten wir auf uns aufmerksam

VON EDITHA VOGT, SALZHEMMENDORF

Was ich mit zehn Jahren Ende Juli 1944 mit meinen Eltern erlebte, werde ich nun berichten. Mein Vater war auf Heimaturlaub, und wir besuchten ein letztes Mal Verwandte in Leobschütz (Oberschlesien).

Auf der Rückfahrt machten wir einen kurzen Abstecher zu meinem Onkel in Breslau, dem durch den Krieg schon ein Bein amputiert worden war und der im Rollstuhl saß. Plötzlich Fliegeralarm!

Alle aus dem großen Mietshaus flüchteten in den Luftschutzkeller – alle außer dem Onkel. Im Keller waren zig Menschen eingepfercht. Ruckartig gab es fürchterliche Erschütterungen im Gemäuer und dann Totenstille! Nach geraumer Zeit wurde die Kellerwand warm und dann heiß, alle rückten von ihr weg und wir rutschten alle noch enger zusammen. Die Hitze wurde unerträglich und es entstand Atemnot. Entwarnung war noch nicht gegeben und so konnten wir nicht heraus. Auch dass der Hauseingang verschüttet war, ahnten wohl nur die Erwachsenen. Mit Klopfzeichen von innen machten wir auf uns aufmerksam.

Von außen hörten wir dröhnende Geräusche, die immer lauter wurden. Die Kellerwand wurde von beiden Seiten aufgebrochen, sodass ein Loch zum Rauskriechen entstand. Draußen angekommen – Sirengeheul, wirr durcheinanderlaufende, schreiende Menschen, Feuer, Qualm, Dreck und Staub. Wie durch einen Schutzengel begleitet, lief ich mit meinen Eltern ohne Gepäck zum Bahnhof, und wir waren erleichtert, als wir endlich zu Hause ankamen.

Am 22.04.1944 musste mein Vater wieder an die Ostfront. Der Abschied auf dem Hausdorfer Bahnhof war herzzerreißend und ich war unendlich traurig. Seine letzten Nachrichten erhielten wir aus Estland, Lettland, Kurland, Riga und Minsk. Seitdem gilt er als vermisst. Im März 1945 flüchteten wir vor den Russen mit Verwandten im Treck in Richtung Tschechei mit einem Pferdegespann, Planwagen und Handwagen voller Gepäck – Tag und Nacht gelaufen, ohne Schlaf. Nach und nach zerbrachen unsere Handwagen, und so wurde die Habe in den Straßengraben geworfen. Auch die Pferde konnten schon nicht mehr, und so wurde das Gepäck vom Planwagen abgeworfen.

Erinnern kann ich mich noch an einen Bombenangriff in der Stadt Friedland bei Nacht. Hier hieß es nur: Raus aus dem Ort, nichts wie weg! Unsere Pferde bäumten sich kerzengerade auf und sie gingen keinen Schritt mehr weiter. Um uns herum lagen verletzte Menschen, Leichen und Kadaver. Bei ohrenbetäubendem Getöse und unerklärlichem Durcheinander sind wir noch in einem Ziegenstall untergekommen und versteckten uns dort unter Stroh. Todmüde wurden wir von den Mongolen aufgespürt und überrascht. Ein großer russischer Soldat, der fließend Deutsch sprechen konnte, rief uns zu, dass der Krieg zu Ende sei – wir könnten jetzt nach Hause fahren und Kuchen backen. Unter enormen Strapazen, mit einem klapprigen Pferd und Wagen, fuhren wir an viel russischem Militär vorbei in Richtung Heimat. Hier durfte ich zum ersten Mal auf dem Wagen, verkleidet und versteckt, tagelang auf dem Gespann zurückfahren. Auf dem Nachhauseweg hätte es meinen Bruder bald noch das Leben gekostet, weil er sich nicht von seinem Fahrrad trennen wollte. Ein Russe richtete sein Gewehr auf ihn. Meine Mutter

> *Im Mai 1946 wurden wir von den Polen vertrieben*

erkannte sofort die Gefahr, riss ihm das Rad mitsamt dem letzten Gepäck aus der Hand und übergab es freundlich dem Russen.

Bei herrlichem Frühlingswetter ging es zurück, aber alle waren sehr durstig. So trank ich trotz Warnung aus einem Schlickgraben, der umgeben war von Unrat, Dreck und toten Pferden. Todkrank und hinfällig wurde ich zu Hause von den Russen und Polen empfangen, hier ging das Martyrium weiter. In einem kleinen Zimmer, ich den ganzen Körper voll Ausschlag, haben wir mit drei Personen zugebracht. Da kein Arzt zur Hilfe war, betreute mich ein altes Pilzweiblein namens Bieder. Ich bekam von ihr Kräutertees zu trinken, welche sehr bitter schmeckten. So langsam kam ich wieder zu Kräften und auf die Beine. Noch heute habe ich unter dem Virus zu leiden (Gelbsucht-Leberzirrhose).

Mit meiner Mutter, 40 Jahre, und meinem Bruder, 15 Jahre, wurden wir im Mai 1946 von den Polen vertrieben. Es ging von einem Sammelplatz aus zu Fuß über Reußendorf nach Waldenburg. Die Polen begleiteten uns über die Berge mit Fahrrädern und Knüppeln, von denen wir angetrieben wurden. Dort, kurz in einer Schule angekommen, auf dem Fußboden

„Wir müssen doch einen Schutzengel gehabt haben"

genächtigt, registriert, in einen Viehwaggon mit 38 Personen verfrachtet, von außen verschlossen und verplombt, ging es dann in Richtung Westen in das Durchgangslager Friedland bei Göttingen.

Bettelarm und ausgemergelt kamen wir mit Treck und Gummianhänger am 5. Juni 1946 im Kreis Alfeld, im Ort Möllensee an. Von hier aus wurden wir auf einige Familien zwangsweise verteilt. Gern gesehene Bürger waren wir nicht, es hieß, wieder von vorne anfangen, fleißig und sparsam sein.

Wenn ich mit meiner Mutter über das Erlebte sprechen wollte, wich sie mir immer aus. Sie sagte dann immer: „Verdränge alles, so gut du kannst, und denke nicht mehr daran, vergiss alles so schnell wie möglich. Wir können das nicht ändern."

Heute mit 73 Jahren und zunehmendem Alter eilen so manche Kindheitserlebnisse in die unvergessene, geliebte Heimat wehmütig zurück. Alles in allem müssen wir doch einen Schutzengel um uns gehabt haben, dass wir nach all dem Wirrwarr so gut herausgekommen sind.

Wollen wir hoffen, dass das unseren Enkelkindern erspart bleibt. ■

Meine Mutter erhängte sich auf dem Speicher

Wir waren eine glückliche, zufriedene und gut gestellte Familie. Meine Eltern und wir vier Kinder hatten eine Gaststätte an der Hauptstraße in Liebau. Mein Vater musste wie alle in den Krieg ziehen. Meine Mutter war mit uns alleine und betrieb die Wirtschaft zunächst weiter. Bis die Überfälle jeden Tag zunahmen und Ketzereien und Vergewaltigungen. Meine Mutter wurde mehrmals vergewaltigt. Sie ertrug als Christin diese Schande nicht und erhängte sich auf dem Speicher unseres Hauses. Zusätzlich aß sie vorher eine vergiftete Karotte, damit es auch klappte. Aber zuvor ging sie mit uns noch zur kleinen Messe. Von da ab ging es immer schlechter mit uns, bis wir endlich sogar noch vertrieben wurden von unserem Hab und Gut. Als die Polen uns in die Viehwagen ohne Fenster trieben, sollte ich erschossen werden (elternlos), wenn mich meine Tante nicht gerettet hätte. Ich hatte auch keine Schuhe im Winter, denn wir hatten keine Zeit zu packen, wir hatten nur das, was wir am Leibe trugen. Musste man eine Notdurft verrichten, dann nur, wenn der Viehzug hielt, und dann war die Gefahr, erschossen zu werden, denn die Soldaten standen schon mit dem Gewehr im Anschlag draußen. Nach endloser Fahrt fanden wir dann eine Bleibe in Gaimersheim/Obb. Mein Leben und meine ganze Kindheit waren gezeichnet durch die Flucht und den Verlust meiner Eltern. Durch die Vertreibung aus der Heimat – wo mein Leben so schön begann – musste ich in einem Kinderheim aufwachsen.

Maria Karl, Mannheim

Deportation aus der Tschechoslowakei

Dreißig Kilogramm Gepäck und die Erinnerung an die Heimat. Sonst blieb den Sudetendeutschen aus Marienbad nichts. Hier beim Abtransport, der am 25. Januar 1946 begann

Sudetenland • Prag • Brünn

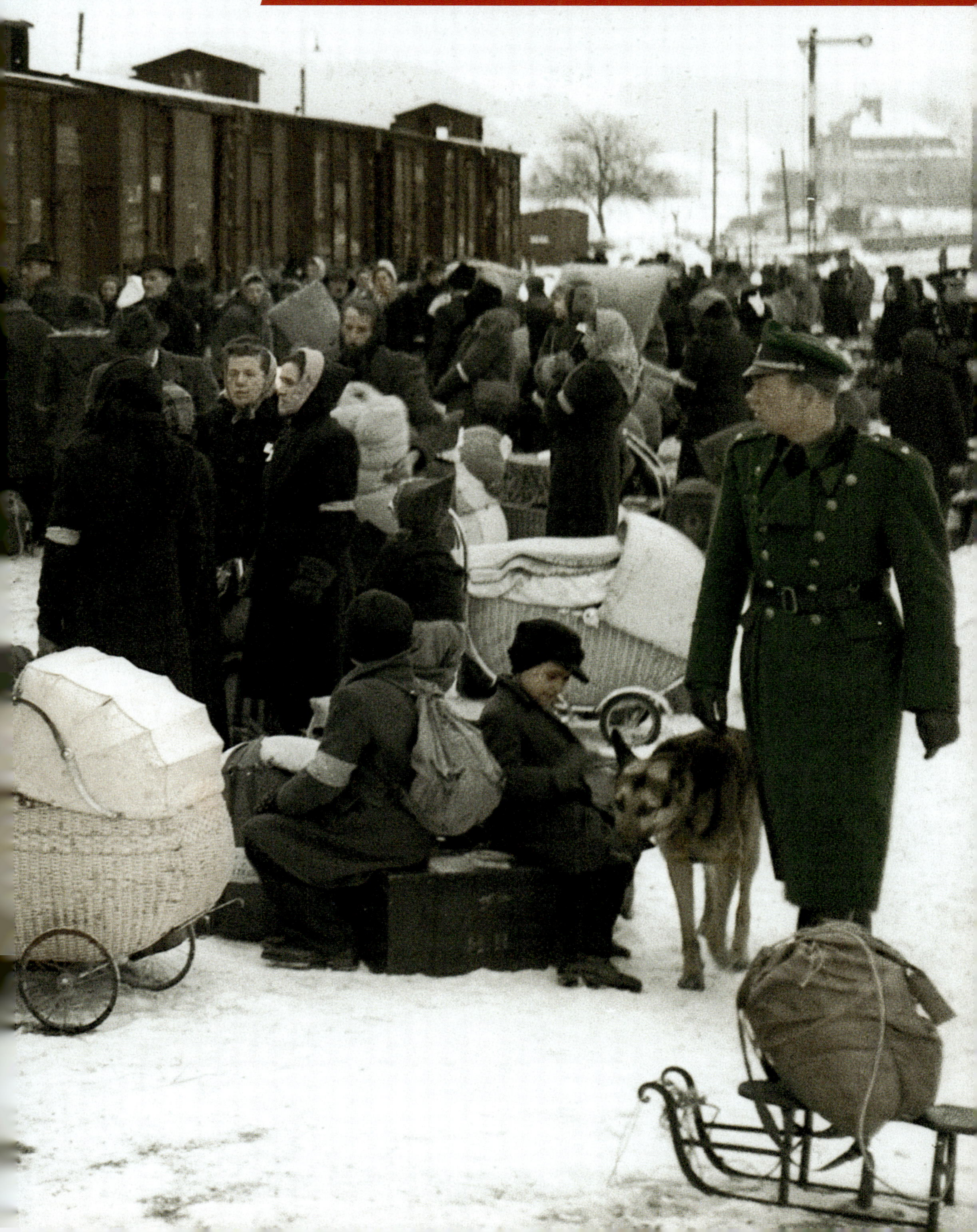

Im Blick – Böhmen und die US-Army

Die Deutschen flohen nur aus den östlichen Teilen des Sudetenlandes vor der Roten Armee. Die allermeisten blieben jedoch in ihrer Heimat und wurden nach Kriegsende ausgetrieben

Die Flucht der Sudetendeutschen und der Bevölkerung aus den deutschen Sprachinseln Böhmens und Mährens begann spät und in sehr begrenztem Umfang. Lange hatte der Durchbruch der Roten Armee durch die Mährische Pforte und der Zugriff auf die Industriegebiete um Mährisch Ostrau in erbitterten Abwehrkämpfen in der Gegend um Ratibor und Schwarzwasser abgewendet werden können. Erst nachdem die sowjetischen Verbände aus dem Raum Oppeln vorstießen und die Wehrmacht an den Nordrand des Altvatergebirges zurückdrängten, kam der Krieg in das Sudetenland. Mit ihm begann die Flucht der dortigen Bevölkerung, die sich allerdings auf den östlichen Teil des Sudetenlandes und Mährens beschränken sollte.

Die Evakuierung aus dem Gebiet, durch das die Flüchtlingsströme aus Schlesien geschleust wurden, hatte schon im Februar mit dem Abtransport der Alten und Mütter mit Kindern begonnen. Etwa 30 000 Menschen aus dem Regierungsbezirk Troppau wurden mit Eisenbahn und Bussen ins „Schönhengstgau" und ins Innviertel verbracht. Als Ende März das Jägerndorfer Land Kampfgebiet wurde, war die Evakuierung der Bevölkerung angeordnet worden. Dennoch wurden viele Sudetendeutsche von den sowjetischen Verbänden überrollt.

Die bäuerliche Bevölkerung hatte ihren Besitz oft nicht verlassen wollen. Das Elend der durchziehenden Flüchtlingstrecks aus Schlesien hatte viele abgeschreckt, es ihnen gleichzutun. Wenn sie das Los der Besatzung glaubten auf sich nehmen zu können, dann auch deshalb, weil die meisten in der Region Tschechisch oder Polnisch als zweite Sprache beherrschten. So befolgten viele Ostsudetenländer nur unter massiver Gewaltandrohung durch das deutsche Militär die Evakuierungsanordnungen der Behörden. Andere wiederum verließen ihre Heimat erst, als das Kampfgeschehen Leib und Leben bedrohte.

Während der Kreis Jägerndorf bis zum Ende des Krieges hart umkämpft bleiben sollte und Troppau erst am 24. April in die Hände der Roten Armee fiel, hatte die deutsche Abwehrfront an der Mährischen Pforte schon seit Ende März nicht mehr gehalten werden können. Nach härtesten Kämpfen nahmen die Sowjets Mitte April das Ostrauer Industriegebiet ein und rückten auf Olmütz vor. Mit der Eisenbahn und mit Omnibussen wurde ein großer Teil der Bevölkerung in Richtung Böhmen und Böhmerwald evakuiert. Die Mehrheit der deutschen Einwohner Brünns hatte sich bereits in eigener Initiative abgesetzt, bevor die Stadt am 24. April fiel. Aus dem Raum Iglau, der größten deutschen Sprachinsel in Mähren, machten sich die Menschen noch Anfang Mai auf und davon.

Die Flüchtlinge, aber auch Abertausende Wehrmachtsangehörige, die aus dem östlichen Sudetenland und aus Mähren nach Westen strömten, hofften auf die Amerikaner, denn die Armee des General Patton war zügig nach Osten vorgestoßen und hatte bereits am

Deutsches Reich in den Grenzen von 1937

DEUTSCHES REICH

Niederschlesien

SCHLESIEN

Oberschlesien

Tetschen
Reichenberg
Haida

Neisse

Teplitz-Schönau

SUDETENLAND

Riesengebirge

Theresienstadt

Trautenau

Altvatergebirge

Karlsbad

Elbe

Kuttenberg

SUDETEN-
LAND

Eger

Schön-
hengst-
gau

Luditz

BÖHMEN

Jägerndorf
Troppau

Marienbad

Prag

Olmütz

Pilsen

1939: Reichsprotektorat

Mährisch-
Ostrau

TSCHECHOSLOWAKEI

MÄHREN

Bergreichenstein

Iglau

Budweis

Brünn

SUDETEN-
LAND

BAYERN

ÖSTERREICH

- - - - - 1938 an das Deutsche Reich

4. April die Besetzung des Egerlands abgeschlossen. Der Weg ins Innere Böhmens war damit frei. Doch der sowjetische Generalstabschef Antonow und der alliierte Oberbefehlshaber Eisenhower vereinbarten ein „kombiniertes Vorgehen", wonach der Vormarsch der Amerikaner an einer Linie Karlsbad – Pilsen – Budweis enden sollte. Vergeblich drängte Patton, nachdem seine Truppen Anfang Mai die Linie erreicht hatten, seinen Oberbefehlshaber, auf Prag zu marschieren.

Da die Rote Armee inzwischen auch aus Sachsen in das Herz Böhmens vorstieß, wurde den Flüchtlingen aus dem Osten der Weg nach Westen abgeschnitten. Abertausende gerieten auch in die blutigen Turbulenzen des tschechischen Aufstands, der Anfang Mai – kurz vor dem Eintreffen der Roten Armee – in Prag losbrach und Orgien der Gewalt gegen die deutschen Einwohner, aber auch gegen die Flüchtlinge, nach sich zog. Letztere wurden dazu gezwungen, in ihre Heimatorte zurückzukehren. Da man ihnen Pferde und Fuhrwerke abnahm und ihnen die Nutzung der Eisenbahnen untersagte, mussten sie die Wegstrecke meist zu Fuß zurücklegen.

Mit dem Ende des Zweiten Weltkrieges begannen die „wilden Austreibungen" der deutschen Bevölkerung, denen teilweise grausame Ausschreitungen, wie das Massaker von Aussig am 31. Juli, vorangegangen waren. Auch die Austreibungen selbst wurden, wie etwa der Brünner Todesmarsch, der am 31. Mai begann, mit brutalster Gewalt durchgeführt und kosteten vielen Flüchtlingen das Leben. Diesen „wilden Austreibungen" folgte 1946 die groß angelegte Entfernung der Deutschen aus der Tschechoslowakei. Zum Einsatz gelangten dabei 1646 Züge und 68 000 Waggons, die über die „Verschubbahnhöfe" Taus und Eger rollten und täglich bis zu 5000 Menschen in die sowjetisch besetzte beziehungsweise amerikanische Zone brachten. Im Jahre 1946 wurden auf diese Weise fast zwei Millionen Deutsche außer Landes geschafft.

Umstritten ist bis heute, wie viele Deutsche bei Flucht und Vertreibung aus dem Gebiet der Tschechoslowakei umgekommen sind. Ihre Zahl schwankt zwischen 225 000 und 23 000 (ohne die ungeklärten Schicksale). Die tatsächliche Zahl der Toten dürfte irgendwo in der Mitte liegen. ■

Die tschechische Miliz brachte uns in ein Lager bei Troppau

VON INGEBORG GREIFENEGGER, AUGSBURG

Mein Name ist Ingeborg Greifenegger (Gückelhorn). Ich wurde am 22. Mai 1933 in Troppau/Sudetenland, dem heutigen Opava, Tschechien, geboren.

Hatte eine sehr schöne Kleinkinderzeit in der Heimat erlebt, bis eines Tages einige Herren erschienen sind und uns, meine Mutter und mich – Vater war im Krieg – aufforderten, Hab und Gut zu verlassen und morgen früh am Bahnhof zu erscheinen. Damit begann unser Leidensweg.

Wir wurden ca. 200 km weg von Troppau aufs Land gebracht. Der Bauer war auch im Krieg, die Bäuerin bewirtschaftete mit ihrem Sohn Hansi, er war ein Jahr jünger als ich, den Hof. Es war eher ein kleinerer Bauernhof in Böhmisch-Liebau, Kreis Sternberg.

Die Russen rückten immer näher, bis sie am Pfingstsonntag das Dorf erreichten. Der Bürgermeister – hatte ein steifes Bein, darum war er nicht an der Front – ließ ausrichten: Alle Frauen mit Kindern, die in der Nähe wohnen, sollen zu ihm in den Keller kommen. Als wir auf dem Weg dorthin waren, flogen uns die Kugeln nur so um die Köpfe. Getroffen wurde, Gott sein Dank, niemand. Nur Hansi und ich sahen furchtbar aus. Wir haben uns in Deckung bei der Scheune gebracht und da schlugen Raketen (Stalinorgel) ein. Das Heu und der Schmutz flogen über uns. Wir waren doch in Feiertagsrobe. Der Braten im Ofenrohr und die Knödel am Herd, aber wir mussten sofort los. Am Nachmittag war der erste Russen-Treck im Hof und hat alles durchsucht: die Wohnung, den Kuhstall, den Pferdestall usw. Im Kartoffelkeller haben sie uns nicht gefunden. Wir waren ca. 25 Personen mit

Kindern. Der Bürgermeister hatte von außen an die Tür alte Bretter angelehnt, sodass man die Kellertür nicht sah. Die Lage wurde immer schlimmer.

Frauen flüchteten in die Kirche, wurden auch dort vergewaltigt, manche auch erstochen und mit dem Schubkarren nach Hause gebracht mit einer großen Blutspur hinterher.

Die Mutter vom Bürgermeister hatte ein kleines Häuschen am Dorfrand mit einem großen Heuboden, in dem sie auch manchmal Frauen versteckte. Auch dieses Versteck wurde entdeckt. Die Russen stachen mit Bajonetten ins Heu und verletzten und vergewaltigten die Frauen – einige starben. Auch Anni (sie war die 14-jährige Tochter des Bürgermeisters) und ich haben uns im Schlafzimmer ihrer Oma versteckt. Wir lagen zwischen den Betten und haben gebetet und die Russen haben uns trotz Durchsuchung nicht entdeckt. Es war eine

> *Die Russen haben uns trotz Durchsuchung nicht entdeckt*

schlimme Zeit, aber es sollte noch grausamer werden. Eines Tages hieß es, wir müssen nach Troppau zurück. Unsere Habe war nur noch ein Sack mit ein paar Kleidern und Schuhen auf einem Kinderwagengestell. So wanderten wir mit noch etlichen Troppauern zurück über Serpentinen und Wälder, schliefen in Scheunen oder ausgeplünderten Bauernhöfen, oft hatten wir nichts zu essen, aber Wasser gab es zum Glück überall.

In Troppau-Gilschwitz angekommen, durften wir nicht mehr in unser Haus. Dort lebten jetzt Tschechen drin. Wir mussten uns beim „Narodny-Vibor“, so eine Art Gemeindehaus, melden. Die Miliz brachte uns schließlich in ein sogenanntes Lager „Tschechisches KZ“. Es waren schon viele Bekannte da. Männer und Frauen wurden getrennt. Ab dem 14. Lebensjahr muss-

Erschöpft und verzweifelt.
Eine Flüchtlingsfrau mit ihrer Habe
ruht sich auf einer Bank aus

ten alle arbeiten gehen, zu den Bauern, in die Fabriken oder Bäume kalken. Ich war die Älteste von den Kindern und musste Kartoffeln schälen, Wasser tragen, putzen, die Kleinen und die Säuglinge betreuen, soweit es überhaupt möglich war. Die meisten starben an Hunger. Eines Tages besuchten einige Damen und Herren das Lager und fragten mich, was wir zu essen bekämen. Ich gab ehrliche Antworten und innerhalb von acht Tagen gab es dann auf einmal Milchpulver, 50 Gramm Butter, ein Döschen Streichwurst und 50 Gramm Ami-Schokolade pro Person und Woche.

Gefoltert wurde viel, egal, ob groß oder klein. Alles, was deutsch war, wurde umgebracht – im Wald hingen Menschen wie Tannenzapfen an den Bäumen. Auf Buben bis zu 3 Jahren haben sie Jagd gemacht, um sie mit der Zunge an die Tischkante oder sonst wohin zu nageln. Da gab es noch allerhand böse Dinge, alles zu schildern, wäre zu lang. Am 11.11.1945 hielt ein Lastwagen vor unserem Lager und lud uns Kinder auf. Wir wussten nicht, wo es hinging. Meine Mutter hat mir eingeschärft, falls ich merkte, dass es nach Osten geht, soll ich verschwinden. Bin sehr selbstständig erzogen worden, weil meine Mutter (nur ein Kind) Kriegsdienst (Post) leisten musste. Darum kannte ich mich in der Gegend gut aus und merkte, dass wir Glück hatten, denn es ging ins „Marianum", so eine Art Kloster mit Kirche. Bin dort im „privaten Kindergarten" gewesen, damit ich zweisprachig (es gab eine deutsche und tschechische Oberin) aufwachse. Da hatten wir 3 x am Tag zu essen, ein warmes Bett, wurden gebadet und eingekleidet.

Weihnachten 1945 verbrachte ich allein, von meiner Mutter kein Lebenszeichen – Vater im Krieg. Aber im Heim war ich beschützt. Silvester 1945. Steffi aus dem Lager durfte ihre kleine Schwester und noch die anderen Kleinen zu ihren Eltern ins Lager bringen. Steffi sagte mir, dass meine Mutter in Komorau in der Bürstenfabrik arbeitet und nicht mehr dem Lager untersteht.

Ich bettelte Steffi so lange, bis sie zur Schwester sagte, ich soll auch mit. Sie willigte notgedrungen, da ich die Gegend gut kannte, ein, und wir besprachen

„Auch auf Buben bis zu drei Jahren haben sie Jagd gemacht"

noch das Notwendige. Den Weg kannte ich so gut, da ich vom Lager aus Mittagessen in Töpfen auf einem Kinderwagengestell zur Bürstenfabrik bringen musste.

Einige Tage ging alles gut, bis mich tschechische Schulkameraden (gingen alle in die deutsche Schule) mit Steinen bewarfen und ich blutüberströmt im Lager ankam. Steffi nahm mich durch die Pforte mit den anderen Kindern mit. Wir machten nur noch für den Morgen einen Zeitpunkt aus.

Ich habe meine Kennzeichen vom Mantel entfernt: Ein schwarzes N auf weißem Grund mit 5 cm Durchmesser (Erwachsene hatten 10 cm). N bedeutete NEMEZ = Deutscher. Es gab auch noch andere Armbinden. Eines auf der Brust, eines auf dem Rücken. So lief ich die 5 km nach Komorau. Russen und Panzer an mir vorbei. Einer fragte mich, wo ich so alleine hingehe. Ich sagte auf Russisch: zu meiner Mutter. Er sagte, dass sie keine gute Mutter ist, weil sie mich allein gehen lässt, obwohl es doch so gefährlich ist. Ich hatte ja meinen Schutzengel im Himmel dabei.

Als ich bei meiner Mutter ankam, fiel sie fast in Ohnmacht. Ihre Chefin durfte nicht wissen, dass ich da war. Noch eine deutsche Frau wohnte mit im Zimmer. Essen war keines da. So schickte mich meine Mutter noch nach Gilschwitz (ca. 3 km) zur Frau Hrivnac, um etwas zu holen. Im Krieg haben wir sie und ihre drei kleinen Kinder mit Obst und Kleidung unterstützt. So ging ich los, Mond und Sterne begleiteten mich. Es lag eine seltsame Atmosphäre in der Luft, in dieser Silvesternacht 1945. Und ich, ein 12-jähriges Mädchen, ganz allein und doch nicht allein auf dieser damals schrecklichen Welt. Russische Panzer und Lastwagen fuhren durch die dunkle Nacht, ich musste mich manchmal im Straßengraben verstecken. Frau Hrivnac packte einen Karton voll guter Sachen ein und freute sich, dass wir noch lebten. So machte ich mich auf den Rückweg. Mutter war in Angst und Sorge um mich, aber es ging alles gut. Es wurde noch ein schöner Silvesterabend, den von uns niemand vergessen wird.

Nächsten Tag traf ich pünktlich mit Steffi und den Kindern im „Marianum" ein. Im Kloster waren wir doch ziemlich sicher, da die Russen und Tschechen nicht reindurften. Im Sommer mussten wir die Heimat verlassen. Meine Mutter und ich wurden in ein Auffanglager gebracht. Es wurde uns der letzte Rest (Sparbücher, Policen usw.) abgenommen.

Morgens ging es zum Westbahnhof (Ostbahnhof war zerbombt). Wir wurden in Viehwaggons geladen und ab ging es ohne Essen und Trinken und mit der Ungewissheit, wohin die Reise ging. Der Transport vor uns ging nach Sibirien. Als wir merkten, dass unser Transport Richtung Prag fuhr, ging ein Aufatmen durch die Waggons, obwohl auf der Fahrt nicht alles reibungslos ablief. In Prag wurde unser Viehtransport beschossen. Abfallsuppe, rohe Kartoffeln, eine Scheibe Brot und Wasser bekamen wir zum Essen. Aber wir überlebten. Wir waren fünf Tage unterwegs, als es in Fürth im Walde über die Grenze ging. In Dachau (ehemaliges KZ) angekommen, wurden wir registriert, entlaust und untersucht, bis wir im Juni 1946 im bayerischen Aichach in der Landwirtschaftsschule ankamen. Später sind wir aufgeteilt worden. Meine Mutter und ich mussten nach Altmünster, in einem kleinen Zimmer begann der Wiederanfang. Endlich konnte ich eine Volksschule (eine andere Schule gab es ja nicht) besuchen – hatte fast zwei Jahre Ausfall.

Arbeit gab es für die „Rucksackdeutschen" auch nicht. Als mein Vater aus der Gefangenschaft heimkam, hatte er kein Interesse für die Familie. Er machte uns nur Vorwürfe, weil wir nichts außer unserer Kleidung, die wir am Körper hatten, und unsere Leben gerettet haben. Meine Eltern wurden geschieden. Als Alleinerziehende bekam sie wenigstens etwas Sozialhilfe. Es reichte hinten und vorne nicht. Als ich die Schule beendete, gab es für mich auch keine Arbeit. ■

Erst viele Jahre später begriffen sie, was damals geschah. Heide Daum mit ihrem Bruder Michael Friedrich im Frühjahr 1945

Ich höre noch ihre verzweifelten Schreie

Meine Mutter war mit uns Kindern (6, 4, 2 Jahre) und unserem Kindermädchen vor den anrückenden sowjetischen Truppen aus Polen in ihre Heimat Sudetenland (Kreis Luditz) evakuiert worden, und wir wohnten in einem für unsere Großeltern vorbereiteten Austragshaus. Mein Vater und mein neun Jahre älterer Bruder waren mittlerweile auch nachgekommen. Eines Nachts – es war Winter – wurde die Haustüre aufgebrochen und mit großem Lärm und Gepolter kamen einige – offensichtlich angetrunkene – russische Soldaten die Treppe zum 1. Stock herauf, wo wir Kleinen mit im elterlichen Schlafzimmer schliefen. Mein Bruder hatte sich im Heu versteckt. Mein Vater wurde gepackt und in die anschließende Bodenkammer gesperrt. Dann wurde meine Mutter vergewaltigt. Ich höre noch ihre verzweifelten Schreie. Meine kleine Schwester hat gebrüllt und ein Soldat hat ihr dauernd eine Waffe vorgehalten, ich selbst habe mich unter der Decke versteckt. Erst viele, viele Jahre später habe ich begriffen, was damals passierte. Leider habe ich mit ihr nie darüber gesprochen. Sie hat mit fast 88 Jahren ihren irdischen Lebensweg beendet.

Heide Daum, Regensburg

Ein Rotarmist verhinderte ihre Erschießung durch die Tschechen. Mutter Stecker mit ihren drei Kindern 1944

Im Handwagen lag mein kleines Schwesterchen

VON HORST STECKER, KASSEL

Die schreckliche Flucht im Herbst 1944. Wir haben Troppau verlassen (heute Opava), das damalige Sudetenland – Grenze Schlesien. Meine Mutter, damals 44 Jahre, mit drei Kindern, Horst, 6 Jahre, Klaus, 5, und Karin, 2 Jahre.

Wir waren ein Jahr lang zu Fuß von Troppau bis Karlsbad-Egerland (in der Nähe Neudorf, heute Nová Ves) – 1000 km – unterwegs. Wir hatten weiter nichts als das, was wir anhatten, und den Schlitten. In Neudorf war vom Krieg nichts und gar nichts zu spüren. Ich werde das Schreckliche, was uns Geschwistern und Mutter während der Flucht passiert ist, erzählen. Wir waren mitten im Krieg in der Stadt Troppau mit zwei Kasernen. Wir wohnten genau neben der Rudolf-Kaserne, Eugenstraße 7. Deutsche sowie Tschechen waren wie Hund und Katze. Wir kannten nur tagein, tagaus die Angst bei jedem Bombenangriff, der Keller war wie unser Heim.

Die Bomben krachten auf den Kasernenhof. Unsere Fensterscheiben gab es nicht mehr – die flogen nach jedem Angriff raus, wir haben alles mit Pappe verschlossen. Vorher konnten wir alles aus dem Fenster beobachten, wie die Bomber ankamen. Vater schrieb, dass wir Troppau sofort verlassen müssen. Er war stationiert in Pilsen als Soldat. Im Herbst 1944 verließen wir Troppa und ließen alles zurück. Im Handwagen lag mein kleines Schwesterchen eingepackt sowie ein Koffer. Mein Bruder und ich trugen einen Rucksack, das war unser Hab und Gut. Nur weg – die Angst vor den Russen, aber die waren schon in der Nähe. Übernachtet haben wir nur in Scheunen und Bahnhöfen, wo dort noch

Waschmöglichkeiten waren. Das Ziel war der Westen und vor den Russen sicher zu sein.

Jetzt begann das, was wir als Kinder nie vergessen werden. Quer durch das deutsche und tschechische Gebiet und wir dachten, sicher weiterzukommen. Aber alles kam anders. Vor Mährisch-Schönberg (heute Sumperk), von dort nach Grulich (Karlike), haben wir eine Unterkunft gefunden, ein leer stehendes kleines Häuschen. Was wir nicht wussten, die Russen waren schon überall. Schlafmöglichkeiten waren große Schubladen und die Badewanne. Nachts kamen die Russen und wollten die Mutter vergewaltigen. Wir haben voller Angst geschrien. Die Russen zogen ab. Am anderen Morgen kamen sie wieder und holten unsere Mutter ab. Sie musste auf einer Wiese für die Russen Wäsche waschen und wurde dabei ausgepeitscht. Viele Russen konnten anders sein, hoch oben in Grulich gab es ein Kloster, da wurden von den Russen Kühe geschlachtet, sie nahmen uns mit zum Essen.

> **Meine Mutter wurde von den Russen ausgepeitscht**

Es ging weiter Richtung Budweis, das war die Hölle. Unterwegs schlossen wir uns einem Treck an, es waren Bauern, die aus Ostpreußen kamen. Vollgepackt die Pferde, konnten kaum noch vorankommen. Alte Mütterchen oben auf den Wagen. Mit eigenen Augen erlebt, dass viele Leblose von den Wagen geworfen wurden, die dann im Graben kurz beerdigt wurden. Am späten Abend, wir waren im Grenzgebiet (Protektorat), wollten uns die Bauern nicht mehr weiter mitnehmen. Es kamen deutsche Soldaten mit ihren Lastern, die nur rauswollten. Ein Munitionswagen sammelte uns auf, es ging weiter in Richtung Budweis. Am Straßenrand und in den Wäldern nur Partisanen. Die schossen aus allen Richtungen. Wir lagen flach im Munitionslaster. Es war schon dunkel. Jetzt kamen auch noch die russischen Kampfflieger und die russischen Panzer. Wir verließen den Munitionswagen und suchten im Graben Schutz. Jetzt begann das, was wir Kinder und Mutter noch nicht gesehen und erlebt haben. Alles flüchtete über Wiesen und Felder. Die russischen Panzer fuhren alles nieder und von oben kamen die Tiefflieger. Man hörte nur Schreie. Die meisten waren sofort tot!

Alles brannte, die Nacht wurde zum Tag gemacht. Plötzlich waren Russen und Tschechen vor Ort. Deutsche Landser, die noch am Leben waren, sowie Flüchtlinge mussten mit erhobenen Händen den Marsch ins Lager Budweis antreten. An den Apfelbäumen hingen viele tote Soldaten, es war grausam, das zu erleben. Wir als Kinder waren voller Angst und erschrocken, mein Gedanke war, die Energien, die in mir waren, nur weiter am Leben zu erhalten. Wir sahen das Lager von Weitem, meine Mutter sagte, da gehen wir nicht mit, und blieben zurück. Wie wir später erfuhren, gab es dort die Trennung von Kindern und Eltern. Kinder wurden abgeschoben nach Russland.

Da wir uns geweigert hatten, gab's nur eins: erschießen. Wir mussten uns auf einen Hügel setzen, unter uns ein tiefer Graben. Unsere Mutter hinten und mein Bruder und Schwester mit mir vorne. Es kam der Tscheche und legte an, unsere Mutter schrie: Erst die Kinder und dann mich. Bevor er losdrücken wollte, kam wie ein Wunder ein Weißrusse und rief so laut, wie er konnte: Stopp – stopp – stopp! Der Tscheche ließ das Gewehr sinken und schaute den Russen verdutzt an. Der Russe sagte zum Tschechen: Geh – geh. Jetzt kam das Wunder, er gab uns Brot und Wasser und sagte, ihr könnt gehen. Alles war wie im Traum und wir irrten ziellos weiter. Das Lager Budweis lag hinter uns, der Weg führte Richtung Stribau.

Als wir am Bahnhof ankamen, sah es aus wie eine Völkerwanderung, alles wartete auf den Zug. Der lange Zug kam, wir wollten auch dabei sein, um ein Stück ohne Gehen weiterzukommen. Es gab ein böses Erwachen! Ein Tscheche schrie, alle Kinder zuerst einsteigen. Die Tschechen konnten alle gut Deutsch. Als das

> *Ein Weißrusse rief so laut er konnte: Stopp, stopp, stopp*

geschehen war, fuhr der lange Zug an. Alle Eltern schrien, es waren ja alles Eltern, die ihre Kinder nie mehr sehen würden. Der Zug hielt durch Befehl eines hohen Tschechen an. Alles, was schnell rauskam, hatte Glück. Meine Mutter holte uns schnell fest an ihre Seite. Nur wenige Sekunden später rollte der Zug, wie wir später erfuhren, Richtung Russland, mit allen Kindern, die es nicht schafften. Das sind heute die Namenlosen, die nach ihren Angehörigen nach über 60 Jahren suchen. Die noch am Bahnhof verbliebenen Kinder wurden in großen Haufen von den Eltern versteckt. Es wurde alles abgesucht. Für ein paar Stunden war Ruhe eingekehrt, heute nennt man es Kindervertreibung, was wir mit eigenen Augen und Schrecken erlebt haben.

Das Ziel war der Westen, wir haben alle an Gott geglaubt, dass er uns weiter beschützt. Viele Landser, die das gleiche Ziel hatten und nicht erreichten, wurden alle vor unseren Augen erschossen. Der Weg Richtung Prag war Mutters Ziel. Bahnhöfe waren unsere Übernachtungen, überall waren so viele Flüchtlinge, die dort Platz suchten. Meine Mutter sprach mit hohen Tschechen, ob wir in den ankommenden Zug einsteigen dürften. Der Tschechen-Oberst sagte zu ihr: Wenn Sie den Bahnhofsplatz von Kot reinigen, sage ich für den nächsten Zug zu. Meine Mutter tat das. Als sie fertig war, kam er mit einer Peitsche und prügelte auf sie ein. So ging es zu Fuß weiter, bis auf einmal ein deutscher Rot-Kreuz-Wagen vor uns auftauchte. Es war sehr dunkel, zur großen Überraschung nahm er uns mit. Wir mussten uns flach auf den Boden legen. Über uns wurden mehrere Decken gelegt. Der Rot-Kreuz-Wagen wurde unterwegs mehrmals kontrolliert, er fuhr uns direkt nach Prag-Hauptbahnhof. Unsere Mutter hatte Hunderte von Reichsmark im Mantel eingenäht. Mit diesem Geld, was noch gültig war, kaufte die Mutter die Karten, um schnell Prag zu verlassen. Jetzt ging es nach Karlsbad. In Karlsbad angekommen, waren wir erstaunt: Hier war vom Krieg nichts zu spüren. Unsere Mutter hatte eine Adresse. Es war Winter geworden, ein strenger Winter 1945. Die bekannte Frau gab uns eine weitere Adresse. Ganz am frühen Morgen sollte es losgehen, es wäre ein Tagesmarsch durch Schnee und Wald nach Neudorf (heute Nová Ves). Es war ein Weg bis zur Erschöpfung. Wir waren ausgehungert, wir wollten nicht mehr. Kurz vor dem Ort war ein steiler Hang, wir standen bis zum Knie im Schnee. Meter für Meter haben wir uns vorangearbeitet, bis Mutter sagte, ich kann nicht mehr. Ich flehte sie an, wir schaffen es. Mutter lag im Schnee und sagte, ich will nicht mehr. Mit letzter Kraft erreichten wir endlich unser Ziel. Es war die Familie Lenz, die uns freundlich auf-

nahm. Es war Heiligabend. Dort blieben wir bis zur Aussiedlung 1946 im Herbst. Das ganze Dorf musste zu Fuß bis ins Lager Tepl bei Eger. Nach ein paar Tagen Lageraufenthalt wurden wir in Viehwaggons gedrängt. Die Fahrt ging in Richtung Hof (Bayern). Da wurden die ersten Waggons abgehängt. Der Rest für Richtung Bad Karlshafen, von dort wurden alle Sudetendeutschen in umliegenden Orten verteilt. Wir sind nach Heisebeck (Oberweser) gebracht worden, mit vielen anderen per Lastwagen.　■

**Deportation aus Marienbad.
Deutsche am Bahnhof der
Stadt kurz vor ihrer Abfahrt
in die amerikanische Zone
im Januar 1946**

Oft endete es mit der Erschießung. Tschechische Partisanen halten öffentlich Gericht über Sudetendeutsche auf dem Marktplatz von Landskron in Ostböhmen

Ich muss aber sagen, es gab auch Tschechen, die uns halfen

VON KARL WAGNER, GROSSPÖSNA

Ich stamme aus dem Böhmerwald. Es war im Jahre 1938 eine völkerrechtlich durch Frankreich, Großbritannien, Italien und Deutschland legitimierte Sprachzählung durchgeführt worden, die ergab, dass zwischen Böhmisch-Eisenstein (Zelesna-Ruda) und Bergreichenstein (Kasperski-Hori) 95 % für Deutsch votierten, da eben dort nur ganz vereinzelt Tschechen wohnten.

Diese Tatsache ließe sich leicht nachweisen, wenn die Herrschenden dies zuließen; man brauchte nur in Kirchenurkunden zu schauen. Aber wer will schon in dieser Welt die Wahrheit anerkennen. Tatsache war aber, dass Masaryk bis 1935 ein Mensch war, der Deutsche und Tschechen im Großen und Ganzen gleich behandelte. Das änderte sich aber, als Benesch ans Ruder kam. Natürlich hatte das auch mit der aggressiven Politik Hitlers zu tun.

In der Benesch-Zeit wurden nun in der Gendarmerie, der Post und Verwaltungen den Deutschen vielfach Tschechen vorgesetzt, die aus dem Tschechischen von außen kamen. Wir hatten in Bergreichenstein eine alteingesessene Tschechin, der wurde, auch nachdem wir Deutschland angegliedert wurden, kein Haar gekrümmt und wir waren bis zu unserer Vertreibung mit 30 kg Habe je Person immer gute Nachbarn.

Wir hatten auch einen Tschechen in der Realschule bis Kriegsende. Niemand kann leugnen, dass vielen Tschechen durch Deutsche großes Unrecht angetan wurde, aber was der tschechische Staat mit uns Volksdeutschen gemacht hat, darf man nicht vergessen: Böhmen, Mähren, Schlesien waren jahrhundertelang Bestandteil des Heiligen Römischen Reiches Deutscher Nation, und in Prag wurde im 14. Jahrhundert die erste deutsche Universität gegründet, in der auch in Tschechisch gelehrt wurde. Das war in vielen Bereichen barbarisch und auch völkerrechtswidrig. Wir mussten auch mit weißen Armbinden rumlaufen mit den Buchstaben „NS", Nemce swine, also Deutsches Schwein. Wenn es um städtische Einsätze wie Schneeschippen und sonstige Gemeindearbeiten ging, ohne Bezahlung, da waren wir Bürger; ansonsten aber waren wir im wahrsten Sinne des Wortes „vogelfrei". Jeder Tscheche konnte uns alles wegnehmen, was er wollte, und wehe, man wehrte sich. Und die Gier, einem etwas wegzunehmen, war von den meisten Tschechen groß. Und das alles geschah, da war der Krieg schon monatelang aus. Ich muss aber auch sagen, es gab auch Tschechen, die halfen uns.

Die erbärmlichste Lüge an uns leistete sich aber die UNO selbst, die uns Ende Juli 1946, als uns die Tschechen in geschlossenen Zugwaggons nach Bayern mit je 30 kg Gepäck verfrachteten, mit Flüchtlingspässen ausstattete, obwohl die doch haargenau wussten, dass wir nicht freiwillig geflüchtet, sondern vertrieben wurden.

Dass es bei den Tschechen nur um unser Land und sonstiges Eigentum ging, kann man daran erkennen, dass sie meinem Vater, der genauso gut tschechisch wie deutsch sprach, er war im 1. Weltkrieg von 1914 bis 1918 in einem tschechischen Regiment, den Vorschlag machten, er könne in der Tschechei bleiben, müsste aber in das Innere ziehen. Als mein Vater fragte: Geben Sie mir denn dann mein Eigentum wieder wie Kühe, Möbel, Land usw., sagten sie nein. Da sagte mein Vater: Nun, wenn das so ist, da kann ich mich auch mit 30 kg Habe vertreiben lassen. Ja, so sind eben die Fakten in dieser so honorigen Weltgesellschaft. „Geld, Besitz, Einfluss und Macht" regieren die Welt. ■

„Frau Daniels, hier sind fünf Kinder aus dem Sudetenland"

VON LENI KREBS, KREFELD

In dem Kriegsjahr 1942 wurden die kinderreichen Familien in ein bombensicheres Land gebracht. Meine Mutter und wir vier Kinder kamen von Krefeld aus nach Oberdonau, das ist heute Österreich, zwischen Braunau und Salzburg. Der Ort heißt Holzöster in der Gemeinde Fronking und liegt an einem schönen See. Beim Bauern Willener, der Schweizer Bürger war, wurden wir zunächst in einem Nebengebäude untergebracht. Wir wohnten also im Stöckl.

Nach kurzer Zeit, als wir uns näher kennengelernt hatten, durften wir ins Wohnhaus übersiedeln. Wir verlebten dort eine schöne Zeit. Nach Herzenslust konnten wir baden oder in den Wäldern herumtollen.

Anfang des Jahres 1945 rief die Bäuerin meine Mutter: „Frau Daniels, kommen Sie mal! Hier sind fünf Kinder, die kommen aus dem Sudetenland aus einem KLV-Lager (KLV = Kinder-Land-Verschickung). Sie wollen nach Hause ins Ruhrgebiet." Meine Mutter ging zu den Kindern und nach kurzem Überlegen sagte sie: „Ihr könnt jetzt nicht nach Hause. Bleibt erst einmal hier bei uns!" Es waren vier Jungen und ein Mädchen, im Alter von 15 bis 17 Jahren.

Unsere kleine Küche wurde jeden Abend ausgeräumt (ausgenommen der Ofen) und einige Strohsäcke aufgefüllt, sodass die Jungen dort schlafen konnten. Inge, das einzige Mädchen in der Gruppe, schlief bei uns im Schlafzimmer.

Meine Mutter machte nun einen Plan, denn wir alle wollten ja essen und Lebensmittelkarten bekamen wir nicht für die Kinder. Jeden Tag zog meine Mutter mit

zwei Kindern in ein anderes Dorf, ausgerüstet mit Taschen und einer Milchkanne. Sie hat sozusagen gebettelt, um diese Kinder ernähren zu können. Wenn sie nach Hause kamen, war es für uns immer eine Überraschung, was sie heute wieder mitgebracht hatten: Brot, Mehl, Eier, Kartoffeln oder Milch.

Bald fing dort in den Wäldern die Erntezeit an, vor allen Dingen im großen Weilhardt-Forst. Bepackt mit Kannen und Eimern zog meine Mutter nun mit uns neun Kindern in den Wald. Wir sammelten Walderdbeeren, Himbeeren, Blaubeeren, Preiselbeeren und später kamen noch Pilze hinzu. So kamen wir jeden Tag mit vielen Früchten heim. In Salzburg hatten wir hierfür einen guten Abnehmer. Meine Mutter verkaufte die Beeren und die Pilze. Das Geld hatte sie extra für diese Kinder aufgehoben.

Eines Tages hörte meine Mutter davon, dass ein Bauer nachts heimlich Leute über die Grenze brachte. Mutter erkundigte sich näher und fragte nach dem Preis. Ein bestimmter Preis wurde vereinbart und meine Mutter ging mit den Kindern los. Sie mussten eine Strecke von etwa 25 bis 30 km zurücklegen. Sie wurden in eine Scheune geführt und mussten sich leise verhalten. Ein paar Soldaten waren auch schon dort. So gegen zwei Uhr nachts kam der Bauer in die Scheune: „Es geht los! Die Luft ist rein!"

Der Bauer nahm immer vier Personen mit in sein Boot. Die anderen mussten in der Scheune warten, bis sie dran waren. Als die letzten unserer Kinder einstiegen, stand meine Mutter am Ufer. Sie hörte die Ruder im Wasser plätschern. Tränen standen in ihren Augen. Als die Sonne langsam aufging, kam der Bauer mit leerem Boot zurück und sagte: „Es ist alles gut gegangen." Als meine Mutter wieder zu uns nach Hause kam,

> **Meiner Mutter standen die Tränen in den Augen**

berichtete sie davon und sagte: „Mir ist gar nicht gut. Das war sehr schwer für mich, als wenn mir jemand ein Stück vom Herzen gerissen hätte." Die Kinder waren drei Monate bei uns gewesen und eine solche Zeit bindet doch. Wir hörten lange nichts mehr voneinander. Mittlerweile schrieben wir das Jahr 1946 und wir waren wieder zu Hause in Krefeld. Unser Vater war bereits drei Monate eher als wir in unserer Heimat einge-

troffen. Eines Tages kam ein junger Mann zu uns und fragte: „Wo wohnt Frau Daniels?" Er war mit dem Fahrrad von Duisburg nach Krefeld zu uns gefahren und brachte uns einen Zentner Kohlen mit. Er hieß Karl-Heinz Runge und hatte jene Zeit bei uns nicht vergessen. Diese Kohlen waren für uns so wertvoll, als ob sie lauter Goldstücke gewesen wären. Wir besaßen wirklich gar nichts zum Heizen. ∎

Mit Sack und Pack. Eine sudetendeutsche Familie verlässt im Spätherbst 1945 die Heimat

Stets drohten sie, meinen Vater zu erschießen

Mein Erlebnis in Stichworten. Im September 1944 – Schulkinder und Mütter mit kleinen Kindern – Flucht aus der Slowakei in das Sudetenland. Vater, Brüder und Schwestern im Dezember 1944 mit Pferdewagen hinterher. Nach einigen Monaten weiter mit Handwagen nach

Weberschau/CSSR. Die russische Armee hat uns eingeholt. Die Tage, vor allem die Nächte, waren grausam, nicht zu beschreiben, wenn die Russen kamen und nach den drei Mädchen suchten. Stets drohten sie, meinen Vater zu erschießen. Anfang 1945 beschlossen wir und

weitere Landsleute, zurück in die Heimat zu fahren. In Viehwaggons ging es mit vielen Schwierigkeiten nach Hause. Dort angekommen, wurden wir in ein Lager gesteckt, wo wir bis zur Aussiedlung nach Deutschland ausharren mussten.

Karoline Krause, Bad Arolsen

Sie warfen Frauen mit ihren Kinderwagen von der Brücke

VON HELGA RICHTER, WIESBADEN

1944 wurde unsere Tochter geboren, am 29. Februar in Aussig. Im Mai zogen wir ins Elternhaus von meinem Mann nach Johannesdorf bei Haida.

Dort hatten wir drei Personen aus Open (Schlesien) einquartiert. Dann kam 1945 das Kriegsende. Es war furchtbar. Erst kamen die Tschechen, haben alles wegen Waffen durchsucht und geplündert. Ganz neue Wäsche haben sie mitgenommen. Unseren Nachbarn haben sie abgeführt. Ostern hatten sie erst Hochzeit gefeiert. In unmittelbarer Nähe von uns wurde ein Mann ganz nackt im Garten rumgetrieben, weil eine Kiste mit Waffen bei ihm gefunden wurde, welche gar nicht ihm gehörte. Den Opa meiner Freundin haben sie im Wald erschossen, nur weil er nicht hörte, als sie halt riefen. Auch meinen Mann hätten sie erschossen, wenn unser Nachbar nicht gewesen wäre, denn er hat gesagt, dass mein Mann sehr schlecht hört. Er kam mit dem Rad von Haida von der Arbeit. Einmal hielt ein großes Lastauto mit Russen vor unserem Haus, fuhren aber zum Glück weiter. Sie waren im Nebenort einquartiert. Jede Nacht gingen sie auf Frauenfang.

Wir konnten nie vor 1.00 Uhr ins Bett. Wir haben uns im Wald versteckt. Mein Mann und die Nachbarn hielten Wache vor der Tür. Unsere kleine Tochter schlief oben im Zimmer. Einmal gingen sie durchs ganze Dorf direkt auf unser Haus zu und die Treppen hoch. Der Offizier schlug mit dem Gewehr an die Haustür. Der andere Soldat unterhielt sich und fragte, wo der Kommandant ist. Er ist nicht weit, er macht immer Streife. Da hatten sie viel Angst und gingen. Unser Glück! Wir durften bei den Tschechen nicht auf dem Gehsteig gehen. Auch bekamen wir Lebensmittelkarten reduziert. Halben Liter Milch täglich für ein Kind. Wir mussten auch Armbinden tragen mit dem C-Stempel, zum Zeichen, dass wir Deutsche sind.

Meine Eltern wohnten in Aussig (Sudetenland). Sie erzählten uns, die Tschechen haben dort Frauen mit den Kinderwagen von der Brücke in die Elbe geworfen. Auf dem Marktplatz waren Wasserbehälter wegen Luftschutz, da wurden Leute, welche eine Armbinde trugen, mit dem Kopf so lange ins Wasser gehalten, bis sie ertrunken waren.

1945, am 12. Juni, früh 6 Uhr, mussten wir unsere schöne Heimat verlassen. In der Nacht um 12 Uhr wurden wir benachrichtigt. Kinder hatten mich aber schon vorher verständigt. So konnte ich noch einkaufen gehen. Meine Schwiegermutter hat noch Zwieback gebacken, da hatten wir was für unser Kind zu essen.

> *Meine Großmutter wurde bei Zinnwald übers Gebirge gejagt*

Erst mussten wir an eine Stelle, wo sie uns Hausschlüssel, Sparbücher, Schmuck usw. wegnahmen, 100 RM pro Person durften wir mitnehmen. Auch unseren Leiterwagen haben sie uns genommen. So mussten wir alles tragen. In Viehwaggons (offen) wurden wir transportiert. Auf dem Weg zum Bahnhof wurden wir von Miliz bewacht und vorher noch ausgesucht. Über das Wohnungsschloss mussten wir einen Klebestreifen kleben. Vorher noch Radio, Feldstecher und alles Wertvolle abgeben. Mit dem Zug fuhren wir von Haida über Auscha, wo ich geboren bin, nach Teplitz-Schönau. Dort stellten sie den Zug auf ein Abstellgleis. Da war ein großes Gebäude mit vergitterten Fenstern. So dachten wir, dort sperren sie uns ein. Meine Großmutter, drei Tanten mit Kindern wurden dort über die höchste Stelle des Gebirges gejagt (Zinnwald). Viele Kinder sind damals gestorben. In dieser Nacht standen wir bis 1 Uhr nachts. Waren eingeschlafen. Auf einmal stritten sich die Russen mit den Tschechen. Unser Zug fuhr zurück an die Grenze über Aussig nach Pirna. In Pirna mussten wir alle aussteigen. Vorher sind noch zwei Russen in den Zug gekommen und haben genommen, was sie gebraucht haben. Am Elbufer Lager aufgeschlagen, nur jeder eine Decke. Da mussten wir auch weg, weil Russen und Polen plünderten. Dann in halb zusammengefallenen Bootshäusern auf blankem Boden geschlafen. Zwei Hüte und zwei Taschen gefunden. Eine Frau war in die Elbe gegangen. Dann zogen wir weiter. Doch die Brücken waren alle zerbombt. Insgesamt waren wir sieben Wochen unterwegs. ■

Mit Armbinden als rechtlos kenntlich gemacht. Deutsche warten auf ihre Ausreise aus der Tschechoslowakei

Ich musste die Blutklumpen mit Chlorkalk bestreuen

VON FRANZ KNOBLOCH, HAIBACH

Es geschah vor 60 Jahren. Der Krieg war zu Ende, die Amis hatten uns auf einer Wiese in Südböhmen, direkt am Ufer der Moldau, festgesetzt. Eines Abends kam einer, der Englisch konnte, und sagte mir: „Eben habe ich im Büro gehört, dass die uns an die Russen ausliefern." Da stand für mich fest, heute Abend hau ich ab!

In keiner der NS-Gliederungen war ich je Mitglied, wer sollte deshalb gegen mich etwas haben? Als es finster war, setzte ich mich ab, 400 Kilometer bis in mein Heimatdorf Kostenblatt/Kreis Bilin lagen vor mir. Bei den Bauern bettelte ich mich durch, bekam überall etwas zu essen. Den Bayrischen Wald entlang ging es bis Fürth im Wald, dann bog ich ab ins „Böhmische". Elf Tage war ich unterwegs, wurde von allen herzlich begrüßt bei meiner Heimkunft. Am zweiten Tag

danach holte mich einer von der „Raubgarde" ab, mit Peitsche und Pistole bewaffnet. Als ich ihn fragte, was das bedeuten solle, bekam ich zur Antwort: „To budesvidet!" (Das wirst du sehen!). An unserer Schule vorbei ging es dem Wald zu. Am Pfarrhaus prasselten die ersten Peitschenhiebe auf Kopf und Körper, jetzt ahnte ich, was mir bevorstand. Am alten Köhlerplatz, am Rande des Dorfes angekommen, packte mich das Grauen. 20 bis 25 dieser sogenannten Gardisten bearbeiteten zwei 18- bis 19-jährige SS-Männer mit allen erdenklichen Werkzeugen. Keine handtellergroße Fläche gesunde Haut war an deren Körpern mehr zu sehen, zwei wankende Blutklumpen waren es. Brach einer zusammen, wurde er mit einem Eimer kaltem Wasser aus dem nahen Bach „ins Leben zurückgeholt". Die tschechischen Zuschauer johlten vor Begeisterung. Für diese beiden Buben musste ich das Grab schaufeln, das Hemd dabei auszuziehen, damit die Peitschenhiebe

Alle Flüchtlinge wollten über die Moldaubrücke

Der Totenkopf auf den Kragenspiegeln. Hans Beckmann als Soldat der Panzertruppe

Ich erinnere mich als Zeitzeuge an den 9.5.45, auf dem Rückzug, als uns die Russen in Gefangenschaft nahmen, d. h., wir konnten uns noch nach der Entwaffnung frei bewegen. Alle wollten vor den „versoffenen Russen" türmen. Kurz vor Melnik übernachteten wir in einer Turnhalle. Eine junge Flüchtlingsfrau mit einem 3-jährigen Sohn kam mit einem Leiterwagen in die

Turnhalle. Ich nahm sie in meine Obhut. Plötzlich rissen betrunkene Russen die Tür zur Turnhalle auf und suchten junge Frauen, die sie mitnahmen und vor der Tür vergewaltigten. Auch die junge Frau mit ihrem Sohn wurde von den Russen abgeholt, der Sohn blieb bei mir und weinte bitterlich. Nach ca. zwei Stunden kam die junge Frau zurück und weinte. Sie sagte, dass sie drei-

oder viermal von betrunkenen Russen vergewaltigt wurde. Ich nahm sie in meine Arme, aber der Schmerz war stärker, sie setzte am nächsten Tag ihren Sohn wieder in den Leiterwagen und verschwand aus meiner Sicht. Alle wollten über die Moldaubrücke nach Teplitz-Schönau. Auch ich. Es war schrecklich.

Hans Beckmann,
Frankfurt am Main

Hoffen auf die Amerikaner. Doch diese sollten sich bald wieder aus Böhmen zurückziehen. Flüchtlingsfrauen auf einem Feld bei Pilsen schauen den GIs nach (l). Der neugierige Blick eines Kindes in die Kamera der US-Army (r.), die einen Film drehte, von dem diese Bilder stammen

besser zogen. Als mir bei dieser Arbeit die Haare ins Gesicht fielen, wurden sie mir mit einem Taschenmesser abgeschnitten und ein Hakenkreuz hineingeschnitten. Als das Loch tief genug war, wurden die beiden davorgestellt und buchstäblich „über den Haufen" geknallt! Auf die im Loch Liegenden feuerten „diese Helden" ihre Magazine leer. Danach musste ich diese Blutklumpen gerade rücken, mit Chlorkalk bestreuen und zuschaufeln. Dabei musste ich mich übergeben und das war der Grund, dass die Zuschauer brüllten: „Schlag ihm auf die Fresse, dass sie zubleibt!" Auf Tschechisch klingt das noch brutaler. Eine neue Prügelei begann. Beim Erschießen hätte ich „Heil Hitler" kreischen sollen und die Hand zum Gruße heben sollen. In den sechs Jahren meiner Dienstzeit als Soldat habe ich beide „Grüße" nie benutzt, deshalb habe ich mich geweigert, das zu tun. An jedem Arm hielten mich zwei Mann fest, die andere Meute drosch auf mich abwechselnd ein. Die Augen schwollen mir zu, ich konnte nichts mehr sehen. Mit Fußtritten wurde ich ins nahe Schloss gelenkt, in dem sich seit vielen Jahren eine Besserungsanstalt für „gefallene Mädchen" befand. Im Keller der Anstalt befanden sich einige Zellen, in eine davon kam ich. Setzen oder legen durfte ich mich nicht, „da ich so ein aufrechter Deutscher war". Nachts kamen alle zwei Stunden Kontrolleure, setzten die „Behandlung" fort. Gegen zehn Uhr hörte ich plötzlich einen rufen: „Franz, wer hat dich so zugerichtet und da eingesperrt?" An der Stimme erkannte ich ihn, es war mein

„Noch jahrelang wachte ich nachts schweißgebadet auf"

früherer tschechischer Arbeitskollege und ich rief zurück: „Deine Freunde haben das gemacht." Darauf er: „Solche Leute sind nicht meine Freunde." Nach ungefähr zehn Minuten kam er mit dem Kommandanten der Bande in die Zelle, und dieser wollte von mir wissen, wer das vollbracht hatte. Da ich nicht eines Nachts hier unten umgelegt werden wollte, sagte ich dem Herrn, dass ich beim Prügeln nicht nach hinten sehen könne. Daraufhin sagte er, dann könne er mir auch nicht helfen, obwohl er wisse, dass ich kein PG war! Der Friseur müsse sofort kommen, mir die Haare schneiden, die Wände müssen gewaschen werden, eine neue Matratze her. So, wie ich jetzt aussehe, könne er mich nicht unter die Leute lassen, ich müsse noch einige Tage hierbleiben. Als er fort war, fragte ich meinen ehemaligen Kollegen: „Woher weiß der, dass ich kein PG war?" Da sagte der: „Der Ortsgruppenleiter Strohbach hat alle Listen den Tschechen übergeben." Er hatte ein Mitgliedsbuch der Kommunistischen Partei noch und die ganzen Jahre Beitrag bezahlt. Als ich 14 Tage später entlassen wurde, musste ich am Narodni Vybor einen Wisch unterschreiben, dass mir niemand etwas zuleide getan hätte. Gibt es eine größere Verhöhnung der Menschenwürde? Das Schlimmste an dem 14-tägigen Aufenthalt in der Zelle waren die jeden Abend stattfindenden Vergewaltigungen der Frauen und Mädchen, deren Schreien und Wimmern ich anhören musste. Noch jahrelang wachte ich nachts schweißgebadet auf, spürte die Peitschenhiebe und Prügel. ■

Sie suchten sich die Frauen aus, um sie zu vergewaltigen

VON HILDEGARD HEBSACKER, LÜBECK

Wir, drei sechzehnjährige Mädchen aus Trautenau, die vertrieben wurden, wollten nach langen Irrfahrten in Lobenstein/Thüringen mit unseren Müttern und meinem Vater im November 1945 schwarz über die Grenze in den Westen.

Sie konnte sich verstecken. Hildegard Hebsacker im Alter von 15 Jahren in Prag

Dabei wurden wir nachts von russischen Posten erwischt, ausgeraubt (Uhren usw.), danach in einen Keller eines Gutshauses, das war wohl die Kommandantur, gepfercht. Im Dunkeln traten wir auf Menschen, die dort bereits lagen. Die Russen suchten sich die jungen Mädchen und Frauen aus, um sie in den oberen Räumen zu vergewaltigen. Darunter war auch meine Freundin Herta. Mir gelang es, mich zu verstecken. Neben mir lag ein Mädchen, das von acht Russen vergewaltigt wurde. Sie lag da wie tot. Herta blieb nur verschont, weil sie, einen Herzinfarkt vortäuschend, zusammenbrach. Ihre Mutter durfte bei ihr bleiben und sie wurde in der Waschküche aufgebahrt, mit Tee versorgt von einem älteren Offizier, der sich mit ihrer Mutter sogar etwas anfreundete. Es gab auch „gute" Russen, will ich damit sagen. Sie sagte ihm, sie hätte noch zwei Töchter, und so waren wir am frühen Morgen die Ersten von etwa 70 Grenzgängern, die das schreckliche Haus, aber zurück nach Lobenstein, wieder verlassen durften. Meine Eltern folgten dann am Nachmittag. Nach noch mal zweiwöchiger Irrfahrt mit der Bahn, auf Bauernwagen usw. kamen wir total entkräftet und halb verhungert im Lager Friedland an, wo wir offiziell die Grenze in den Westen passieren durften. Die Nacht in Lobenstein mit allen Todesängsten und ein bisschen Menschlichkeit werde ich mein Leben lang nie vergessen. ■

Mit Gewehrkolben wurde ich aus dem Schlaf gerissen. Dann kam ich ins Lager Maltheuern

Damals, zu Beginn im Jahre 1945, war ich 13 Jahre alt und lebte im Sudetenland. Anfang Mai kam ein junger Soldat in unsere Wohnung und sagte nur, dass wir in fünf Minuten raussollen.

Mutter stand weinend im Flur. Ich versuchte, Mutters Handtasche und etwas Bekleidung in eine Decke zu wickeln. Wir kamen bei Nachbarn unter. Wir mussten siebenmal die Unterkunft wechseln.

Mit einem Gewehrkolben wurde ich aus dem Schlaf gerissen. Dann musste ich zur Arbeit ins Lager Maltheuern bei Brüx. In dieser Zeit gab es Erschießungen und ein Ehepaar wurde vor der Milchhalle gehängt. Leider muss ich sagen, dass Landsleute sich den Siegern andienten, um sich Vorteil zu verschaffen.

1946 arbeitete ich bei einem Russen. Das Essen war besser als beim Tschechen. Im Mai desselben Jahres kam ich mit dem Güterzug nach Bayern.

Noch heute kann ich kaum nachvollziehen, dass Verbrechen gegen die Menschlichkeit, welche von den Nazis begangen wurden, nach dem Krieg von den Siegern praktiziert wurden.

Aller Anfang in Bayern war schwer, aber es konnte nur besser werden.

Elfriede Baumbach, Hamburg

Die Russen schützten uns vor den randalierenden Tschechen

VON WILHELM KREBS, STOLBERG

Ich bin ein sudetischer Bauernsohn aus dem Kreis Tetschen an der Elbe, in Nordböhmen, geboren am 12.5.1923.

Unser Hof hatte ein Ausmaß von 33 ha und war nachweisbar – Ahnenpass – seit 1546 im Besitz unserer Familie. Ich war der Hoferbe, hatte noch eine Schwester und einen Bruder, der Medizin studierte, aber in Russland gefallen ist. Von April 1942 bis Kriegsende war ich Soldat.

Bei Kriegsende lag meine Einheit bei Dresden, das nur 60 km von meiner Heimat entfernt war, sodass ich nach Hause konnte, ohne in Kriegsgefangenschaft zu kommen. Im Mai 1945 kam eine sogenannte polnische „Partisanen-Einheit", etwa 1000 Mann, in unser Dorf, wovon sich ca. 120 Mann auf unserem Bauernhof einquartierten. Sie blieben eine Woche und wüteten überall herum. Meine Schwester und ich konnten uns rechtzeitig verstecken. Die Männer des Ortes wurden, soweit sie ihrer habhaft werden konnten, mitgenommen. Die Frauen und Mädchen wurden massenhaft vergewaltigt.

> *Massenweise kamen tschechische Partisanen in unser Dorf*

Als die Polen abgezogen waren, kam eine russische Besatzung, die sich aber im Allgemeinen anständig benommen hat. Sie haben die Dorfbewohner oft gegen randalierende Tschechen in Schutz genommen.

Im Juni 1945 wurden die ersten Deutschen von tschechischen Partisanen, die nun massenweise in unser Dorf kamen, brutal aus der Heimat vertrieben und über die Grenze nach Sachsen gejagt. Dies wiederholte sich fast jede Woche – mal mehr, mal weniger.

Am 22.5.1945 kam eine tschechische Familie, fünf Personen, die keine Bauern waren, auf unseren Hof und wurden von den begleitenden Uniformierten als „naroni spravce" – als die neuen Herren – auf unserem Hof eingesetzt. Wir mussten sofort auf die Dienstbotenzimmer überwechseln. Weil wir nicht glauben konnten, dass dies für immer sein sollte, haben wir weiter auf dem Hof und dem Feld gearbeitet wie bisher auch, denn es war ja Sommer und somit Heuerntezeit. Der Unterschied war, dass das Tschechenweib aus unseren Sachen kochte und wir, die Dienstboten, zum Essen reinkamen.

Mein 79 Jahre alter Großvater wurde erschlagen, weil er auf dem Gehsteig ging

Unsere Vertreibung war die Hölle und der Untergang meiner Eltern. Meine Heimat ist Tetschen-Bodenbach. Kurz bevor wir ins Lager mussten, wurde mein Großvater, damals 79 Jahre, erschlagen und nur, weil er auf dem Gehsteig ging und nicht auf der Straße mit der weißen Armbinde, die wir alle tragen mussten. Großvater kam in ein Massengrab. Mit wenig Habe kamen wir vom Lager im Viehwaggon nach Strautzig. Dieser Zug hat oft angehalten und wir wollten gern austreten, aber das durften wir ja nicht, und mir wurde mit dem Gummiknüppel in die Beine geschlagen. Meine Eltern haben mich dann wieder hochgezogen im Wagen.

Silva Lehmeyer, München

Vertreibung mit dem Lastwagen. Die Habe der Deutschen aus Reichenberg wird verladen

Am 27.9.1945 war es dann so weit. Ein tschechischer Lkw mit Uniformierten kam auf unseren Hof und sie erklärten meinem Vater, dass wir wegmüssen. Wir durften 30 kg je Person an Sachen mitnehmen und los ging es, wie ein Stück Vieh, auf einem Lkw. Das Ziel war das Dorf Zinovin. Es liegt zwischen Melnik und Prag. Dort kamen wir auf einen Bauernhof. Der Bauer hieß Kettner und sein Sohn, um die 20 Jahre alt, war ein Partisan – ein Deutschenhasser. Wir bekamen Lebensmittelkarten für Nemci (Deutsche). Darauf gab es kein Fleisch, keine Butter und keine Wurst, keine Eier. Meistens gab es nur Nährmittel wie Margarine u. Ä.

Wir mussten weiße Armbinden tragen und durften das Dorf nicht verlassen. Von früh 5 Uhr bis zum Finsterwerden, im Sommer oft bis 22 Uhr, mussten wir im Stall und auf dem Feld hart arbeiten. Körperlich haben wir das nur durchgehalten, weil wir beim Melken der Kühe, morgens und abends, „heimlich" viel Milch tranken. Mein Vater, ein 60-jähriger Mann, wurde zweimal gewürgt mit den Worten „Ich erschlag dich, du deutsches Schwein!" und ähnliche Ausdrücke wie „faule Schweine, blöde Deutsche, elendiges Gesindel, Vagabunden" u. Ä. hörten wir fast täglich. Ich selbst wurde zweimal geschlagen. Sich dagegen zur Wehr zu

setzten, war zwecklos, dann hätten sie uns glatt erschlagen. Es war eine furchtbare Zeit. Mein Vater, der etwas Tschechisch konnte, bat den dortigen Kommunistenführer um Hilfe. Und weil ich nachweisen konnte, dass ich keiner Partei angehört hatte, versprach er uns, dass wir beim nächsten Transport nach Deutschland dabei sein würden.

Er hatte Wort gehalten. Unser Bauer wurde verpflichtet, uns am 10.8.1946 zum Bahnhof in Melnik zu bringen. Meine Mutter war schon so krank und schwach, dass wir sie tragen mussten und auf den Wagen heben mussten, weil sie nicht mehr allein laufen konnte. Wären wir vier Wochen länger dortgeblieben, wäre sie sicherlich gestorben. Wir kamen in ein Lager südlich von Prag – bekannt als Typhuslager. Täglich wurden viele Gestorbene weggebracht. Nach drei Wochen kamen wir von dort, in einem Viehwaggon, nach Deutschland mit anderen 30 Personen und landeten im Kreis Heiligenstadt im Dreizoneneck. Weil wir dort wohnungsmäßig und arbeitsmäßig nicht bleiben konnten, flüchteten wir in den Westen. Hier fanden wir Arbeit und es wurde unsere zweite Heimat. Mein Vater starb 1967 und meine Mutter 1974. Meine Schwester lebt noch. ■

Am Prager Bahnhof wurden wir in Viehwaggons verfrachtet

VON KORDULA LEHLE, GEISLINGEN/STEIGE

Es war im Mai 1945. Wir saßen im Luftschutzkeller unseres Hauses, eines großen Stadthauses, in Prag. Es war Fliegeralarm angesagt. Doch plötzlich kam jemand in den Keller und rief, wer hier Deutscher sei, solle sofort heraufkommen: Es war ein Tscheche. Unsere Familie lebte schon immer in der damaligen Tschechei. Es gab auch tschechische Verwandte, aber eigentlich waren wir ursprünglich Österreicher.

Doch damals hatten viele Einwohner der Tschechoslowakei und auch Österreicher die deutsche Staatsbürgerschaft angenommen. Und das nicht nur aus politischer Gesinnung, sondern auch aus anderen Motiven, wie mein Großvater, der absoluter Anhänger des großen Vorbilds Jahn war, eines „Turnvaters". Nun denn, wir mussten also mit nichts als unserer Kleidung auf dem Körper auf die Straße, auf der sich schon in einem Chaos Menschen bewegten. Auf den Gehwegen standen gestikulierend Tschechen und auf den Straßen in einer Prozession Menschen meist deutscher Herkunft. Sofort mussten alle neu Hinzukommenden die Arme hochheben und es kamen daraufhin Männer, die Armbanduhren und andere Schmuckstücke wegnahmen. Das Ziel der Prozession waren leere Schulen und Hallen, die schnell mit den ängstlichen Menschen gefüllt wurden. Auf dem Boden, ohne jegliche Unterlage oder Zudecke, verbrachten wir, das waren Mutter mit drei Kindern, 7, 6 und 1 Jahr alt, und eine Großmutter mit 70 Jahren, einige Tage, bis mein Vater mit einigen Utensilien und ein paar Lebensmitteln auftauchte. Die konnte er dank seiner perfekten tschechischen Sprachkenntnisse zu Hause mit dem

Abzeichen unseres tschechischen Dienstmädchens holen und wurde dann aber wieder von uns getrennt und, wie wir später erfuhren, als Kriegsverbrecher im Staatsgefängnis – genannt Pankraz – zu 15 Jahren Zwangsarbeit verurteilt. Er hatte eine wichtige Stelle im Wirtschaftsministerium, wo er die Genehmigung an Hersteller für kriegswichtige Textilien erteilte. Er landete in Kohlebergwerken und beim Uranabbau. Dank Konrad Adenauers Initiative kam er „schon" nach zehn Jahren nach Deutschland, wo wir letztendlich nach grausamen Stationen angelangt waren. Zuerst

aber trieben uns die Tschechen wieder in einer neuerlichen Prozession durch Prag. Zum Glück hatten wir wenigstens den Kinderwagen für die Jüngste, an der Hand hatte meine Mutter meine jüngere Schwester von sechs Jahren. Ich schleppte meine Großmutter an einem Stoffgürtel hinter mir her, da sie nicht mehr weiterlaufen wollte und konnte. Bald waren meine Oma und ich – nicht ganz sieben Jahre alt – die Letzten des Tausende von Menschen zählenden Zuges und wurden daraufhin mit Gewehrkolben von Soldaten bedroht und vorwärtsgetrieben. Am Bahnhof angekommen, verfrachtete man die Menschen in Viehwaggons, in denen große Milchkannen standen, eine mit Wasser zum Trinken gefüllt und die andere für Fäkalien – wie peinlich für den Betroffenen, der sie unter den Blicken anderer benutzen musste. In dem Lager, in dem wir landeten, hatten wir bald alle Läuse, nicht nur auf dem Kopf, nein, auch noch in den

Doch zu uns Kindern waren die Russen freundlich

Nähten der Kleider. Wir suchten jeden Abend als Hobby unsere Kleider durch. In diesem Lager gab es Fäkaliengruben, die nicht eingezäunt waren, also konnte jederzeit auch ein Kind hineinfallen, was meiner 6-jährigen Schwester passierte. Sie wurde aber sofort herausgefischt. Das nächste Lager erwartete uns bald. Dort war es richtig schön für uns Kinder. Trotz eines hohen Zaunes konnten wir Kinder unten durchkriechen und auf den nahe gelegenen Feldern und in einem Bach spielen. Russen, die in der Nähe in einer Kaserne stationiert waren, trieben sich überall herum, doch zu uns Kindern waren sie freundlich.

Weniger freundlich aber erging es den Frauen im Lager. Männer gab es dort keine, nur einen tschechischen Lagerleiter, „Velitel" genannt. Am Wochenende kamen bei Nacht die russischen Soldaten, meist betrunken, aus ihrer nahe liegenden Kaserne und

Mit Hakenkreuzen beschmiert. In Prag lebende Deutsche warten im Sommer 1945 auf ihren Abtransport in die Westzonen Deutschlands

brachen in die Zimmer der Frauen ein. Dem „Velitel" war dies wohl egal. Bei geschlossenen Türen half ein Stoß mit den Stiefeln in die Pressspantüren. Und schon ging es über die Frauen her, ob sie jung oder alt waren, das war egal.

Ich erinnere mich an eine Großmutter, neben der ihr Enkel lag, sie bettelte vergebens auf Deutsch und Russisch, sie war Weißrussin und wurde ebenso wie ihre Tochter in der gleichen Nacht vergewaltigt. Nie mehr im Leben werde ich die Hilfeschreie der Frauen vergessen, die, sobald die Busse mit den Soldaten ins Lager einfuhren, in ihrer Angst an die Wand der Nachbarzimmer klopften und „Hilfe" riefen. Doch wer sollte helfen? Nachdem Verriegeln der Türen nichts half, kamen die Frauen auf den Trick, alle Möbel, wie Schrank, Ofen, Tisch und Stühle, hintereinander zwischen Tür und gegenüberliegen-der Wand zu schieben. Es half. Im-mer wieder hatte meine Mutter Glück, es geschah ihr nichts, weil sie einen guten Instinkt besaß und sich rechtzeitig versteckte. Einmal saß sie stundenlang in einem Schrank. Oder sie konnte schneller laufen als der russische Soldat mit seinen schweren Stiefeln. In diesem Lager starben viele Kinder, da es kein kindge-rechtes Essen gab. Ich kann mich hauptsächlich an Wasserkaffee und Kartoffeln erinnern.

Jemand schickte Trockenmilch, die aßen wir mit Löffeln. Als eine Mutter in diesem Lager ihr verstor-benes Kind nicht meldete, sondern es in einer leeren Baracke in Stroh gewickelt versteckte, fanden wir es beim Spielen dort. Wir rannten zum Lagerleiter und meldeten es. So wurde das tote Kind wie die anderen Leichen in einen Graben geworfen und mit Kalk zu-geschüttet. Die Mutter wurde bestraft. Wir fühlten uns danach ganz schlecht.

An Hygiene hielt man sich nicht besonders. Es gab ein Klo, das war eine Hütte, in der ein einige Meter langes Brett mit einigen Löchern war, wo einer neben dem anderen sitzen musste, ohne Zwischenwand.

Albträume verursachten die grauen, 2–3 cm langen Würmer, die dort herumkrochen. Aber es gab auch Erlebnisse, die damals wichtig und schön waren. In diesem Lager waren auch Frauen aus Norddeutsch-land. Wenn es abends mal warm war, dann veranstal-teten sie Rundtänze auf dem Lagerhof und sangen hauptsächlich ihre norddeutschen Lieder wie „Wenn die Nordseewellen trecken an den Strand". Oder bei Vollmond gesungen „Der Mond ist aufgegangen" bleibt ebenso unvergesslich.

Nach noch einigen Lagern und schlimmen Erleb-nissen wurden wir am Schluss nach Ostdeutschland in die Mark Brandenburg zu einem Kleinbauern ver-frachtet, wo meine Mutter, die Stadtfrau, Wienerin, immer verwöhnt und ohne Beruf, ganz plötzlich zur Bäuerin wurde mit allem Drum und Dran. Ich habe aus all dem gelernt, dass Frauen einfach „super" sind und, wenn sie wollen, können sie alles lernen und machen. Auch, wie damals üblich, ohne Berufsausbildung haben die Frauen mit ihrem Instinkt und Fleiß sich und ihre Kinder durch die schlechte Zeit gebracht. Allein das „Müssen" und der Wille dazu vollbrachten Wunder, und seither sind Frauen in der Gesellschaft auch nicht mehr die unfähigen, hilflosen Wesen, wie man sie früher gerne unterdrückt hielt.

Zum Abschluss muss ich noch erklären, wie wir nach Westdeutschland kamen. Jeder suchte jeden, das Deutsche Rote Kreuz war damals wirklich die wichtig-ste Institution, die die Familien zusammenführte. So fanden wir die Wiener Verwandten, die aus Österreich ausgewiesen wurden, weil im Pass „Deutsche" stand, in Westdeutschland.

Worauf meine starke Mutter sich getraute, mit uns und der alten Großmutter die Flucht nach dem Westen durch Niemandsland und über – von Russen bewachte – Grenzen zu organisieren. Sie schaffte es, am helllichten Tag „durchzukommen", gleich nach dem Mittagessen, weil da angeblich die Russen, satt und müde, nicht so gut aufpassten. Welch ein Glück für un-sere Zukunft und heute noch „Dank" an alle, die da-mals gut zu uns waren, obwohl wir „Reingeschmeckte" und „Flüchtlinge" waren. Wir waren aber eigentlich Vertriebene, die von Ost- nach Westdeutschland ge-flüchtet sind.

> *Jemand schickte Trockenmilch, die wir mit Löffeln aßen*

1930 Heimat für 42 000 Deutsche.
Die Brückengasse mit der
Nikolauskirche im Hintergrund
vor dem Zweiten Weltkrieg

Meine Mutter sagte: „Schau nicht hin, schau nicht hin!"

VON ERWIN JURKA, MAISACH

Am Vorabend zum 30. Mai 1945 kamen wieder Männer vom Narodni Vybor und forderten uns auf, uns in einer bestimmten Straße Brünns einzufinden. Wir hatten nur wenig Zeit, das Notwendigste zusammenzupacken.

So wurden schnell ein paar Kleidungsstücke zusammengerafft – für meine Mutter, meinen vierjährigen Bruder und mich. Etwas zu essen und zu trinken, was uns die Schwester und der Bruder meiner Mutter, die ja Tschechen waren und uns jetzt wieder besuchten, brachten. Große Familientreffen fanden damals nicht statt, nur heimlich Besuche, bei denen uns immer wieder Kleinigkeiten zum Überleben zugesteckt wurden.

Als wir am Abend an dem uns zugewiesenen Ort ankamen, waren schon viele Menschen anwesend. Ich kann mich nicht erinnern, dass wir zu diesem Zeitpunkt schon den Grund für dieses Treffen wussten. Wir verbrachten die ganze Nacht auf der Straße. Ich weiß nicht mehr, woran wir dachten, ob wir überhaupt etwas dachten. Abgestumpft, verängstigt standen wir Stunde um Stunde auf der Straße. In der Morgendämmerung des 30. Mai kam dann der Befehl, in eine bestimmte Richtung zu gehen. Irgendwie hatten wir erfahren, dass es Richtung Süden, zur österreichischen Grenze gehen sollte.

Die Menschenmassen setzten sich langsam in Bewegung. Als wir die Stadt Brünn verlassen und das freie Gelände erreicht hatten, sahen wir weder Anfang noch Ende des langen Zuges. Neben der Straße ein Straßengraben – manchmal eine kleine Böschung. Bald lagen im Straßengraben die ersten größeren Gepäckstücke, die die ausgemergelten, geschwächten und vielfach auch kranken Menschen nicht länger schleppen konnten.

Es war erstaunlich wenig Wachpersonal zu sehen. Wir gingen auf der rechten Seite der Kolonne. Nach ein paar Stunden sahen wir die ersten Leichen und Sterbenden im Straßengraben liegen. Schwangere Frauen, Neugeborene überwogen. Wir hörten aber weder Schüsse noch konnten wir beobachten, dass das Wachpersonal jemanden erschlug. Wir sahen nur das Ergebnis dieser Tortur. Je länger der Marsch dauerte, umso mehr Tote lagen im Graben. In dem Zug befanden sich nahezu ausschließlich Frauen und Kinder jeden Alters. Meine Mutter sagte unzählige Male zu mir: „Schau nicht hin, schau nicht hin!" Am Abend erreichten wir Porlitz. Wir ließen uns auf Betonboden in einer großen Halle nieder. Es gab eine kleine Essensration, ich glaube, ein wenig Milch für die Kinder. Neben der Halle befand sich ein Erbsenfeld, dort verrichteten wir unsere Notdurft. Viele hatten Durchfall. Wir wateten durch die Exkremente, das Chaos war perfekt.

Wir machten uns wieder zurück auf den Weg nach Brünn

Am nächsten Tag brachen die Massen wieder auf, Richtung Österreich. Es kam eine Durchsage, dass diejenigen, die gebürtige Tschechen seien und die tschechische Staatsangehörigkeit beantragen möchten, wieder zurück nach Brünn dürften. Da wir annahmen, dass uns Vater, falls er jemals aus russischer Kriegsgefangenschaft zurückkehren sollte, uns in Brünn eher finden würde als in Österreich oder Deutschland, meldeten wir uns. Am folgenden Tag machten wir uns wieder auf den Weg zurück nach Brünn. Wir waren die einzigen Deutschen auf der Straße, auf uns allein gestellt, ohne Bewachung. Nach einigen Stunden hielt ein

Ende im Massengrab.
Tote Sudetendeutsche an
einem Sammelpunkt, an dem sie
gleich verscharrt wurden

tschechischer Lastwagenfahrer sein Fahrzeug an, ließ uns aufsteigen und brachte uns zurück nach Brünn. Im Straßengraben war niemand mehr zu sehen, nicht einmal größere Gepäckstücke waren auszumachen. Jemand hatte gründlich aufgeräumt.

Kurz vor Ober-Gerspitz ließ uns unser barmherziger Samariter wieder absteigen. Es musste ja nicht unbedingt jemand sehen, dass er uns mitgenommen hatte. Das letzte Stück gingen wir zu Fuß zur Schwester meiner Mutter, die in der Zwischenzeit ein schönes Haus einer vertriebenen deutschen Familie bezogen hatte. Geborgenheit, Sauberkeit und reichlich Essen und Trinken versprachen ein kleines Glück.

Nach einigen Tagen sagte unsere Tante zu uns, dass wir nicht länger bleiben könnten, weil die Nachbarn schon über uns sprächen und Probleme entstehen würden. Da wir in unsere eigene Wohnung nicht mehr zurückdurften, sahen wir uns in der übrigen Verwandtschaft um und fanden eine alte Tante meiner Mutter in Königsfeld. Diese Tante war eine gütige, weise und mutige Frau. Sie lebte mit ihrem gehbehinderten Mann in einer winzigen, ca. 40 qm großen Wohnung.

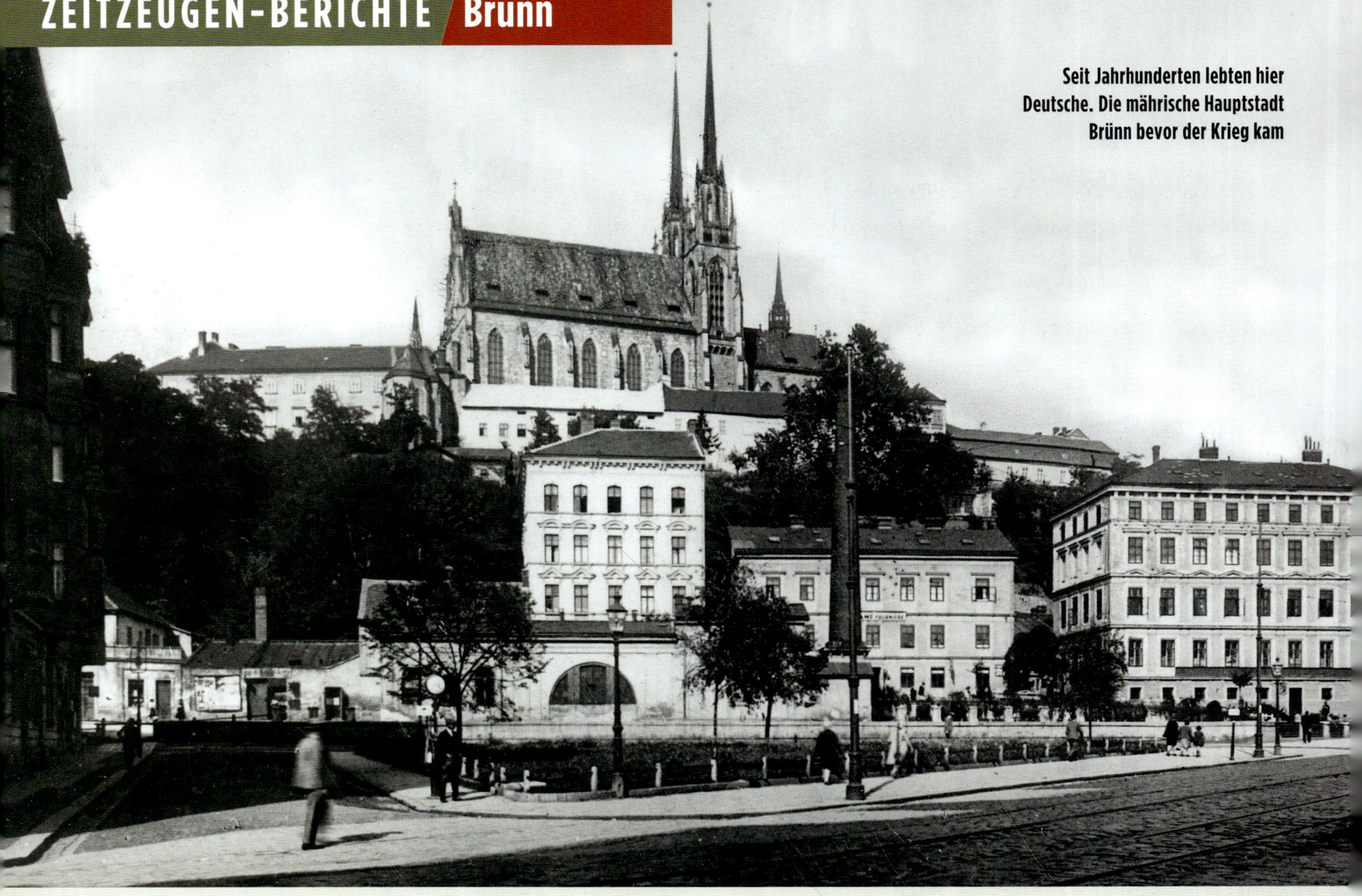

Seit Jahrhunderten lebten hier
Deutsche. Die mährische Hauptstadt
Brünn bevor der Krieg kam

Als Kind von zehn Jahren musste ich den Brünner Todesmarsch mitmachen

Ich war ein Kind von zehn Jahren, als ich mit meiner Mutter den Todesmarsch mitmachen musste. Es wurden so viele alte Leute und Kinder unterwegs totgeschlagen, wenn sie nicht mehr weiterkonnten. Es war Ende Mai 1945. Von Porlitz sind wir auf den Muschelberg gekommen und waren dort interniert. Auch da habe ich erlebt, dass viele Deutsche ermordet wurden. Mir bleibt unvergessen, dass die Toten auf einen Leiterwagen gepackt wurden (zum Abtransport) und auf dem Rückweg wurde der gleiche Wagen mit Lebensmitteln für die Gefangenen gefüllt. Nach etlichen Wochen sind wir nach Grusbach ins Schloss gekommen und wurden dort interniert. Während dieser Zeit wurde ich mit meiner Mutter zur Feldarbeit bei Bauern geschickt. Übers Rote Kreuz haben wir erfahren, dass mein Vater in Brünn eingesperrt war.

Im Juni 1946 sind wir in Brünn in ein Auffanglager mit meinem Vater zusammengekommen. Von dort sind wir in Viehwagen mit der Eisenbahn nach Deutschland transportiert worden.

Diese Zeit im Lager wird, egal wie alt ich werde, unvergesslich sein.

Geboren bin ich am 21.2.1935 in Brünn.

**Brigitte und Waden Furdek,
Bietigheim-Bissingen**

Ihr Mann war Nachtwächter und musste tagsüber schlafen. Trotzdem nahm uns die Frau auf. Es war nicht einfach, uns Kinder tagsüber so still zu halten, dass ihr Mann im Schlaf nicht gestört wurde. Zwei Monate verbrachten nun fünf Personen in diesem Quartier, dann brachte im August '45 Mutter ihre Tochter Helene zur Welt. Kurz nach der Niederkunft meiner Mutter ordneten die Behörden an, dass wir in eine alte, abbruchreife Wohnanlage in Kumrowitz umziehen müssten. In dieser Anlage wohnten nur Deutsche. Ab sofort mussten wir weiße Armbinden tragen. Mutter wurde angewiesen, auf einer Abbruchbaustelle zu arbeiten. Die Kinder, meinen vierjährigen Bruder und meine winzige Schwester, musste ich den ganzen Tag über versorgen. Ich fütterte und wickelte die Schwester, nur das Baden besorgte am Abend die Mutter. Und wieder brachte der Bruder meiner Mutter ab und zu etwas zu essen, vor allem Trockenmilch für das Baby. Das Mädchen war total abgemagert und am ganzen Körper voll Ausschlag. Mutter badete das Kindchen in irgendwelchen Kräuterbrühen, sodass es jedes Mal grün eingefärbt wurde. Einen Kinderarzt konnten wir nicht konsultieren. Dass die Schwester meine Pflege überlebte, grenzt an ein Wunder. Seit einiger Zeit sprachen wir auch zu Hause nur noch Tschechisch, damit mein Bruder diese Sprache auch erlernte und uns in der Öffentlichkeit nicht verriet. Seit Anfang 45 ging ich nicht mehr zur Schule, wenn Mutter zu Hause war, hatte ich also viel Zeit, in der Gegend herumzustromern. Wenn ich in Stadtviertel kam, in denen mich niemand kannte, nahm ich die weiße Armbinde ab. Ich konnte mich dann zu jeder Zeit in Kaufhäusern und Geschäften aufhalten und nicht nur zu den uns Deutschen vorgeschriebenen Zeiten.

Einmal beobachtete ich außerhalb der geschlossenen Ortslage auf einer kleinen Brücke, die über ein Flüsschen führte, eine Menschenansammlung von etwa 15 bis 20 Personen, die zu dem Gewässer hinunterschauten. Ich mischte mich unter die Leute und blickte auch hinunter. Ich sah einen deutschen Soldaten, der wohl aus der Gefangenschaft entflohen war und

> **Wir beantragten nicht die tschechische Staatsbürgerschaft**

jetzt auf seiner heimlichen Flucht nach Westen versuchte, vom Flusswasser zu trinken. Er befand sich noch etwa 5 m vom Fluss entfernt und beachtete die Menschen auf der Brücke nicht. Er lag da, stand auf, taumelte und brach wieder zusammen. Er war schon zu geschwächt, diese kleine Distanz zu überwinden. Das Schauspiel wiederholte sich mehrere Male und es war fast lustig anzuschauen, wie er torkelte und schwankte und immer wieder hinfiel. Niemand traute sich zu helfen. Nach einiger Zeit blieb er endgültig liegen und rührte sich nicht mehr. Mir war vor Mitleid und Angst fast schlecht geworden. Verstört lief ich nach Hause.

In unserer Wohnanlage verstarb von Zeit zu Zeit ein Bewohner. Die Toten wurden mit einem Leiterwägelchen abgeholt und mit einer Decke zugedeckt. Einmal ragte der Arm einer Verstorbenen aus der Decke heraus. Der Wachhabende, der den Zug begleitete, machte einen kleinen Witz: „Sie ruft immer noch Heil Hitler."

Eines Tages stand ein alter Mann auf den Stufen, die zu unserer Wohnung hinabführten. Ausgemergelt, mager, das Gesicht mit vielen Falten, den Rücken gebeugt, mit einem kleinen Buckel. Es war Vater, der von den Russen vor gut einem Jahr gefangen genommen wurde und in einem Güterzug mit vielen anderen Kriegsgefangenen nach Sibirien gebracht werden sollte. Als uns Vater Anfang 45 verlassen hatte, war er ein stattlicher, kräftiger Mann von 41 Jahren. Jetzt war er nicht wiederzuerkennen und ich lehnte ihn innerlich ab; Mutter musste gute Überzeugungsarbeit bei mir leisten, um meinen Widerstand abzubauen.

… In dieser Nacht entschieden die Eltern, dass wir nicht die Staatsangehörigkeit beantragen und lieber die Ausweisung aus der CSR nach Deutschland in Kauf nehmen würden. Nach ein paar Wochen ordneten die Behörden an, dass auch wir, die Restfamilie, zwecks Ausweisung sich ins Internierungslager zu begeben habe. Die kleinen Bündel waren schnell geschnürt. Im Internierungslager, ich glaube, es war in Malomerice, wurden wir registriert, nach Wertgegenständen befragt und durchsucht und für den nächsten Transport nach Bayern, in die amerikanische Zone eingeteilt. ■

In den Straßengräben lagen unzählige Tote und Sterbende

VON I. NEUMEYER, LANDSBERG

 **Ich erlebte die „wilde Vertreibung" der deutschen Bevölkerung aus der Stadt Brünn, die seit Generationen ihre Heimat war, in der ihre Vorfahren seit 800 Jahren gelebt haben.**

Nach tagelangen schwersten Kämpfen wurde die Stadt Brünn, Landeshauptstadt von Mähren, Ende April 1945 durch die Rote Armee erobert. Für uns Deutsche begann nun eine Zeit des Schreckens und Leidens. Der Hass der Tschechen auf alles, was deutsch war, erreichte ein unvorstellbares Maß an Brutalität. Wir mussten weiße Armbinden tragen mit einem schwarzen „N", das hieß „Nemec" = Deutscher. Wir waren rechtlos, „vogelfrei", durften nicht mehr deutsch sprechen, wurden bespuckt, geschlagen, Unzählige totgeprügelt, ermordet. Alles war erlaubt.

Die arbeitsfähigen Männer wurden in Zwangsarbeitslager gesperrt, viele starben durch Folterungen, sind verhungert. Alle Frauen und Mädchen ab 14 Jahren mussten täglich 14–15 Stunden schwerste Zwangsarbeit leisten. Von bewaffneten tschechischen Partisanen wurden wir bewacht, oft mit Schlägen angetrieben. Wir mussten den Kriegsunrat, zerschossene Panzer, Geschütze und die Trümmer zerbombter Häuser aus den Straßen räumen, Schützengräben zuschaufeln.

Am 30. Mai 1945, nachts, wurden alle Deutschen von jungen Revolutionären der tschechischen Nationalgarde gewaltsam aus ihren Wohnungen vertrieben. Wir, Mutter, meine 11-jährige Schwester und unser Baby, in nur zehn Minuten aus unserer bombengeschädigten und ausgeplünderten Wohnung gejagt. Unter Androhung der Todesstrafe durften wir nichts

> *Sie schlugen uns mit Gewehrkolben und Knüppeln*

mitnehmen. Selbst das Wenige, das Mutter für das Baby in dem Kinderwagen verstaute, wurde uns, außer etwas Essbarem, mit vorgehaltener Pistole genommen. Zusammengedrängt auf Straßen und Sammelplätzen, standen wir die ganze Nacht. Am nächsten Morgen wurden die Menschenmassen von einer Horde bewaffneter, tschechischer Partisanen in langen Kolonnen – schlimmer als Vieh – aus der Stadt getrieben zur etwa 45 Kilometer entfernten österreichischen Grenze, Richtung Wien, nur weil sie Deutsche waren. Es waren ca. 30- bis 35 000 Frauen, Kinder und Greise, Schwerkranke aus den Krankenhäusern, Altersheimen, selbst Hochschwangere. Für viele von ihnen war es ein Marsch in den Tod.

Es war ein sehr heißer, schwüler Tag, es gab kein Wasser, schon bald brachen die Menschen vor Erschöpfung zusammen, meist Alte, Kranke und Kinder. Mit Gewehrkolben und Knüppeln schlugen die den Zug begleitenden Partisanen unter wüsten Beschimpfungen auf die wehrlos am Boden Liegenden ein. Wer nicht mehr aufstand, wurde brutal zusammengeschlagen, totgeprügelt oder erschossen. Mir wurden die Schuhe gewaltsam genommen, ich hatte große, offene Blutblasen, musste unter Schmerzen noch viele Kilometer barfuß weiterlaufen. In den Straßengräben lagen neben weggeworfenen Gepäckstücken, die die Menschen nicht mehr tragen konnten, kaputtgegangene Kinderwägen, unzählige Tote und Sterbende. Am späten Nachmittag ein schweres Gewitter. In kürzester Zeit waren wir völlig durchnässt, konnten mit ein bisschen Regenwasser den quälenden Durst stillen.

Abends erreichte der kilometerlange Elendszug das kleine südmährische Städtchen Porlitz. In dem 3000-Einwohner-Ort irrten nun in der Dunkelheit etwa

Ethnische Säuberung. Sudetendeutsche und Wehrmachtsangehörige werden – bewacht von tschechischen Milizionären – über eine Landstraße in Richtung Grenze geführt

30 000 Menschen umher. Verzweifelte Mütter suchten in dem fürchterlichen Chaos ihre verloren gegangenen Kinder, schreiende und weinende Kinder ihre Mütter. Auch ich hatte während des langen Marsches meine Angehörigen verloren, sie aber dann nach langem Suchen wiedergefunden. Die Nacht verbrachten wir völlig durchnässt und frierend im Straßengraben. Am nächsten Morgen wurden die, die noch etwas Kraft besaßen, weiter zur noch etwa 30 Kilometer entfernt gelegenen österreichischen Grenze getrieben, die die neuen Machthaber wieder errichtet hatten.

Mehrere Tausend völlig entkräftete Menschen, die nicht mehr weiterlaufen konnten, wurden von den Partisanen aus dem Ort gejagt auf eine Wiese – in vier große, leerstehende Getreidesilos. Dort lagen wir nun eng aneinander – wie Ölsardinen – auf blankem Betonboden. Tagsüber war es sehr heiß, nachts kalt, durch das zerschossene Dach blies der Wind, regnete es herein. Wir hatten nichts zu essen, kein Wasser. Einmal kam ein Jauchewagen mit Wasser ins Lager, ich habe davon nicht getrunken, denn das Wasser stammte aus Gräben, in denen Leichen lagen. Wir ernährten uns von Kräutern, Löwenzahn- und Erdbeerblättern, fanden verschimmeltes Brot oder Kartoffelschalen. Manchmal kamen rumänische Soldaten ins Lager, verteilten ein paar Scheiben trockenes Brot, viel zu wenig für Tausende hungriger Menschen, die sich verzweifelt darauf stürzten und darum prügelten. Auch ich konnte einmal ein Stück Brot erwischen, brachte es meiner Mutter,

die daraus kleine Kügelchen drehte, die wir Kinder dann bekamen, wenn der Hunger unerträglich wurde. Ich fand eine kleine, leere, halb verrostete Konservendose, in der ich Regenwasser auffing, damit ich den quälenden Durst stillen konnte. Jede Nacht stürmten meist schwer betrunkene russische Soldaten durch das von den tschechischen Bewachern geöffnete Tor ins Lager. Mutter legte sich mit dem Baby im Arm auf mich oder versteckte mich unter dem Kinderwagen, so wurde ich in der Dunkelheit nicht entdeckt. Ich hörte nur immer das furchtbare Schreien der vergewaltigten Frauen und Mädchen. Viele wurden „abgeschleppt", einige sind nie mehr wiedergekommen.

Schon in den ersten Tagen brachen Seuchen, wie Ruhr und Typhus, aus. Neben dem Lager wurden Gruben für Latrinen ausgehoben, viel zu wenig für die Tausenden von ruhrkranken Menschen. Es gab keinen Arzt, keine Medikamente, keine Krankenschwestern. Auch wir hatten die Ruhr, mein kleiner Bruder am schlimmsten. Wir hatten keine Windeln, Mutter musste ihm Gras unterlegen und zwischen die Beinchen. Neben mir lag eine Mutter mit fünf Kindern, eines Morgens war sie tot. Die Kinder schrien vor Hunger und Durst, das Kleinste krabbelte auf der Toten herum. Direkt hinter mir eine todkranke 82-Jährige. Auch sie wurde vergewaltigt, am nächsten Tag war sie tot. Täglich starben 60–70 Menschen an Seuchen, sind verhungert und verdurstet. Wir mussten die Toten aus dem Lager ziehen und im Feld in Gruben werfen, Kalk darüberstreuen

Im Lager holte sich meine drei Jahre alte Tochter Beatrix die Ruhr und starb daran

Am 1. Juni 1945 wurden wir Berliner aus Hennersdorf/Sudetengau, wo wir evakuiert waren, ausgewiesen. Wir kamen in ein Lager, wo Ruhr war. Meine Tochter Beatrix war noch nicht ganz drei Jahre alt, hat sich dort die Ruhr geholt und ist mit drei Jahren und drei Wochen daran gestorben. Wenn ich jetzt alles lese, kommen mir die Tränen! Zeit heilt keine Wunden! Mein Mann hatte sich im März 1942 die Füße in Russland erfroren, und ihm wurden in Bad Harzburg im April Zehen und Ferse amputiert. 1945, als meine Tochter starb, hatte ich von ihm keine Nachricht. Im März 1946 kam er aus amerikanischer Kriegsgefangenschaft aus Frankreich zurück. Wir hatten aber noch sehr schöne Jahre vor uns. Er ist fast 96 Jahre alt geworden!

Ursula Pfister, Berlin

und die Leichen notdürftig verscharren. Furchtbare Szenen habe ich dabei erlebt. Laut weinende und schreiende Mütter weigerten sich, ihre toten Kinder herzugeben, sie wurden ihnen von den Partisanen mit brutaler Gewalt aus den Armen gerissen und in die Gruben geworfen.

Als das Massensterben begann, breitete sich auch der Leichengeruch über dem nahen Ort Pohrlitz aus. Die Schwerstkranken und Sterbenden wurden in einer Halle zusammengelegt. Dort lagen sie auf blankem Boden, in der Hitze, in Schmutz, Blut und Kot, stöhnten und schrien nach Wasser. Sie waren sich selbst überlassen, bekamen keinerlei Hilfe. Am Eingang stand ein großer Bottich, doch die Menschen waren viel zu schwach, um aufzustehen und diesen zu benutzen. Er war voll, eine furchtbar stinkende Brühe lief über, der Boden herum voll und überall Tausende Fliegen. Auch meine fast 80-jährigen Großeltern lagen da mit hohem Fieber, an Ruhr erkrankt und am Verhungern. Großmutter hatte aufgesprungene, blutige Lippen, ein Zeichen des Verdurstens. Für uns ein furchtbarer Anblick.

Nach 13 furchtbaren Tagen und Nächten versuchte Mutter, mit uns aus diesem Todeslager zu fliehen. Für 3000 Kronen, die in den Schuhen meiner kleinen Schwester versteckt waren, wollte uns ein Tscheche aus dem Lager fortbringen. Wir wussten, dass dies unter größter Lebensgefahr geschieht, denn wenn uns die Bewacher dabei erwischen, werden wir alle erschossen. Doch Mutter sagte: „Besser erschossen zu werden, als im Lager zu verhungern oder an Seuchen und Vergewaltigungen zu sterben." Abends gingen wir zu unseren schon todkranken Großeltern, um Abschied zu nehmen. Es war schrecklich, ich habe sie sehr geliebt. Sie flehten uns an, sie doch mitzunehmen, doch Mutter konnte dies nicht riskieren, die beiden konnten ja nicht mal mehr aufstehen, so schwach waren sie schon. Und Mutter wollte versuchen, uns drei Kindern das Leben vielleicht noch retten zu können. Als nachts die russischen Soldaten wieder ins Lager stürmten und das schreckliche laute Schreien der vergewaltigten Frauen zu hören war, krochen wir in der Dunkelheit auf allen

vieren durch das offene Tor aus dem Lager, den Kinderwagen vor uns herschiebend, dem Baby den Mund zuhaltend, damit uns sein Wimmern und Stöhnen nicht verriet. Wir versteckten uns im Heuhaufen einer kleinen Scheune. Im Morgengrauen krochen wir weiter zur Landstraße. Mit einem Pferdefuhrwerk brachte uns der „Fluchthelfer" in das Dorf Untertannowitz, nahe der österreichischen Grenze. In einem kleinen halb verfallenen Schuppen, den russische Soldaten als Pferdestall genutzt hatten, fanden wir Unterschlupf. Mit Ungeziefern und Mäusen hausten wir darin elf Monate lang.

In russischen und tschechischen Arbeitslagern mussten wir täglich 14–15 Stunden schwere Zwangsarbeit leisten, wurden schikaniert und oft geschlagen. Durften uns nicht wehren. Mutter wurde einmal von einem Wachposten furchtbar zusammengeschlagen, nur weil sie versucht hatte, ein bisschen Milch für unseren schwer kranken Bruder zu „organisieren". Von unserem Vater wussten wir nichts – war er gefallen oder in Gefangenschaft geraten? Unsere Großeltern sind schon zwei Tage nach unserer Flucht qualvoll gestorben und in einem Massengrab mit weiteren 890 Opfern verscharrt worden.

Die genaue Zahl der Opfer des Todesmarsches ist nicht bekannt. Sie wird auf 1800 bis 2500 geschätzt. Insgesamt fielen etwa 25000 Bewohner Brünns nach Kriegsende den unmenschlichen Grausamkeiten der Tschechen zum Opfer. Mitte April 1946 wurden wir auf Lastwagen nach Nikolsburg in ein Lager gebracht, entlaust, meine langen Zöpfe abgeschnitten. Nach einer Woche mit 1200 weiteren Deutschen mit einem Transport in Viehwaggons je zu 50–60 Personen dann endgültig aus unserer Heimat vertrieben. In Ummendorf, ab Oktober 1949 in Landsberg, fanden wir ein neues Zuhause. Alles hatten wir verloren, geblieben war uns nur, was wir am Leibe hatten. Harte, schwere und entbehrungsreiche Jahre folgten. Unserer so mutigen Mutter verdanken wir drei Kinder, dass wir die schreckliche Zeit, Flucht und Vertreibung überlebt haben. Dank auch unseren Eltern, die durch unermüdlichen Fleiß und schwere Arbeit uns wieder ein menschenwürdiges Leben ermöglichen konnten. ■

> *Mutter wurde von einem Wachposten zusammengeschlagen*

Polen und Deutsche am Beginn einer neuen Ära

Der polnische Ministerpräsident Bielecki (l.) und Bundeskanzler Kohl (r.) unterzeichnen am 17. Juni 1991 in Bonn den „Vertrag über gute Nachbarschaft und freundschaftliche Zusammenarbeit". Die Oder-Neiße-Linie war bereits vorher, in einem Abkommen, als deutsch-polnische Grenze endgültig anerkannt worden

„Nur die Wahrheit kann heilen"

Lange rangierten die Vertriebenen als Opfergruppe von Krieg und Gewaltherrschaft ganz hinten. Doch mehr als 60 Jahre danach ist die Zeit reif geworden, sich ihrer Geschichte anzunehmen

VON RALF GEORG REUTH

Mehr als sechzig Jahre sind seit der Flucht und Vertreibung der Deutschen aus dem Osten vergangen. Doch noch immer sind die Wunden nicht verheilt. Nicht nur das damals Erlebte schmerzt viele Vertriebene, sondern auch das Bewusstsein, als Opfergruppe von Krieg und Gewaltherrschaft ganz hinten zu rangieren. Der Historiker Arnulf Baring sagte in einem Interview mit BILD: „Die Vertreibung und das damit einhergehende Elend galten in Deutschland sehr lange als private Unfälle. Traurig für den Einzelnen, ohne Bedeutung für das Ganze."

Die Furcht, sich dem Vorwurf auszusetzen, die von den Nationalsozialisten begangenen Verbrechen relativieren zu wollen, hatte die Flucht und Vertreibung in Deutschland lange zu einem Nischenthema gemacht. Dies war umso mehr der Fall, als die Vertreibung die unbestreitbare Konsequenz der monströsen Umsiedlungs- und Vernichtungspolitik der Nationalsozialisten gewesen war. Mit anderen Worten: Ohne die im deutschen Namen begangenen Verbrechen hätte es keine Vertreibung gegeben. Die Deutschen seien – wurde daraus abgeleitet – deshalb selbst schuld an der Vertreibung.

Dies trifft zu, wenn man die Deutschen in ihrer Gesamtheit als die Verantwortlichen für die braune Barbarei betrachten will. Gleichwohl lässt sich Unrecht nicht mit vorangegangenem Unrecht rechtfertigen. Unrecht bleibt Unrecht. Und die Vertreibung der Deutschen war ein solches Unrecht. Bereits die Richter am Internationalen Militärgerichtshof in Nürnberg hatten 1946 festgestellt, dass Vertreibungen Kriegsverbrechen und Verbrechen gegen die Menschlichkeit seien. Dies wurde noch im selben Jahr von der Generalversammlung der Vereinten Nationen bestätigt.

Von Nürnberg ausgehend, entstand damit so etwas wie ein internationales Recht, das allerdings nur für die von den Nationalsozialisten begangenen Vertreibungen galt und nicht für die zu diesem Zeitpunkt auf Hochtouren laufende Vertreibung der Deutschen aus Polen und der Tschechoslowakei. Bei der Abrechnung mit den Kriegsverlierern setzten sich die Hauptsiegermächte des Zweiten Weltkrieges demnach großzügig über das von ihnen selbst geschaffene internationale Recht hinweg. Die Macht entschied, was Recht war und für wen es gelten sollte.

So blieb dann auch den deutschen Heimatvertriebenen nichts anderes, als in ihrer Charta aus dem Jahr 1950 zu fordern, „dass das Recht auf die Heimat als eines der von Gott geschenkten Grundrechte anerkannt und verwirklicht wird". Ausdrücklich verzichteten sie damals auf „Rache und Vergeltung". „Dieser Entschluss ist uns ernst und heilig, in dem Gedenken an das unendliche Leid, welches im Besonderen das letzte Jahrzehnt über die Menschheit gebracht hat." Mit diesen Worten hatten die Vertriebenen vor aller Welt bekundet, dass die Saat des Hasses und der Gewalt nicht fortlaufend neues Unrecht hervorbringen dürfe. Die Verfasser der Charta wussten allzu gut, dass der inzwischen heraufgezogene Kalte Krieg die so nahe Heimat jenseits von Oder/Neiße und Bayerischem Wald in unerreichbare Ferne rückte. So, wie Adenauer die Überwindung der deutschen Teilung untrennbar mit der Überwindung des Ost-West-Konfliktes verknüpft wähnte, sahen auch die organisierten Vertriebenen die Lösung ihres Problems im größeren Zusammenhang. Sie bekannten sich deshalb in dem Dokument zu einem vereinten Europa, „in dem die Völker ohne Furcht und Zwang leben können". Für dieses Ziel wollten sie sich, neben dem Aufbau Deutschlands, mit allen Kräften einsetzen.

Vierzig Jahre nach der Charta hob sich der Eiserne Vorhang. Die östliche Hälfte des Kontinents kehrte zurück. Deutschland wurde durch die tatkräftige Politik der von Kohl geführten Bundesregierung wiedervereinigt. Die Voraussetzung dafür war die endgültige formale Anerkennung der Oder-Neiße-Linie als deutsche Ostgrenze durch Bonn gewesen. Die Heimatvertriebenen hatten dies schweren Herzens mitgetragen. Bundeskanzler Kohl schrieb später über sie: „Sie konnten ... nichts anderes als Trauer empfinden, und niemand hatte das Recht, ihren Gefühlen seine Achtung zu versagen."

Mit dem Ende des Ost-West-Konflikts und der Festschreibung der Potsdamer Grenzziehungen wurde auch das internationale Recht weiterentwickelt. Im Jahr 1995 ächtete die Völkerrechtskommission der Vereinten Nationen Vertreibungen international verbindlich als „Verbrechen gegen die Menschheit" und Massendeportationen als „besonders schwere Kriegsverbrechen".

Dennoch blieben die deutschen Vertriebenen Opfer zweiter Klasse, bot doch die Thematisierung des ihnen widerfahrenen Unrechts Konfliktstoff mit den östlichen Nachbarn des wiedervereinigten Deutschland. Dort lebten nämlich verständlicherweise alte Vorbehalte, Ängste und Ressentiments gegenüber dem Koloss in der Mitte Europas fort. Erst mit den von Kohl zu Beginn der 90er-Jahre initiierten Verträgen über eine gute Nachbarschaft und freundschaftliche Zusammenarbeit mit der Republik Polen und der Tschechischen und Slowakischen Föderativen Republik konnten diese allmählich abgebaut werden.

Bei Deutschlands östlichen Nachbarn mehrten sich nun auch die versöhnlichen Stimmen, wie die des ehemaligen tschechischen Staatspräsidenten Havel und des früheren polnischen Außenministers Bartoszewski. Sie forderten einen selbstkritischen Umgang mit der Vertreibung der Deutschen und räumten ein, dass diese Unrecht gewesen sei. Doch ehe eine solche Auffassung in der Politik und Gesellschaft Polens und Tschechiens Gemeingültigkeit haben wird, wird noch viel Zeit vergehen und viel Aufklärungsarbeit geleistet werden müssen, wie die Aufgeregtheit um das Zentrum gegen Vertreibungen in Berlin verdeutlicht.

Auch in Deutschland selbst, begann sich die Haltung gegenüber den eigenen Opfern der Hitler-Barbarei zu verändern. Allmählich erhalten auch sie ihren Erinnerungsplatz im Bewusstsein der Nation. Mit Jörg Friedrichs Buch „Der Brand" und der TV-Verfilmung „Dresden" über den Untergang der sächsischen Metropole waren es zunächst die Toten des strategischen Bombenkrieges gegen Deutschlands Städte. Mit Günther Grass' Novelle „Im Krebsgang", in der der Untergang der „Wilhelm Gustloff" als eine Rahmenhandlung dient, mit dem Fernsehfilm „Die Flucht" und schließlich mit der BILD-Serie zum gleichen Thema ist nun das Schicksal der Deutschen, die Opfer der größten Menschenverschiebung der Neuzeit waren, in das Interesse einer breiten Öffentlichkeit gerückt.

Sechzig Jahre danach ist die Zeit reif dafür, sich auch der Geschichte(n) dieser Opfergruppe von Krieg und Gewaltherrschaft ungeschminkt anzunehmen. So mahnte Papst Benedikt XVI. schon lange vor der Wende, als er noch Kardinal Ratzinger war, „das Unrecht der Vertreibung" nicht zu verschweigen. Er sagte: „Auch Wohlgesinnte meinen, dass man um der Versöhnung willen nicht mehr davon sprechen solle." Aus der Psychologie wüssten wir aber, „dass Verschwiegenes und Verdrängtes im Menschen weiterwirkt und, wenn es keinen Ausweg findet, zur Vergiftung von innen her wird. Was im Leben des Einzelnen gilt, das gilt auch für die Völker. Unterdrückte Wahrheiten werden zu gefährlichen Mächten, die den Organismus von innen vergiften und irgendwo herausbrechen. Nur die Annahme der Wahrheit kann heilen."

Bildnachweis

Der Verlag hat sich nach allen Kräften bemüht, die Inhaber von Bildrechten ausfindig zu machen. Für versehentlich nicht oder falsch angegebene Quellen bitten wir bereits im Voraus um Entschuldigung. Die Rechtehalter werden gebeten, mit der BILD-Redaktion Kontakt aufzunehmen (Adresse siehe Impressum). Den Bildnachweis werden wir in späteren Auflagen des Buches entsprechend korrigieren.

AKG S. 30, 38, 40, 47, 50, 53, 60/61, 63, 65, 71, 79, 83, 102, 108, 121, 150, 171, 173

Baptista, Fernando S. 198

Bildarchiv Preußischer Kulturbesitz S. 24/25, 93, 95, 118, 122, 134/135, 139, 155

Corbis /Hulton-Deutsch Collection S. 52

DPA S. 42, 46, 73, 84, 168, 176/177, 187, 193, 198/199, 201, 211, 212/213

Fessel, Rüdiger S. 96

Firyn, Mario S. 157

Fromm, Rainer S. 28

Getty Images / Fred Ramage Umschlag Vorderseite

Glöckner, Maike S. 108

Hanser, Oliver S. 62

Imago S. 158

Interfoto S. 156

Jülich, Peter S. 206

Keystone Klappenfoto, S. 44/45, 110, 181, 184, 209

Klein, Theo S. 194, 202

Kretschel, Thomas S. 54

Laura, Stefano S. 81

Lux, Patrick S. 72, 114

Meier, Ralf S. 34, 66

National Archives / DER SPIEGEL S. 207

Preller, Roland S. 60

privat S. 32, 34, 45, 49, 80/81, 96, 97, 101, 107, 115, 123, 124, 127, 130, 133, 143, 149, 152, 165, 166, 170, 172, 183, 190, 204, 206, 208

Puchner, Stefan S. 160

Riahi, Hojabr S. 132, 200

Rimmler, Frank S. 47

Sawatzki, Ronald S. 100

Schmidhuber, Astrid S. 154, 180

SV-Bilderdienst S. 31, 144, 189, 203

Tribillian, Achim S. 170, 186

Ullstein S. 29, 30, 37, 39, 48, 54/55, 56, 59, 66, 69, 75, 85, 87, 88/89, 128, 141, 161, 195, 204, Umschlag Rückseite

Zucchi, Uwe S. 191

Anmerkung

Um den eigenen Charakter der Zeitzeugen-Berichte nicht zu schmälern, wurden diese im Wesentlichen unverändert abgedruckt. Lediglich Schreib- und grobe Grammatikfehler wurden korrigiert. Außerdem wurden einige Texte um geografische Angaben erweitert, um damit dem Leser zu ermöglichen, die ungefähre Herkunft der Berichteschreiber auf den Karten dieses Buches auszumachen.

Die Texte, die die Zeitzeugen-Berichte einrahmen, stützen sich unter anderem auf folgende Werke: *Die Dokumentation der Vertreibung der Deutschen aus Ost-Mitteleuropa*, bearbeitet u. a. von Theodor Schieder. Hrsg. vom Bundesministerium für Vertriebene, Flüchtlinge und Kriegsgeschädigte, Bonn 1954–1961. *Die Vertreibung der Deutschen aus dem Osten. Ursachen, Ereignisse, Folgen.* Hrsg. v. Wolfgang Benz, Neuausgabe Frankfurt/Main 1995. *Die Vertreibung der Sudetendeutschen. Dokumentation zu Ursachen, Planung und Realisation einer „ethnischen Säuberung" in der Mitte Europas 1848/49–1945/46.* Hrsg. v. Sudetendeutschen Archiv, München 2000. *Flucht und Vertreibung. Zwischen Aufrechnung und Verdrängung.* Hrsg. v. Robert Streibel, Wien 1994. Franzen, K. Eric: *Die Vertriebenen. Hitlers letzte Opfer*, München 2002. De Zayas, Alfred M. : *Die Nemesis von Potsdam. Die Angloamerikaner und die Vertreibung der Deutschen*, Neuauflage Frankfurt/Main – Berlin 2005. Zeidler, Manfred: *Kriegsende im Osten. Die Rote Armee und die Besetzung Deutschlands östlich von Oder und Neiße 1944/45*, München 1996.